MINERVA
人文・社会科学叢書
211

なぜ日本型統治システムは疲弊したのか
―憲法学・政治学・行政学からのアプローチ―

大石 眞 監修

縣 公一郎/笠原英彦 編著

ミネルヴァ書房

はしがき

　本書は，戦後70年の歳月が流れても，一度として改正されたことのない日本国憲法の検討を踏まえて，これに規定される現代日本の統治システムを多角的に考察した共同研究の成果を世に問うものである。ここでは，憲法学，政治学及び行政学を専門とする研究者が，憲法改正をも視野に入れながら，日本の統治システムについて，歴史的形成過程，現状，そして今後の課題について，天皇，国会，内閣，司法などの主要機構から，選挙制度，政党，財政，地方自治や政治・行政改革にいたるまで，多様なテーマを取り上げ，先行研究を整理・検討した上で総合的な考察を加えている。

　本書の試みは，護憲，改憲という立場の違いを超えて，自由で開かれた未来志向の統治システム改革を模索する画期的な取組みと言えるが，ここで各章の概要を示しておくと，以下のとおりである。

　第1章「議院内閣制」では，日本におけるこれまでの制度改革論の概説と分析を行ったうえで，日本の議院内閣制の特徴として，与党事前審査制の存在，政府統制の弱さ，議院運営上の自立性の弱さを指摘している。そのうえで，各論点に対する改革案とともに，憲法改正を視野に入れた参議院改革などを提言している。

　第2章「象徴天皇制」では，日本国憲法における象徴天皇制のあり方について，憲法制定過程における議論などを紹介し，「象徴」のもつ意味を分析するともに，皇室典範に関する有識者会議における議論を中心に皇位継承問題を論じている。そのうえで，憲法第1章及び皇室典範の改正による象徴天皇制の再定義と安定的な皇位継承の実現を提言している。

　第3章「国会」では，明治期以降の日本の議会制度を——その前史も含めて——概説したうえで，戦後の国会をめぐる主要な議論として，「国会機能

論」「国会無能論」や「強すぎる参議院論」「参議院カーボンコピー論」などを紹介・分析している。そのうえで，参議院の機能・役割に関する改革の方針として，現状維持・一院制への転換・両院の役割の明確化の 3 点を基本的な方向性として提言している。

第 4 章「内閣」では，日本の首相のリーダーシップのあり方に注目し，行政府の長としての首相，与党の長としての首相，社会の中の首相という 3 つの観点から主として分析を進めている。そのうえで，強い首相への転換によってもたらされる議院内閣制の大統領制化という問題を考察し，首相公選制や参議院改革など，首相の一層のリーダーシップの強化とそれに応じた責任をもたせるための諸改革案を提言している。

第 5 章「司法制度」では，1999 年以降に推進されてきた司法制度改革について，とくに裁判所・裁判官に関する改革に注目して概要の説明と分析を行うとともに，裁判所の容量拡大と裁判所・裁判官の開放という観点から考察を行っている。そして司法制度改革の成果と課題を指摘したうえで，最高裁判所の機構改革や，違憲審査・行政審査のあり方まで含めた改革案の内容を検討する必要性を指摘している。

第 6 章「財政制度」では，日本の財政制度の概要を説明し，長らく公債依存体質となっている財政の現状に関する主要な問題点などを分析したうえで，これまで説かれてきた歳入・歳出の効率化にとどまらない財政構造の抜本的な改革の実施や，財政改革に対する国民の合意の調達とコミットメントの確保の必要性などを説得的に提言している。

第 7 章「政党」では，明治期以降の日本における近代政党制の成立と展開を概説したうえで，戦後の「55 年体制」下における利益誘導政治の展開をたどるとともに，1990 年代以降の「大統領制的首相」の登場による利益誘導政治の変容を指摘する。そして，こうした政治状況の変化に対応するうえで，戦前の立憲政友会と立憲民政党の間に見られた政党間競争のあり方から大きな示唆が得られる可能性を指摘している。

第 8 章「選挙制度」では，明治以来の日本の選挙制度の変遷とともに選挙制度に関する理論的な枠組みを概説したうえで，いわゆる 1 票の格差をめぐる制

度上の課題や参議院の選挙制度における問題点，参議院のあり方に関する課題を分析している。そのうえで，参議院の「政党化」を回避し，その設立趣旨に合致した議院とするためにも，参議院議員の選挙制度について全国大選挙区制へと改革すべきことを提言している。

第9章「地方自治」では，日本の地方制度が，市と町村の差異を前提とした戦前の二重体制から，戦後の均一的な制度に移行したことを前提として，1990年代以降における地方制度改革の展開とその意義を分析している。そのうえで，住民自治――地方自治「政」――に基づく自治体の決定の正統性の創出と，議会と首長からなる自治体の基本構造のさらなる民主化により，地方自治権の憲法的保障を実現するための提言がなされている。

第10章「政治改革」では，主として政官関係と政治資金問題の観点から，明治期以降の歴史的経緯を概説し，多くの問題を抱える日本政治の現状の分析を行っている。そのうえで，国民の政治への信頼を回復するためには，政治家と官僚の間における調整力の回復と協働をもたらすための制度上の改革に加えて，国民自身が主権者として議会制民主政治に積極的に参加し，これを支えていくという意識上の改革が必要であることを提言している。

第11章「行政改革」では，行政改革会議――いわゆる「橋本行革」――を近年における行政改革の起点とし，その概要と成果・課題に関する分析を進め，とくに，内閣・官邸機能の強化・国家公務員制度改革・独立行政法人制度の3つの論点を中心的に考察している。そのうえで，行政改革の進展のために，内閣による総合的な「調整」と，各省が社会的要因を背景として有する多様性に基づく行政上の「分化」を適切に均衡させるような法制度の整備が必要なことを提言している。

以上に概観したように，本書は，憲法学，政治学及び行政学を専門とする研究者が一堂に会し，幾度か研究会をもちつつ，日本の統治システムのあり方について，システム改革を議論する前提となる論点を整理したうえで，改革の方途を提示したものである。

時代とともに変わる規範を創り出すと同時に，硬直化した規範を現実の出来

事に適切にあてはめることは，いずれも決してたやすいことではないが，統治システムの分野では，学問的にも実践的にも必要で意義ぶかい作業である。

　本書で提示された分析と提言に対応した議論が出てくることを大いに期待するとともに，本書がそうした学問的営為の進展に多少なりとも裨益するところがあれば，まことに幸いである。

　　2016年（平28）4月28日　鴨川に近い東一条館において

　　　　　　　　　　　　　　　　　　　　　　　　　　大石　眞

なぜ日本型統治システムは疲弊したのか
――憲法学・政治学・行政学からのアプローチ――

目　次

はしがき……i

第1章　議院内閣制 …………………………………………………… 上田健介…1
　　　　──国民・国会・内閣の関係

1　議院内閣制と日本国憲法 ………………………………………………… 1
2　制度改革の諸構想①──「首相公選制」論 …………………………… 4
3　制度改革の諸構想②──「官邸主導」「国民内閣制」………………… 8
4　諸構想の分析 ……………………………………………………………… 12
5　日本の議院内閣制の特徴 ………………………………………………… 20
6　国会改革へ向けて ………………………………………………………… 24

第2章　象徴天皇制 ……………………………………… 原田一明・笠原英彦…31
　　　　──憲法第1章と皇室典範

1　「象徴」天皇の地位をめぐる諸問題 …………………………………… 31
2　天皇の権能──国事行為の再構成 ……………………………………… 41
3　外国賓客との特例会見をめぐる憲法問題 ……………………………… 49
4　天皇の地位と権限に関する改革提案（皇位継承を除く）…………… 54
5　象徴天皇制下の皇室制度をめぐる歴史的背景と現状分析 …………… 55
6　皇室制度の見直しに関する研究動向①──政府による研究 ………… 60
7　皇室制度の見直しに関する研究動向②──民間における研究 ……… 64
8　今後の課題──象徴天皇制と安定的皇位継承 ………………………… 69

第3章　国　　会 ………………………………………………………… 久保田哲…73
　　　　──議会の評価と両院制の展望

1　日本における議会の歴史 ………………………………………………… 73
2　国会の評価──研究史的視点 …………………………………………… 82
3　参議院をめぐる歴史と研究 ……………………………………………… 88
4　国会改革に向けた提言 …………………………………………………… 94

目 次

第4章 内　　閣 …………………………………………… 西岡　晋 … 99
　　　――首相の指導力と政治の大統領制化

　1　「弱い」首相から「強い」首相への変化 ………………………… 99
　2　議院内閣制と「政治の大統領制化」…………………………… 100
　3　議院内閣制下の「弱い首相」…………………………………… 103
　4　大統領制化する「強い首相」…………………………………… 111
　5　大統領制化した議院内閣制の行方 …………………………… 120

第5章 司法制度 …………………………………………… 曽我部真裕 … 127
　　　――司法制度改革と裁判所・裁判官像の転換

　1　今次の司法制度改革の経緯 …………………………………… 127
　2　司法制度改革審議会意見書と改革の実施 …………………… 130
　3　司法の容量拡大 ………………………………………………… 136
　4　司法の開放性と司法の独立 …………………………………… 141
　5　司法制度改革で問われていたもの …………………………… 151

第6章 財政制度 …………………………………………… 片桐直人 … 155
　　　――実質的意味の財政憲法と"財政のかたち"

　1　我が国財政の現状 ……………………………………………… 155
　2　日本国憲法と財政制度 ………………………………………… 157
　3　国庫制度と会計制度 …………………………………………… 160
　4　租税と国債 ……………………………………………………… 165
　5　財政の決定と統制 ……………………………………………… 169
　6　財政制度の課題と展望 ………………………………………… 179

第7章 政　　党 …………………………………………… 苅部　直・小川原正道 … 185
　　　――政党の近代化と政党制のあり方

　1　最近の研究動向と論点整理 …………………………………… 185
　2　歴史的背景 ……………………………………………………… 187
　3　敗戦後の政党再編と政党法 …………………………………… 190

vii

4　「腐敗」と政党政治…………………………………………………… 193
　　　5　戦後の「包括政党」とその後………………………………………… 196

第8章　選挙制度………………………………………………… 岩渕美克… 201
　　　――分かりやすい選挙へ向けて
　　　1　選挙制度改革の経緯…………………………………………………… 201
　　　2　日本における選挙制度の歴史………………………………………… 204
　　　3　選挙制度論……………………………………………………………… 211
　　　4　選挙制度改革に向けて………………………………………………… 216

第9章　地方自治………………………………………………… 長野　基… 223
　　　――「ローカルな民主主義」と政府体系の再編
　　　1　日本の「地方政府」の基本設計……………………………………… 223
　　　2　政治的代表機構を通じた自治政……………………………………… 226
　　　3　直接民主主義に基づく自治「政」…………………………………… 230
　　　4　「痛みの再分配」をめぐる"自治（みずからおさめる）"………… 233
　　　5　「政府体系」の再編成………………………………………………… 238
　　　6　「ローカルな民主主義」を担保する仕組みの構築………………… 242

第10章　政治改革……………………………………… 柏原宏紀・門松秀樹… 249
　　　――政官関係と政治資金問題を中心に
　　　1　政治改革をめぐる研究動向――1994年の政治改革関連四法以降を中心に… 249
　　　2　政官関係………………………………………………………………… 250
　　　3　政治資金をめぐる問題――政治資金規正法の制定と改正を中心に… 261

第11章　行政改革………………………………………………… 宇野二朗… 275
　　　――省庁割拠体制を超えて
　　　1　「橋本行革」の制度設計……………………………………………… 275
　　　2　中央省庁再編と官邸・内閣機能強化のその後……………………… 281
　　　3　国家公務員制度改革の進展…………………………………………… 284

4 独立行政法人の整理合理化と制度の再構築 …………………………… 290
5 省庁割拠体制の再構築 ……………………………………………………… 297

あとがき……303
索　引……305

第1章

議院内閣制
――国民・国会・内閣の関係――

上田健介

1 議院内閣制と日本国憲法

(1) 議院内閣制

　議院内閣制とは，「議会と政府とを原理的に独立で対等な地位に置くものの，組織・権限行使の上で両者が密接な関係をもつことを認めたうえで，内閣は議会（とくに下院）の信任の上に在職することができ，議会は政府に対する批判・監視権をもつという統治機構」をいう（大石 2014：114）。

　諸国の統治機構を議会と政府との関係に着目して分類するとき，議院内閣制は，伝統的に，大統領制，議会支配制と並列されこれらと区別されてきた。大統領制の代表例はアメリカ合衆国である。そこでは，大統領が議会とは別に国民から選出され，政府構成員は議員との兼職が認められない[1]。政府は議会（下院）の解散権をもたない一方，議会も不信任決議によって大統領を解任する権限をもたない[2]。また政府構成員には議案提出権や出席発言権が認められていない。これに対し，議院内閣制では，内閣は議会（下院）の多数派で組織され，議員との兼職も認められる。政府が議会（下院）の自由な解散権をもっていなければならないか否かはすぐ後で触れるように対立があるが，内閣が議会（下

---

(1) 厳密にいえば，大統領は間接選挙によって選出される（アメリカ合衆国憲法2条1節2項，3項，修正12条）。
(2) アメリカ合衆国では，下院が訴追し上院が判決を下す弾劾手続によって政府構成員を罷免することが可能であるが（アメリカ合衆国憲法1条2節5項，3節6項，7項），罷免には出席議員の3分の2の同意が必要であり，大統領が罷免された例はない。

院）の信任を失えば総辞職しなければならないことに争いはない。また政府構成員には議会への議案提出権や出席発言権も認められる。その結果，立法において政府提出法案の占める割合が高くなるのは自然なことである。このように「組織・権限行使の上で議会と政府が密接な関係をもつ」点に，大統領制と比較した場合の議院内閣制の特徴がある。

また，議会支配制は，フランス革命期の国民公会制のように短期間で終わる例が多いが，永続的に続いている例として，スイスの総裁政府制が知られる。ここでは，政府が議会に一方的に従属する。政府は，下院の総選挙ごとに両院合同会議によって選出されるが，下院と同じ任期を全うするものとされ，議会の解散権をもたず，もっぱら議会が政府に対する監督を行う。それゆえ，「議会と政府とを原理的に独立で対等な地位に置く」点に，議会支配制と比較した場合の議院内閣制の特徴があるといえよう。

なお，近時は，フランス第五共和制をはじめ，韓国など，議院内閣制と大統領制の両方の性格を併有する政治制度を採る国が増えており，これを第4の型とする見方もある。半大統領制と呼ばれるこの制度は，大統領が議会とは別に国民から選出され，政府構成員に議員との兼職が認められず，大統領に外交，軍事などの権限が認められる点で大統領制と共通する一方，大統領には下院の解散権，下院には政府（内閣）の不信任決議権が認められ，また政府やその構成員（閣僚）に議会への議案提出権や出席発言権が与えられて議会における法律案等の審議に政府が密接な関係をもつ点で議院内閣制と共通の性質をもつ。

（2）議院内閣制の捉え方

議院内閣制の本質として，すなわち政府が議会と独立で対等な地位にあることを示す要素として，議会（下院）の自由な解散権が含まれるか否かが論点となる。この点，憲法学では樋口陽一が，解散権が死文化したフランス第三共和政を「不真正」な議院内閣制と呼んでイギリスの「真正」な議院内閣制と区別したレズロープの議論（Redsrob 1924：3-5, 258）にも言及しながら，日本国憲法下の学説を分析して，議院内閣制の本質を，解散権をもつ政府と議会との「均衡」にあるとみるものと，政府の議会に対する「責任」にあるとするもの

との対立図式で整理したことが知られる（樋口 1985）。しかし，両説に対立はなく，ともに責任本質説で理解できるとの分析も示されている（高見 1999）。また，樋口自身も指摘するように，イギリスで政府が安定していたのは，解散権が政府に認められていたからであるというより，二大政党制のもとで総選挙が実質的な首相選択の場として機能する結果，政党指導者の所属議員に対する権威が強められたことによる（樋口 1998：302）。議会と政府との独立対等性の判断において，解散権の有無を決定的なものとして挙げる必要はないように思われる。[3]

　また，近時は，議院内閣制を，もっぱら議会と政府との信任・対抗関係からのみ理解するのではなく，国民（公民団）という要素を組み込んで，議会（下院）の選挙と議会（下院）多数派による内閣の組織を通じて民意を一元的に議会と政府に反映させる制度として再構成する見方が有力となっている（大石 2014：116）。この枠組みによれば，解散権の行使は議会（下院）の選挙を通じて最新の民意を議会（下院）そして内閣の組織に反映させる契機として捉えられることになる。3でみる「国民内閣制」の構想は，このような議院内閣制の理解を前提として登場したものといえる。

（3）日本国憲法と議院内閣制

　日本国憲法の下での統治機構が議院内閣制に分類されることに，今日，ほとんど異論はない。以下に掲げるように，日本国憲法は，（1）でみた議院内閣制の特徴を備えているからである。内閣は，国会による内閣総理大臣の指名，内閣総理大臣による国務大臣の任命により組織されるが，内閣総理大臣は国会議員のなかから指名され，国務大臣も過半数は国会議員のなかから選ばれなければならない（67条1項，68条1項。実際には，国務大臣のほとんどすべてが国会議員である）。内閣は国会に対し連帯責任を負うとされ（66条3項），衆議院によ

---

[3] 「真正」な議院内閣制だとされたイギリスにおいても，2011年議会任期固定法（Fixed-Term Parliaments Act 2011）によって，解散権の行使が，内閣不信任決議が可決されて14日以内に新内閣が組閣されない場合と下院が3分の2以上の多数決で自主的に解散を決めた場合のみに限定されている。

る不信任決議（または信任決議案の否決。以下同じ）があれば，衆議院が解散されない限り総辞職をしなければならず，衆議院が解散される場合でも，総選挙の後に初めて国会の召集があるときは総辞職することとされている（69条，70条）。また，国務大臣は議院に出席することができ（63条），内閣総理大臣には内閣を代表して法律案などを国会に提出することが認められている（内閣法5条，憲法72条参照）。不信任決議がなされた場合以外に衆議院の解散が可能であるのかは日本国憲法上明らかでなく，当初はこれを否定する見解も有力であった（小嶋 1988：67-70）。しかし，1952年に第三次吉田内閣が「抜き打ち解散」を行って以来，憲法7条3号を根拠として，不信任決議を受けなくても内閣は衆議院を解散しうるとの解釈が確立している（宮澤 1968：81-89）。

2 　制度改革の諸構想①——「首相公選制」論

（1）中曾根康弘の首相公選論

　このような日本国憲法の定める議院内閣制に対しては，それが十分に機能していないとの評価に基づき，首相を国民が直接に選挙する「首相公選制」を導入すべきとの提案が幾度となく出されてきた。古くから知られているのが，後に首相になった中曾根康弘が若手の国会議員の時に打ち出した「首相公選論」である。

　中曾根は，「戦後日本政治の積弊」として，「派閥政治」，「極端な政争」，「政権の不安定」の3つを挙げ，その欠陥の制度的な原因として，「日本の社会の体質や国民性などから由来して，①国会議員が，首相や大臣や政務次官になるので派閥がはびこり，②国会から首相が選出されるので，国会が闘争の場となり，首相の地位が不安定となるところにある」（弘文堂編集部 2001：7）との分析を示す。そこで，次のような提案を行う（憲法調査会報告書 1964：621-3）。

　　I　首相の公選
　　・首相，副首相は，直接の国民投票によりその過半数を得た者を天皇が任命する。

・首相・副首相の任期は，おのおの四年とし三選を禁止する。
・首相，副首相は一対となって立候補し，その国民投票は同じく四年の任期をもつ衆議院議員の選挙と同時に国民投票を行なう。
・首相，副首相国民投票法を制定し，予備選挙および本選挙について規制する。⁽⁴⁾
・選挙権者は首相，副首相のリコールを行う権利を持つ。
　Ⅱ　首相の権限
・首相は，国会に，予算・条約・法律案を提出することができる。
・首相は，国会を通過した法律，予算につき全部および一部の拒否権を持つ。
・首相は，各行政長官を任命する。各行政長官は国会議員を兼ねることができない。
・首相府に，政策局，予算局，人事局等，その他各種の諮問委員会を置く。

　また，「両院は，国政調査権，行政監察権をもつ」，「国会は，首相，副首相を弾劾する権限をもつ」とし，「首相と国会とが対立したときは，現地方自治法における知事と都道府県議会との対立を解消する方法に準ずる方法によることを考慮する」とされるが，不信任決議権や内閣による衆議院の解散権は認められていない。
　首相が予算や法律案の提出権をもつところは議院内閣制の要素を残しているが，基本的には大統領制の提案であることが明らかである。中曾根は，1957年に設置された憲法調査会においてこの案を提唱したが，多くの委員はこれに

---

(4) 国民投票法の要綱も示されている。そこでは，直前に行われた国会議員の総選挙で一定投票をした政党のみに候補者の推薦を認め，その政党は，一定数の国会議員または都道府県議会議員の連署により，首相，副首相を推薦する。候補者は，同一政党から複数の組が推薦された場合にも，政党別にまとめて投票用紙に記載され，投票は支持する首相，副首相の一組に丸印をつける。同一政党に属する候補者への投票は，一括して，その政党の得票とし，最多得票した政党の，最多得票者の組を当選者とする。これは予備選挙と本選挙を同時に行う案であるが，両者を別に行う可能性も示されている。

反対し，議院内閣制の基本原則を維持すべきとする見解を示していた。

(2)「首相公選制を考える懇談会」報告書のⅠ案

　この懇談会は，2001年，小泉首相によって，「内閣総理大臣と国民の関係の在り方について国民的な議論を提起するため」に開催されたものである。2002年に提出された報告書においては，「内閣総理大臣と国民との関係」をめぐり，従来，「首相の民主的正統性の問題」と「首相の指導力と内閣の政策統合機能の問題」という2つの問題があったとの認識に基づき，「民意を反映させる首相の選出方法の工夫と，首相のリーダーシップの有効な発揮のための制度的仕組みという2つの観点」から問題を検討し，「行政府と議会との分離を組み込みながら国民が首相指名選挙を直接行うモデル」，「議院内閣制の枠組みを残しながら首相の選出に対して最大限国民のより直接的な参加を可能にするモデル」といういずれも憲法改正を伴う改革案，そして現行憲法の枠内における改革案の3つを提示した。このうち「Ⅰ　国民が首相指名選挙を直接行う案」が首相公選制にかかわる。その内容は次の通りである。

　1　首相・副首相の選出方法
　　ア　国民が首相・副首相を直接選挙によって指名する。この場合，首相は天皇が任命し，副首相は首相が任命して天皇が認証する。
　　イ　首相・副首相は一対となって立候補し，国民はこの一対に対して投票する。
　　ウ　この立候補に際しては，一定数の国会議員の推薦を条件とする。
　　エ　首相・副首相の選挙運動期間は数か月とし，その数か月前に推薦を行う。
　　オ　最初の投票において過半数の得票を得た候補者グループが存在しない場合，数週間後に上位2グループによる決選投票を行う。
　2　首相・副首相の任期等
　　ア　任期は4年とし，3選を禁止する。衆議院議員総選挙を同時に行うものとする。

イ　首相が欠けたときは副首相が昇格する。この任期は前任者の残任期間とする。
　　ウ　副首相が欠けたときは首相が指名するが、衆議院議員の過半数の承認を得るものとする。
　3　首相の権限及び国会・裁判所との関係
　　ア　行政権は首相に属するものとし、首相は国民に対し直接責任を負う。
　　イ　首相は、大臣、副大臣、政務官等を任命することができ、行政各部について広範な人事権を持つ。閣僚は、衆議院がその3分の2以上の多数決で不信任とした場合は、その職を解かれるものとする。
　　ウ　首相、副首相、大臣、副大臣、政務官等と国会議員との兼職は禁止する。
　　エ　首相は、法案提出権及び予算案提出権を持つ。また、首相は、国会での審議に出席することができる。
　　オ　衆議院は、3分の2以上の多数決で首相に対する不信任を議決できる。この場合、首相・副首相の再選挙を行う。また、衆議院も同時に解散となる。
　　カ　首相は、最高裁判所長官を指名し、最高裁判所の他の裁判官を任命するが、その際、参議院の過半数の承認を得るものとする。
　4　首相・副首相の弾劾など
　　ア　衆議院は、憲法上・法律上の重大な違反又は反逆、収賄等の重大な犯罪を事由に、その3分の2以上の多数決により首相の弾劾訴追を決議することができる。副首相についても、同様とする。
　　イ　前項の弾劾訴追決議を受けて設置される弾劾裁判所は、同数の衆議院議員、参議院議員、最高裁判所裁判官から構成され、最高裁判所長官が裁判長を務める。総員の3分の2の賛成によって有罪と判断された場合、その首相又は副首相は失職するものとする。

首相に法案・予算案提出権、国会審議出席権が、また衆議院の特別多数決による首相・副首相の不信任決議権が認められている点は議院内閣制の要素を残す

ものである。また、首相・副首相の選挙は2回投票制とし、国民によるリコール制を置かない代わりに衆議院による不信任決議と首相・副首相の再選挙、衆議院の同時解散の仕組みを設ける点で中曾根案と異なる。しかし、大きな枠組みとしては中曾根案に連なる首相公選制の提案といえるものである。

（3）近時の改正試案および提言

近時、国会両議院に憲法調査会（2000年～2007年）、憲法審査会（2007年～）が設置され憲法に関する総合的な調査が行われるようになり、政党や民間団体でも憲法改正の試案や提言が出されることが増えた。国政政党の中では、日本維新の会（当時）の国会議員団憲法調査会中間報告（2013年）が首相公選制の導入を主張した。また、民間団体の憲法改正試案の中でも、PHP総合研究所『二十一世紀日本国憲法私案』（2004年）は内閣総理大臣・副総理大臣の直接選挙を明記する。もっとも、全体からみれば首相公選制の主張は多くない。自民党においては、憲法改正プロジェクトチームの「論点整理」（2004年）で首相公選制について「今後検討する必要がある」とされたが、「日本国憲法改正草案」（2012年）には首相公選制の導入は含まれていない。公明党においても、憲法調査会の「論点整理」（2002年）において、首相公選制は検討対象とされていたが、「首相公選制を導入しなくても、議院内閣制を実効的に機能させれば、内閣の政策決定能力を高めることができるため、首相公選制を支持する主張は少なかった」とされている。

3 制度改革の諸構想②——「官邸主導」「国民内閣制」

（1）1990年代以降の「政治改革」「行政改革」

一方、1990年代以降の「政治改革」「行政改革」は、現行憲法が定める議院内閣制の枠内での改革を目指すものであったといえる。第一に、1988年のリクルート事件に端を発し、1993年の細川内閣への政権交代を経て1994年に実現した「政治改革」は、衆議院の選挙制度について従来の中選挙区制を小選挙区比例代表並立制に改め、また政治資金規正法を強化する一方、国民一人当た

り250円，総額300億円余りの政党助成制度を導入した（佐々木 1999）。第二に，1996年に橋本内閣のもとで設置された行政改革会議の議論を契機として1998年の中央省庁等改革基本法，1999年の内閣法改正法等の成立を経て，2001年に実現した「行政改革」の一つの柱は，内閣機能の強化であった（行政改革会議事務局OB会編 1998）。ここでは，内閣法4条の改正により内閣総理大臣の発議権が明文化されるなど，内閣総理大臣の指導性を確保することが目指された。また，内閣官房の事務への企画立案の追加，内閣官房副長官補などの新設とともに，内閣府の設置，そこでの経済財政諮問会議などの重要会議，特命担当大臣といった仕組みの整備を通じ，補佐機構が強化された。

　2001年からの小泉内閣は，これらの制度改革の成果を活用して，首相がリーダーシップをとったことで知られる。経済財政諮問会議の活用により，政策決定過程が変化し，国債発行30兆円以下の緊縮財政，三位一体改革，社会保障制度改革，郵政事業民営化などの政策の実現において，首相みずからの意向が大きな影響を与えた。また，日本郵政公社法案，信書便法案をめぐって，自民党総務会の了承を得ずに法案の国会提出を行い，与党事前審査制を打破しようとした。「官邸主導」という語が人口に膾炙するようになったのはこの時期からである（清水 2005）。その背後には，行政改革による首相の権限や補佐機構の強化に加え，政治改革の結果，自民党内部における公認権，政治資金配分権が指導部に移行し，派閥の力が弱体化したことが指摘される（竹中 2006：149-158）。さらに，2001年の自民党総裁選における予備選挙での勝利や，2005年に郵政民営化法案の参議院での否決を契機として仕掛けた衆議院の解散総選挙での大勝を通じて，首相の民主的正統性が高められたという分析も可能である。

　その後も，「政治主導」「官邸主導」が日本政治のキーワードとなり続けている。2009年の政権交代により登場した民主党政権では，国家戦略局等の設置を通じた官邸機能の強化が失敗に終わったが，再度の政権交代を経た，2012

---

(5) ほかにも，中央省庁の再編や行政の減量・効率化（独立行政法人制度の創設など）が柱となっていた。

年からの第二次安倍内閣において，国家安全保障会議や内閣人事局が創設され，補佐機構がさらに強化されている。

　これらの制度上，運用上の改革，変革は，ひとつの明確なグランドデザインの下に行われたものではない。しかし，派閥政治や政権の不安定といった問題を克服し，首相の民主的正統性とリーダーシップを高めるという狙いをもつものであった点では一貫する（そしてその狙いは首相公選制とも共通する）。1990年代前半の「政治改革」は，直接には「政治とカネ」の問題に基づく政治不信に対応するものであったが，自民党の「政治改革大綱」(1989年) によれば，党内における「派閥の公然化と派閥資金の肥大化」，国会における「政策論議の不在と運営の硬直化」を改めることも狙いとされており，第八次選挙制度審議会「選挙制度及び政治資金制度の改革についての答申」(1990年) では，「政策本位，政党本位の選挙を実現する」という大目標のもと，小選挙区制導入の目的として「民意の集約，政治における意思決定と責任の帰属の明確化」が掲げられていた。(6) 1990年代後半の「行政改革」における内閣機能の強化が，「一つには閣内における総理大臣の地位，あるいはその指導性というものを確保する，もう一つは，内閣の機能及びその補佐機構を強化する，という狙い」をもっており，「政治によって行政を実効的に統制する」ことを目指したものであることは明らかである（磯部ほか 1999：17-8）。小泉内閣は，首相の主導性を高め，派閥政治を打破して「自民党をぶっ壊す」政治手法を自覚的に選択して相当程度これに成功したものであった。これ以降の，民主党政権，第二次安倍内閣でも，衆議院総選挙の結果に基づく政権交代を通じ，選挙の顔として民主的正統性を得た首相がその政策の実現を政治主導，官邸主導で行うことをめざす点では，小泉内閣と同一線上にあるものである。

　これらの制度上，運用上の改革，変革においては，しばしば，イギリスがモデルとして意識されていた（「ウエストミンスター型」）。もっとも，現状は，小選挙区比例代表制並立制の下で連立政権が続くとともに自民党に対抗する政党

---

(6) 他方，「少数意見の国政への反映にも配慮する必要があること」から，1994年の衆議院選挙制度改革では小選挙区比例代表並立制とされた。

が確立したとはいえない。後述するレイプハルトの議論においても、日本の小選挙区比例代表並立制は、比例代表でもなく、多数支配でもなく、特殊な中間形態だとの分析が示されている点には、留意が必要である（レイプハルト 2012：136-137〔邦訳116-7頁〕）。

（2）「国民内閣制」

これらの改革と同時期に、憲法学の高橋和之によって提唱され、大きな影響を与えたのが「国民内閣制」という構想である（高橋 1994）。これは、「憲法の規定する議院内閣制の特定の運用形態」である。「国民主権＝デモクラシーの原理を基礎とする政治の下においては、国民の多数派の支持こそが決め手であり」「現代の議院内閣制は、国民の多数派に支持された政治を実現するためのメカニズムとして理解される」ところ、このメカニズムの運用形態として、「国民が選挙を通じて政治プログラムとその実施主体（首相）を事実上直接的に決定する方式」が国民内閣制と呼ばれる（高橋 2006：65-6）。これは、デュヴェルジェが「直接民主政」と名付けた形態であり、政治プログラムと首相の決定が選挙で選ばれた代表者に委ねられる「媒介民主政」と対比されるものである。あくまで、国民が国会議員を選出し、国会（とくに衆議院）の多数派が首相を選出するという議院内閣制の枠組みを維持したまま、そのなかで、国民が国会議員の選挙を通じて内閣（首相とその政治プログラム）を事実上決定できる運用を指すものである。

高橋は、「直接民主政的運用を可能にするためには、選挙において国民の意思が明瞭に表明されるようなシステムを形成する必要がある」として、政党制としては「単独で多数派を形成する現実的な可能性をもった政党が2つ存在する政党制」である「二党制」を、選挙制度としては「政治プログラムの決定を重視した制度」である「小選挙区制」を基本的に望ましいものだとする（高橋 2006：67, 71, 76）。選挙の目的について、日本では多様な意見の議会への反映だとする理解が支配的であるが、議院内閣制を国民内閣制的に（デュヴェルジェの用語でいえば直接民主政的に）運用するためには、むしろ選挙にはそれを通じて国民に（最終的に1つしか採りえない）首相と政治プログラムの選択を行わ

せる役割こそを期待するべきであり，それには多数の支持を得た一人の候補者だけが当選する小選挙区制が適合的であるからである(7)。

また，国民内閣制の狙いに，政治家で組織される内閣の統治能力を向上させるとともに官僚制に対する統制を強化することが挙げられる点も重要である。高橋によれば，「政が官を統制していくために最も重要なことは，国民（多数派）の政策意思（政治プログラムの選択）が明確に表明されることであり」，国民内閣制は「それを可能にするシステム」である（高橋 2006：90）。議院内閣制の直接民主政的運用によって，首相とその政治プログラムに対する民主的正統性が強くなり，ひいては首相の政治的指導力が高められるというのである。「国民内閣制によれば，国民に提示した公約が官の抵抗で実現しえないときには，内閣・与党の責任が問われるのであり，公約を実現しようとするインセンティヴがそれだけ強く働く」（高橋 2006：90）という点も見過ごせない。

4　諸構想の分析

（1）首相公選制と分割政府

首相公選制に対する主要な批判としては，第一に，煽動政治家（デマゴーグ）が登場しやすくなり，ひいては独裁制に繋がる，というもの，第二に，公選首相と議会多数派とが対立して，国政が停滞する危険性がある，というものが挙げられる。

もっとも，第一の懸念は，あまり当たらないように思われる。まず，煽動政治家（デマゴーグ）が首相となる可能性が，現在の議院内閣制のもとにおける場合と比較して高いかは自明ではない。議院内閣制のもとにおいても，一般党

---

(7) もっとも，高橋は，日本では選挙の役割を多様な意見，価値観の議会への反映と捉える理解が強いため，この理解が変わらないままでイギリス型の小選挙区制を導入することは危険だとして，ドイツの小選挙区比例代表併用制や，フランスの2回投票制を参考にするべきだとする。また，「少数派の代表者が議会内に存在することのシンボリックな意味を無視しえない」として，「小選挙区制では『切捨て』られてしまうような少数派に，シンボリックな意味での代表者を保持することを可能とする方策を取り入れる」可能性を認める（高橋 2006：80-3）。

員による党首選挙が実施されるならばデマゴーグが党首となる可能性は十分にあるし，選挙の顔として擁立された党首がデマゴーグである可能性も否定できない（参照，大嶽 2003）。他方，2で挙げた首相公選制案は，いずれも，首相・副首相の立候補に一定数の国会議員（および地方議員）の推薦を要件として課しており，デマゴーグ——従来の政治エリートである国会議員に否定的な人物であることが多い——が候補者として登場することに対して一定の歯止めが設けられている。

　次に，仮にデマゴーグが首相となったとしても，国会の意向を無視してその主張を実行することはできない。日本国憲法のもと，多くの政策の実施には，法律，少なくとも予算の裏づけが必要だからである。いわんや，首相がその権限を強化して独裁制に至ることは制度上相当に困難である。ワイマール憲法には大統領の非常措置権限が定められていたところ（48条），これが多用され，ついには1933年2月の「民族と国家を保護するライヒ大統領命令」により基本権に関する一部規定が停止されることでナチス体制へと繋がったことが知られるが，現行の日本国憲法のもとでは，法律によらない独立命令を首相が発することはあり得ない。また，フランスのナポレオンやドゴールのように，議会を経由せずに首相（フランスでは大統領）が直接に国民に自らの地位の強化に対する同意を問うこと（プレビシット）も考えづらい。中曾根案には政策の国民投票の実施が含まれているものの，それは「首相と衆議院（条約については参議院も）の協議手続を経て，重大政策について，政策中心の国民投票を行なえることを憲法上認める」というものであるからである。首相が憲法改正を通して自らの制度上の権限を強めることも，現行憲法を前提にするならば，憲法改正の発議には両議院の3分の2の賛成が必要である以上，国会の意向を無視してこれを行うことは不可能である。

　むしろ，首相公選制の導入が引き起こす可能性が高いのは，第二の，首相と国会（とくに衆議院）の多数派が異なる政治勢力で組織されること（「分割政府」）による政治停滞のおそれであろう。「首相公選制を考える懇談会」報告書でも，「首相が属する政党が国会では少数派であるといういわゆる『分割政府』状態が生じ，首相と国会の間の政治的停滞又は膠着状態が起きかねない，という

点」が「最も重要な問題点」として指摘されている。

　比較法（比較政治）的にみても，大統領制がうまく機能しているのはアメリカ合衆国本国くらいで，ラテン・アメリカ諸国では政治が停滞し，その結果，憲法が破壊されて軍事独裁や超憲法的なプレビシットに至ったことが知られる（リンス，J・J／バレンズエラ，A編 2003：117, 163-164, Ackerman 2000：645-647）。

　アメリカで大統領制が機能しているのは，国土が広く，政党といっても地域に根拠をもつ団体の緩やかな集まりで，党内の規律が緩やかであるため，政権与党と議会の多数派とが食い違う場合でも，政権与党は野党議員の一部の支持を得て法案を通過させることが可能であるという特殊事情があるからだといわれる[8]。また，政権与党と議会多数派たる野党が互いに譲らず，年度内に予算（または暫定予算）が成立せずに政府機関が緊急を要する業務を除き閉鎖される事態が生じたこともあるが，世論の批判によって，結局は社会が混乱に陥る前に予算が成立しており，妥協の図り方を知っているとの評価も可能である。議会において，両院協議会（Conference Committee）で与野党間の交渉を継続的に行う仕組みが確立している点も見逃せない（久保編 2013：5-86，岩月 1992）。

　一方，日本では，政府・与党（＝衆議院の多数派）と参議院の多数派とが分かれる「ねじれ国会」が2007年～2009年，2010年～2012年と近年頻発したが，これに対しては政治の停滞を引き起こしたという否定的な評価が一般的であろう。その原因は，ひとつには，政党内部の規律が非常に強いため野党の一部議員が政府提出法案の支持に回ることが起きないこと，もうひとつは，政府・与党と野党の双方が妥協を図ろうとしないことが挙げられる。とくに野党には，政府の政権運営を停滞させ，倒閣に導くことを目的として自らの主張に固執する傾向がみられる。このような政党のあり方を前提にする限り，首相公選制を導入すれば，「分割政府」による政治停滞が生じる可能性は高いだろう。

---

(8)　もっとも，アメリカでも，近年，政党の内部規律が強まる傾向にあることが指摘されている。

(2)「ウエストミンスター型」・「国民内閣制」に対する批判

これに対し，議院内閣制を前提とする「ウエストミンスター型」，「国民内閣制」の運用形態においては，議会と政府とが異なる政治勢力で占められる「分割政府」の問題は起きない（もっとも，参議院が存在するため，衆議院＝政府と参議院多数派とで「ねじれ」が起きる可能性は存在するが，この点はすぐ後で述べる）。

しかし，これらの運用形態に対しては，次のような批判が投げかけられた。

第一に，小選挙区制は国民の意思を歪曲するものであるという批判である。小選挙区制にみられる得票率と議席数の乖離の大きさのほか，1 票を投じかつ相対多数で当選者を選出する選挙制度の場合，有権者の選好と当選者とが一致しない「コンドルセのパラドックス」がその根拠として指摘される（吉田 2009：100-102）。

第二に，小選挙区制では少数派の有権者が切り捨てられるという批判である。二大政党制を志向する小選挙区制においては，キャスティングボートを握る，政策空間において中位を占める有権者の支持を得るために，二大政党が中道化する結果，両端に位置する少数派が無視される結果となるという。その結果，政治的に阻害されていると感じる有権者が，既成政党ではなく，急進的で過激な政策を掲げる政党の支持に回り，「ポピュリズム政党」が台頭するおそれも指摘される（吉田 2009：113-122）。

第三に，保守主義対社会民主主義というイデオロギーや政策体系における対立軸が消滅しつつあるなかで，小選挙区制をとれば，政策の違いに基づく争いではなく，単なる権力闘争，「政局」に重点がおかれることになるとの批判がある（小堀 2013：238〜244）。「ねじれ国会」が政治の停滞を招いたのは，小選挙区制が「合意」の文化を壊し，野党が敵対的な態度を取らざるを得なくなったからであるとの指摘もこの文脈で理解できる（小堀 2013：180〜190）。

第四に，日本国憲法が定める政治制度に，ウエストミンスター型の「決定」の政治はなじまないとの批判がある。日本国憲法下においては，法律，予算の議決に関する参議院の権限が強く，また衆参両議院の選挙の時期が異なり，両院間に「ねじれ」が生じやすい。かかる憲法の定める政治制度のもとでは，「決定」ではなく「交渉」を重視する運用を行うべきであるというのである

（小堀 2012：221）。

　第五に，小選挙区，二大政党制をとる「多数決主義型」（ウエストミンスター型）デモクラシーが，デモクラシーの「質」において，比例代表制，多党制をとる「コンセンサス型」デモクラシーよりも優れているとはいえない，という批判である。レイプハルトは，各国の実証研究に基づき，経済政策（インフレ率，失業率など）や社会政策（治安）といった点では双方のどちらかが優位とはいえず，女性の政治参加，政治的平等，投票率，政治への満足度といった「優しさ，親切さ」という点ではむしろコンセンサス型デモクラシーの方が優れていると指摘する（レイプハルト 2012：274-294〔邦訳239-257〕）。

（3）批判に対する応答

　もっとも，これらの批判には，次のような応答が可能である。

　第一の批判に対しては，選挙に期待する役割が違うとの反論が可能である。批判は，選挙の役割として多様な意見，価値観の議会への最大限の反映を前提としているのに対し，「国民内閣制」においては，首相と政治プログラムの選択，決定を選挙の主要な役割として期待している。前提が異なる以上，得票率と議席数の乖離も批判としては当たらないことになる（参照，高橋 2006：76）。第2節でみたように，首相のリーダーシップの確立という日本の政治制度における課題に応えるという観点からは，首相の選択に繋がりやすい選挙制度が望ましいだろう[(9)]。

　第二の批判に対しては，まず，「少数派」が必ず二大政党から無視されるのか，「少数派」とは何なのか，という疑問を提示することができる。政策領域は多様なものがある以上，特定の政策，利害に関わる一定の勢力――それも，

---

(9) ただ，日本の小選挙区制においては，選挙のたびに生じる巨大な「スウィング」によって，現職議員――1期目が終わった新人議員のみならず，2期目以降の中堅議員も――が継続して当選することが難しくなっている点は，政治家の育成の観点から問題かもしれない。しかし，選挙に当落はつきものであって，優秀な議員が落選しにくい選挙制度――そもそも優秀な議員とは何か――を一義的に決めることは難しい。政党が，落選して浪人中の議員の政治活動や選挙への再挑戦を支援できるような態勢を整えることが重要であろう。

全体からみれば「少数派」であろう——であっても，その政策，利害が他のものと両立（少なくとも妥協）可能なものであるならば，二大政党は得票を少しでも増やすために，その勢力を取り込もうとするだろう。もちろん，既存政党では汲み取れない先鋭的な主義・主張を行う人々や，既存政党から恒常的に排除される社会的マイノリティの存在を想定することはでき，かかる「少数派」が国会で自らの代表者をもつ可能性は排除されるべきではない。しかし，国民内閣制論にはその点への一定の配慮がみられるし，現在の衆議院における小選挙区比例代表並立制は，比例代表部分を設けることで，この点に実際に配慮しているとの評価も可能である。また，日本ではフランスの国民戦線のように排外主義的な「ポピュリズム政党」は今のところ台頭していない。

第三の批判に対しては，小選挙区制と国会運営における敵対的な態度との間に必然的な関係があるのか，との疑問を呈することができる。イギリスにおいて，二大政党の間で戦後の一定期間，経済政策において「コンセンサス」があったことや，また近年においても政策によっては平議員の造反に苦しむ政府に野党が協力することが指摘されている（小堀 2012：234，256-257）。イギリス政治については，選挙において（そして選挙が近づけば）政権を目指し激しく攻撃し合うことや，議会における激しい討論を掴まえて対決型の政治であるとのイメージが流布しているが，野党にもっぱら倒閣を狙って内閣の政権運営そのものを停滞させ混乱に陥れようとする姿勢はみられない。

第四の批判に対しては，日本国憲法のもとの政治制度の特徴として，衆議院が第一院であって「衆議院の優越」がひとつの原理であると説かれてきたのであり，できるだけそれに沿った憲政の運用を行うべきではないか，との反論が可能である。たとえば，内閣不信任決議権が衆議院にしか認められていないこと（69条）を重視して，参議院議員選挙の敗北によって首相が変わったり，野党が重要な政府提出法案や予算を参議院で否決することにより倒閣をめざしたりすることは，衆議院の優越の趣旨に合わず，妥当ではない，といった評価を積み重ねるべきであろう。もちろん，現実に両院が対等であるかのような傾向が強まってきたのも確かであるが（竹中 2010 など），そのことと，それを規範論から「あるべき姿」だとして評価するか否かは別である。

第五の批判に対しては，政策の「質」が制度によるものだといえるのか，との反論が可能である。レイプハルト自身，これらの政策の「質」が，コンセンサス型デモクラシーの直接の帰結というよりも，その根底にあるコンセンサス型の文化に起因している可能性があることを否定していない。もっとも，アジア，アフリカにおいては，究極の合意を目指した広範かつ時間をかけた議論を行うのが人々のもともとの傾向として存在するとの指摘もある（レイプハルト 2012：301，302〔邦訳264，266〕）。ここからは，「多数決主義型」は日本の文化に合わない，との批判もできるかもしれない。しかし，それなら，五十五年体制——自民党の一党支配体制，派閥政治と与野党の国対政治の組み合わせ——を日本に適したコンセンサス型の政治体制として肯定的に評価することに繋がらないか。かかる体制を克服すべき対象とみなした，一連の議論の出発点に立ち返る必要があるだろう。

（4）「合意型デモクラシー」の条件
　それでは，「ウエストミンスター型」，「国民内閣制」という運用を批判する論者は，どのような制度，運用を構想しているのだろうか。
　抽象的にいえば，「広汎な合意の形成をめざし，少数派にも統治に参加する機会を与える『合意型デモクラシー』」（高見 2008：39）ということになりそうである。選挙制度は，国民の様々な意見，利害の議会に対する忠実な反映を期待して，比例代表制を採用する。その結果，国会で単独政党が過半数を占める可能性は低くなるが，その場合でも，政党システムはイデオロギー的に大きな懸隔のない3つ以上の政党からなる穏健多党制となることが期待されるので，国会における政党間の交渉と妥協に基づき連立政権を組織する，という運用である。
　しかし，この方向に進むためには，安定した政権運営と時宜を得た政権交代の可能性について，日本の実情に照らした更なる考察が必要である。まず，安定した政権運営の可能性について，レイプハルト自身，一般に，政権の存続期間が長期になるという意味で，ウエストミンスター型の方が安定的，支配的であることを認めている（レイプハルト 2012：62，118，124〔邦訳54，101，107〕）。そ

の上で，上述の通り「質」を問題にする）。日本においても，1993年の細川内閣以来，連立政権が恒常化しているものの，2005年の衆議院総選挙以降，与党第一党が衆議院では単独過半数の議席を確保している点が注目に値する。小選挙区制の導入による効果が表れてきているとの評価も可能であろう。近時の連立は参議院で与党が過半数の議席を得るためのものである——2007〜2009年，2010〜2013年の間は，連立与党がそれでも参議院で過半数の議席をもたず，「ねじれ」が生じていた——点には注意が必要である。政権運営の不安定の要因が参議院に絞られてきているのである。

そのうえで，1993年以来の連立政権を振り返ると，自民党政権においては連立の結成，解消，組み換えが政権を安定させる方向で行われることが多く，一部の議員が離党して新党を結成する場合でもその影響が小さいのに対して，非自民党政権においては，連立与党間の関係がこじれて政権運営が不安定になることが多いことに気づく。自民党政権の場合，小渕内閣における「自自」から「自自公」連立への流れのなかで，公明党と連立を組むための「座布団」として自由党と連立する必要があったことから，官房長官であった野中広務が「悪魔にひれ伏してでも」小沢一郎に連立参加を呼び掛けたことが知られる（御厨＝牧原編 2012：265-268）。2005年の衆議院総選挙前には国民新党，新党日本が結成され，2009年の衆議院総選挙前にもみんなの党が結成されるなど離党の動きがみられたが，前者は郵政民営化法案に反対した議員が自民党の公認を外されたという事情があり，みんなの党の結成に参加した自民党議員は3名であった。これに対し，非自民党政権の場合，細川内閣が8党・会派の連立で内部の争いが絶えず，羽田内閣も発足直後に社会党が連立から離脱して少数内閣となり，いずれも短命に終わったし，2009年からの民主党政権も，2010年の社民党の連立離脱，2012年に「国民の生活が第一」の結成による49名もの民主党議員の離党と政権運営が定まらなかった。これまでの経験から，合意型デモクラシーを進めるためには，とくに非自民党政権において，連立与党間の妥協の形成と政権運営の安定の在り方を具体的に示す必要があるだろう。(10)

政権交代の可能性についても，非自民党政権の成立可能性が問題となる。比例代表制の議席率をみて「一種の二大政党制」は既に成立したとの評価もある

が（小堀 2012：224），2014年の衆議院議員総選挙における比例代表部分の議席率は，自民党が38％，民主党が19％であり，維新の党17％，公明党14％，日本共産党11％と並べてみると，民主党が二大政党制の一翼を担っているとはいいづらいだろう。野党は分裂しており，しかも自民党に協調的な姿勢をとる党も多い。このような政党システムの現状で比例代表制を拡大した場合，自民党政権と交代可能な政党（群）が育つのか。自民党が比較第一党であり，かつ，自民党に協調的な政党が複数ある状態が続くならば，自民党が連立相手を組み替えることで政権を維持する可能性の方が，第二党以下の諸政党が連立して非自民党政権を樹立する可能性よりも高いだろう。かかる状況のもとで合意型デモクラシーを進めるには，自民党を中心とする連立政権が続いてもよい，すなわち政権交代の可能性が低くなってもよいと論じるか，比例代表制――小選挙区制に比べ，野党が与党に対抗して結集しようとする動機付けに乏しい――のもとでも非自民党政権を担う政党（群）が育ちうることを示す必要がある。

5　日本の議院内閣制の特徴

　しかし，日本の議院内閣制には，第4節でみた選挙制度や政党制のあり方とは別のところで，90年代以降も変わらない特徴がある。国会の役割と議院の運営に関わる以下の諸点は，「ウエストミンスター型」か「合意型」かという，第4節でみた運用の方向性のいずれを目指す場合にも，真剣に考慮するべき重大な問題である。

　第一に，立法に関して，議院内閣制下の立法において中心となる政府提出法

---

(10)　吉田徹は，ムフの議論を手がかりとして，闘技デモクラシーを提唱する。「価値観や志向性を異にする『種差』を持っている」個々の市民や集団を，「利益によって調停しよう」とするのではなく，「異質性や差異にむしろ着目し，制度に回収されないデモクラシーを目指すコンセプト」である（吉田 2009：201-202）。しかし，代表制民主主義という制度の枠内で，有権者，国会議員そして政党が具体的にどのように行動すべきなのか，またかかる行動に向けての動機づけが可能な具体的なルールとはどのようなものなのか，についての提案はない。

案をめぐる実質的な議論が，法案提出前の段階で，各省別に与党議員と各省官僚，利害関係者との間で行われ，与党の承認が得られてはじめて法案提出が認められるという（与党）事前審査制の存在である。事前審査制の結果，与党議員には党議拘束がかかるので，国会の公式の審議の中で与党議員との間での議論は期待できなくなる。野党との議論は，委員会の段階では行われているようであるが，政府は，提出時点で微妙な利害調整や法制の審査を終えて「完成」されている法案をそのまま通過させる動機付けが強く働くため，法案に対する修正は——たとえ野党の提案が部分的なものでかつ建設的なものであったとしても——行われにくくなる。何より，事前審査制は，議論や調整を，非公式の密室で参加者を限定して行われるため，国民から見て透明性を欠くこと，その結果，特殊利益——当該省庁の政策に関心を持つ議員（族議員）と結びついた利益団体の意向——が反映されやすいこと，審査が各省官僚と族議員との間で行われることから首相，内閣がリーダーシップを発揮することが難しいこと，結果として責任の主体が曖昧になってしまうこと，といった看過しがたい弊害を伴っているのである（大山 2003：224-231）。

　第二に，政府統制（行政統制）の認識の弱さである。日本国憲法は，「内閣は，行政権の行使について，国会に対し連帯して責任を負ふ」と定めるが（66条3項），「責任」というとき，直ちに（選挙によらない）辞職と結びつける傾向が強い。しかし，「責任」には，辞職を含めた制裁を受忍すること以外に（あるいは

---

(11)　自民党における政務調査会（部会）での審査が知られる。2009年～2012年の民主党政権下で，当初は事前審査制の廃止が試みられたが，最終的には各省に対応する部門会議において事前審査が復活した。また，各省官僚による事前説明は，その丁寧さにおいて与党に対する場合と異なるものの，適宜，野党に対しても行われているようである。

(12)　議案の本会議における趣旨説明は「議院運営委員会が特にその必要を認めた場合」に行うことができると規定されているところ（国会法56条の2），会派が本会議による趣旨説明を要求することで議案の委員会付託を保留することができるようになり（「つるし」），議院運営委員会（実際にはその理事懇談会ひいては国会対策委員会）を通じた与野党折衝が法案審議に決定的となった。

(13)　政府統制とは，事後的かつ政治的な統制をさす（大石 2001：107）。

その前段階として），事態・状況の究明，再発防止や改善の措置を行うとともに，それらを国会ひいては国民に弁明，釈明することが含まれる。また，不祥事が起きなくても，内閣は，一般にその政策，法案の内容や，政策，法律の実施，執行の状況，成果について，国会ひいては国民に説明，報告を行うことが求められる。このように，政府は広い場面で説明責任を負っており，国会には，これに対応するかたちで政府統制の機能を果たすことが求められる。憲法学においても，早い時期から，「執行府の監督と抑制の機能」が議会に最も期待される機能であると説かれてきた（芦部 1971：240）。しかし，国会の側にも，（立法機能とは別に）政府統制の機能が重要であるという認識が弱く，またそのための制度が十分に活用されていない。

　すなわち，日本国憲法には国政調査権や質問権の規定があるものの（62条，63条），実際にこれらが十分に活用されているとはいいがたい。質問は原則として書面（質問主意書）によるものとされ，口頭質問は緊急を要するときにしか認められていない（国会法74条，76条）。本会議や委員会において国会議員と大臣との間で行われる口頭の遣り取りの多くは，議案審査に関する質疑と説明である。国政調査といえば，議院証言法が適用される強制力を伴った調査を連想するが，これは，政治家，政府高官の不祥事の際に散発的にのみ用いられるにすぎない。また，議院証言法に基づく調査は国政調査の一手段にすぎず，両議院は，広義の国政調査として，国務大臣等からの説明の聴取，質疑，参考人の意見聴取，内閣，官公署その他に対する報告又は記録の提出等，委員派遣といった様々な――罰則による担保がないという意味で強制力がない――手段で情報収集を行うことができるが（『衆議院委員会先例集　平成15年版』178，『参議院委員会先例録　平成25年版』117），実際には，かかる広義の国政調査もほとんど行われていない。これは，常任委員会が議案等の審査を行うことを主な役割とみなし（国会法41条1項参照），基本的に立法委員会としての性格をもつこと（大石 2001：111頁）に由来するものと思われる。しかし，これにより，常任委員会が調査委員会としての機能ももつことが曖昧になっている。国会議員にも，その果たすべき役割に立法とは別に政府統制があることは十分に認識されていない。

この点はとりわけイギリスと対照的である。イギリスでは，開会中毎週月曜日から木曜日まで55分間，ローテーション制で大臣に対して行われる「口頭質問」（このうち水曜日に30分間行われる首相に対する口頭質問が日本でよく知られている）や，毎日の議会休会前に30分間行われる「討論」といったかたちで，法案審査とは別に議員が大臣に対して口頭で質問を行うことが制度化されている。また，政府統制に特化した省庁別の特別委員会（Select Committees）が，1979年に制度創設されて以来，自らが設定した議題——個別事件に関係するもの以外に，むしろ当該省庁の政策や国家の基本問題などに関わるものが多い——について，政府や有識者から証人発言や文書提出を求めて調査を行い，最終的に報告書を公表することを通じて，活発に活動を行っている。ここでは，平議員は，与野党の垣根を越え国会議員の立場から協調して政府統制の任務に当たっているのである。その結果，国会議員——与党平議員も含む——の重要な役割として政府統制が確立している。

第三に，両議院の議院運営の党派対立からの自律性の弱さ，議院運営上の合理的なルール決定に対する意識の弱さである。議事運営の自律性は，事前審査制（党議拘束）と議院運営委員会（理事懇談会）の「国対政治」に絡み取られており，議長の権限と権威が曖昧なものとなっている（白井2013：14）。国会議員には，与野党の立場を越えて，行政部ではなく立法部に所属する「国会議員」という共通の立場から，立法や政府統制のあり方を絶えず反省して望ましいルールを形成，創造していこうとする傾向が弱い。国会改革（正確には両議院の改革）が遅々として進まないのはその表れである。民主党政権下において4党の国会議員有志が，党議拘束の緩和，ヤジの一掃，党首討論の定例開催，質問要旨の事前通告と公開，予算委員会を予算審議の場とすることを提案し，質問要旨の事前通告については，第二次安倍内閣の下で2014年5月に与党がその期限を「2日前の午後6時」とするルールを設けたが，野党も含めたルー

⑭　議長のもとで議院運営のルールを蓄積し，その専門家として適切な運営を支える議院事務局の権威も高くない。
⑮　政府提出法案によらず，両議院が主導して行うものとされる選挙制度改革も同様である。

ル作りは実現していない。また2014年5月に，大臣の国会出席の軽減，党首討論の充実，議員立法の審議の充実について与野党の合意が成立し，2014年9月からの第187回臨時会から試行されることとされたが，党首討論はその後2015年末まで2回しか開催されず，その他の改革もどの程度実現されているのか定かではない。そもそも，本章の視点からは，事前審査制や国対政治の見直しを前提とする政府提出法案の審査のあり方や，政府統制の充実といった，議会運営の根本的な点に関する，政府と野党とが入れ替わることを念頭においたルールの合理化の契機が欠如している。(16)

6　国会改革へ向けて

(1) 立　法

第5節で示した問題点への対処は，運用上の問題であるので，現行憲法の枠内で行うことが可能である。

立法に関しては，政府提出法案をめぐる議論や調整を，国会への提出前までに非公式の場で終わらせる事前審査制を改めて，両議院における公式の手続の中で実質的に行える制度を作らなければならない。①委員会中心主義を維持するならば，提出された法案は直ちに委員会に付託するという本来の原則に戻し（国会法56条1項），本会議での趣旨説明の聴取も委員会での審議と並行して行うこととし（国会法56条の2），「つるし」の慣行は廃止するべきである。②その代わり委員会における十分な審議を確保するべきである。その一案として，委員会における逐条審査の導入も検討に値する（参照，原田 1997：238）。その場合，委員会での趣旨説明と質疑は法案の趣旨，原理・原則に関するものとし，質疑終了後にいったん表決を行い，可決されたものについて逐条審査に入るとするならば，ハードルを増やすとともに，与党平議員も含めて反対の強い法律

---

(16) この背景には，「会議その他の手続及び内部の規律」（憲法58条2項）に関するルールは両議院が各々定めるとされているにもかかわらず，国会法という法律が存在し，両議院の議事運営は足並みをそろえるべきだとする観念が強いこと（「議院法伝統」（大石 2001：6））も挙げられよう。

案については前捌きを行い審議時間の節約が可能となるだろう。③政府提出法案に対する内閣の修正を行いやすくするべきである（大山 2003：252）。現在は，修正には議院の承諾が必要で，かつ一院で議決した後の修正はできないとされているが（国会法59条），自らが提出した法律案に関して，国会審議を通じて，内閣自身が修正を行うことは自然なことである。④重要法案に対する立法前手続を導入して事前審査制を国会の側の公式の手続に組み込むことも一案である。法案（要綱）の時点でそれを国会に提出し，所管の委員会が政務三役や利害関係者，専門家を召致して質疑を行い，意見書（少数意見を含む）を政府に提出する制度を構築することで，法案の提出段階での修正を促すとともに，論点を明確にすることで正式の審議を円滑に進めることが可能となる。野党の参加や透明性の向上といった点で事前審査制の欠点を改められるという意義もある。⑤なお，このような改革によれば，国会の審議時間（議員の拘束時間）は長くなるが，それを可能とするためには，議事定足数の緩和を図ることが肝要となる（大石 2008：160-170）。⑥そしてまた，政府提出法案の審議をめぐる日程闘争と国対政治の一因となっている会期不継続の原則（国会法68条）を廃止するべきである。⑦このような国会審議のあり方の見直しを通じ，法案提出前後の国会審議を充実させることで，政党に事前審査制とそれに基づく党議拘束の縮小，緩和を促すべきである。

（2）政府統制

政府統制に関しては，国政調査を，不祥事の究明が典型的な，野党が政府を攻撃するための手段——いわば「与野党対決型」の統制——として捉えるのみならず，野党と与党平議員が同じ国会議員の立場で政府の政策実施に関する

---

(17) なお，立法過程においては，政府と利害関係者との間で，法案全体に対する合意を形成するために，事項ごとに「取り引き」が行われることがよくある。かかる「取り引き」に関する交渉は秘密裡に行われるが，これもできる限り公式の議事手続の中で行わせるために，委員会の手続の一部を秘密会としてこの交渉を委員会で行うように誘導することも考えられる（国会法52条参照）。この場合でも，議事録を残し，相当期間経過後に公開とすることで，事後的な検証が可能となるだろう。

情報を収集し，それにより政府を監督するための手段——いわば「与野党協調型」の統制——としても活用するべきである。そのための枠組みとして，さしあたり，1997年に両議院に設置された（決算）行政監視委員会の活動を充実させることが考えらえる。協調した調査が可能となるのは，客観的な評価が行いやすい場合である。各省が行う政策評価や，2010年から総務省が行っている「行政事業レビュー」について，その一部を抜粋するかたちで検証を行うことが考えられる。

　また，参議院で1986年以来設置されている調査会は，「国政の基本的事項に関し，長期的かつ総合的に調査を行う」ものであるが（国会法54条の2以下），3年間をひとつの区切りとして設置され，報告書も作成されている。この調査会の活動も，調査の前提として必要な情報を政府から得る点を重視すれば，政府統制の一種とみることができる。[18]このような基礎的な情報収集と整理に重点を置いた調査を，各省別の常任委員会でも行うことが考えられる。議案の審議とは別に，所管する事項に関わる特定の主題を選択して，数か月の期間をかけて調査を行い，調査報告書を作成，提出，公表するのである。

　もちろん，「対決型」の国政調査の発動を否定する趣旨ではない。国政調査が低調なひとつの制度的要因は，国政調査の発動や個々の手段の行使に議院・委員会の議決すなわち過半数の賛成（議院証言法および国会法104条に基づく手段をとる場合には，慣行上，全会一致）が必要であることである。少数派に——強制力を伴う手段も含めて——国政調査の発動や運営に関する権限を認める少数派調査権の制度化も求められる。1997年に衆議院に導入された予備的調査制度が，実質的な少数者調査権として機能しつつあることが知られる。これを発展させるべきであろう。ドイツ連邦議会が議員の4分の1の申し立てで調査委員会の設置を認め（ドイツ基本法44条），フランスの元老院が会派に会期年度に一度の調査委員会の設置を認めている（フランス憲法51条の1参照）ことが参

---

[18] 両議院に設置されている憲法審査会も，日本国憲法および日本国憲法に密接に関連する基本法制に関する広範かつ総合的な調査を行うことが任務として挙げられている。しかし，包括的な調査に限らず，憲法の解釈や運用に関わる政府の個別の行為を契機として，当該論点について深掘りする個別調査を行うことも考えられる。

考になる。

　立法等に関して事前審査制を廃止すれば，与党平議員の不満が高まることが予想される。(19)かかるアイデンティティ・クライシスもまた，事後的な政府統制を国会の重要な役割に位置づけることによって解消できるものと考えられる。

（3）議院運営のあり方

　そして，かかる立法や政府統制の合理化にあたっては，個別的，短期的な与野党の会派的対立を越えて，一方で政権交代の常態化によって与野党の立場は入れ替わること，他方で国会議員としての立場は共通であることを踏まえて，大局的，長期的な視点に立って　各種の制度の合理化を図ることが肝要である。
　その際，合理化のひとつの方法として，本会議，委員会の開会時間を見直して，標準的な可処分時間を算出した上で(20)，それについて議事日程の優先的な決定権を政府，野党，平議員それぞれに配分して，いつ，何を行うかを制度化することが考えられる。この点，イギリスでは議院規則等により日数が詳細に定められており，またフランスでも憲法48条で大枠が定められているのが参考になる。政府に議事日程の優先権を認めることは権力分立の観点から許されないようにも思われるが，議会（第一院）多数派が内閣を組織し両者が密接に連携する議院内閣制の論理からすれば，おかしなことではない（上田2012）。時間配分の合理化の観点からも，会期制度と会期不継続の原則を見直して，少なくとも1年以上の単位での時間配分を可能とすることが望ましい。
　なお，議事運営に関するルールの合理化，制度化を行うにあたっては，各議院の内部運営事項については各議院が独自にルールを決定できるという議院自律権（憲法58条2項）に立ち返り，国会法ではなく議院規則によるべきである。議院規則もいわば恒久的なルールであり，その改正に心理的な敷居が高いので

---

(19)　民主党政権において，鳩山政権が始まった際に民主党が政策調査会を廃止したため（2009年9月18日付「政府・与党一元化における政策の決定について」），与党平議員の不満が高まり，結局は事前審査制が復活したことが知られる。注(11)も参照。
(20)　フランスのように1か月単位で配分を行うことや，より短く1週間単位として可処分時間を算出することも考えられる。

あれば，イギリスにおける，当該会期のみに妥当する暫定的なルールである「会期規則（Sessional Order）」を取り入れることも考えられよう。

また，参議院については，衆議院の優越という原理に照らし，また時の政権による国政運営を過度に阻害しないという観点から，その権限行使につき自制的なルールを自ら定めることが考えられる。たとえば，法律案の議決内容が衆議院と参議院とで異なった場合，一定期間を置いた上で，再度，衆議院が過半数で同じ議決を行った場合には，参議院はこれに従う，あるいは，予算関連法案については，予算と同様に取り扱い，衆議院の議決があれば30日以内に参議院も議決を行う，といったルールである。

（4）憲法改正を要する改革案

以上は現行憲法の枠内で可能な改革であるが，さらに，憲法改正に踏み込む制度の見直しを行うことも考えられる。とくに問題となるのは，二院制──強すぎる参議院──についてである。上で示した参議院の「自制」は，「上策」であるが，いったん権力を手中に収めた参議院（議員）がそれを手放すのは現実にはなかなか難しいだろう。そうであるならば，制度的要因となっている憲法規定を改めざるを得ない。具体的には，①法律案に対する衆議院の再議決権の要件を過半数に緩和する代わりに，再議決権を一定期間行使できないようにすること，②予算関連法案については，予算と同様に衆議院の優越を認めること，③参議院は内閣総理大臣の指名を行わず，また参議院議員は政務三役に就任しないものとすること，といった改正が考えられる（参照，「参議院の将来像に関する意見書」Ⅲ（5）（6）（8），「首相公選制を考える懇談会」報告書「Ⅱ」3ウ，カ）。国政の運営そのものは衆議院と衆議院多数派に支持される内閣に委ね，参議院は，衆議院ではなお反映できない多様な意見，専門的知見を法律案の審議の際につけ加えるとともに，長期的な展望に立った議論を行うという組織像である[21]。

また，少数派政権でも政権を不安定にさせずに運営を進めることを支える制度を憲法改正によって導入することも考えられる。内閣不信任決議によって内閣を総辞職させるためには，後任を過半数で選出することを要件とする建設的

不信任(ドイツ基本法67条)や,重要法案について政府信任をかけて,これに対して提出された不信任決議が可決されない限り,当該法案は可決されたものとみなす信任決議(フランス憲法49条)といった制度が参考になる(レイプハルト 2012:90 (邦訳78))。

(5) 議院内閣制下の国会改革

日本では,国会の強化といえば,議員立法の充実が説かれることが多い。それはアメリカ合衆国の議会を参照にしたものである。しかし,大統領制と議院内閣制とでは制度の論理が異なる。立法府と行政府とが与党と内閣の一体化を通じて密接な関係を有する議院内閣制においては,立法において政府提出法案が中心になるのは当然のことである。このことを受け入れた上で,国会は,国政に関する議論,討論を行い,マスコミや国民の注目を集めて世論を喚起するという意味で国政の中心であり続けるための工夫を図ることが肝要であろう。国会議員は,憲法によって国会が「国権の最高機関」で「唯一の立法機関」とされる(憲法41条)点に胡坐をかくのではなく,みずから,国会運営,制度の改革の議論を──日々の国政に関する議論と並んで──謙虚に,そして真剣に行わなければならない。

参考文献
芦部信喜『憲法と議会政』東京大学出版会。
磯部ほか (1998) 磯部力・大石眞・三辺夏雄・高橋滋・森田朗〔座談会〕「行政改革の理念とこれから」ジュリスト1161号。
岩月岳史「アメリカ合衆国連邦議会上下両院協議会の運営」立法と調査170号(1992年)50-53頁。
上田健介 (2012)「議院の議事運営における内閣の関与について」『憲法改革の理念と展

⒜ 参議院に地方代表の性格を付与することもありえる。平成24年大法廷判決(最大判平成24年10月17日民集66巻10号3357頁)で投票価値の平等との関係でその趣旨が弱められてはいるが,昭和58年大法廷判決(最大判昭和58年4月27日民集37巻3号345頁)によれば,「事実上都道府県代表的な意義ないし機能を有する要素を加味」することは現行憲法下でも可能だとされている。

開（上巻）』信山社，552-582頁。
大石　眞（2001）『議会法』有斐閣。
大石　眞（2008）『憲法秩序への展望』有斐閣。
大石　眞（2014）『憲法講義Ⅰ』（第3版）有斐閣。
大嶽秀夫（2003）『日本型ポピュリズム』中央公論新社。
大山礼子（2003）『比較議会政治論』岩波書店。
行政改革会議事務局 OB 会編『21世紀の日本の行政』行政管理研究センター。
久保文明編（2013）『アメリカの政治』（新版）弘文堂。
憲法調査会報告書（1964）。
弘文堂編集部（2001）『いま『首相公選』を考える』弘文堂。
小嶋和司（1998）『小嶋和司憲法論集　2　憲法と政治機構』木鐸社。
小堀眞裕（2012）『ウエストミンスター型の変容』法律文化社。
小堀眞裕（2013）『国会改造論』文藝春秋。
佐々木毅（1999）『政治改革1800日の真実』講談社。
清水真人（2005）『官邸主導』日本経済新聞社。
白井　誠（2013）『議会法』信山社。
高橋和之（1994）『国民内閣制の理念と運用』有斐閣。
高橋和之（2006）『現代立憲主義の制度構想』有斐閣。
高見勝利（1999）「議院内閣制の意義」高橋和之＝大石眞編『憲法の争点』（第3版）有斐閣，194-197頁。
高見勝利（2008）『現代日本の議会政と憲法』岩波書店。
竹中治堅（2006）『首相支配』中央公論新社。
竹中治堅（2010）『参議院とは何か』中央公論新社。
原田一明（1997）『議会制度』信山社。
樋口陽一（1985）「議院内閣制の概念」小嶋和司編『憲法の争点』（新版）有斐閣，180-183頁。
樋口陽一（1998）『憲法Ⅰ』青林書院。
御厨　貴＝牧原　出（2012）『聞き書　野中広務回顧録』岩波書店。
宮沢俊義（1968）『憲法と政治制度』岩波書店。
吉田　徹（2009）『二大政党制批判論』光文社。
リンス，J・J／バレンズエラ，A編（2003）『大統領制民主主義の失敗』中道寿一訳，南窓社。
Ackerman, Bruce (2000) "The New Separation of Powers", *Harvard Law Review* 113: 633-727.
Lijphart, Arend (2012) *Patterns of Democrary*, 2nd ed., Yale University Press.（粕谷祐子・菊池啓一訳〔2014〕『民主主義対民主主義［原著第2版］』勁草書房）
Redsrob, Robert (1924) *Le Régime Parlementaire*, Marcel Giard.

第2章

象徴天皇制
――憲法第1章と皇室典範――

原田一明・笠原英彦

1 「象徴」天皇の地位をめぐる諸問題

(1)「社交的君主」としての天皇

　わが国において，天皇制というテーマを理性的に論じることはことのほか難しい。それだけに，佐々木惣一が，日本国憲法制定に際して語ったことは，今日なお，示唆に富む。すなわち，天皇制を考える場合には，「考える者が天皇制に関して，理性を以て判断するを要し，感情に支配されてはならぬ，ということである。この点に於て天皇制を是とする者も同じである。天皇制に関する理性とは，天皇制が，わが国家の正しい発展を期する上に於て，有用に役立つものであるかどうかということを明かにする，ということである」(佐々木1947：24-25)と。本章では，この箴言を念頭に置きつつ，はじめに日本国憲法第1条の意味から考えていくことにしたい。

　そもそも日本国憲法は，象徴天皇をどのように位置づけようとしたのか。ごく簡単に振り返っておこう。

　当初のマッカーサーノートの段階では，「天皇は国の the head の地位にある」と位置付けられていた。この表現が，マッカーサー草案になると，the head が symbol に変更され，「国家ノ象徴ニシテ又人民ノ統一ノ象徴」とされたのである。これを受けて，第1条は，「皇帝ハ国家ノ象徴ニシテ又人民ノ統一ノ象徴（the symbol of the State and of the Unity of the People）タルヘシ　彼ハ其ノ地位（his position）ヲ人民ノ主権意思（the sovereign will of the People）ヨリ承ケ之ヲ他ノ如何ナル源泉ヨリモ承ケス」と定められた。

　ここで重要なことは，象徴が地位ではないと解されていた点であろう。象徴

天皇規定は，以下の引用からも明らかなように，明治憲法下の統治権の総攬者としての地位を否定した上で，何らかの社会的機能を担う存在として天皇を位置付けようとした苦心の表現であった。

  天皇は，the state じしんであることをやめて（in stead of being the state），the state の象徴となる。天皇は，国民の思想・希望・理想を結合体に融合する焦点または尊敬の中心として存続するが，国民を悪事に駆りたてるため古い昔から邪悪な指導者によって行使されてきた，かの神秘的な権力は永久に奪われる。（高柳ほか 1972：308）

 正に，GHQ の意図は，天皇を「儀礼的な元首 the ceremonial head of the state」，「装飾的機能 decorative role のみを有する」（高柳賢三）存在とすることにあると考えられていた。つまり，「天皇の役割は，社交的な君主のそれでありそれ以上ではない」ということになる。

（2）「象徴」としての天皇とは？
 それでは，以上のような GHQ の意図を踏まえて，戦後憲法学では，象徴天皇がどのような視点から論じられてきたのか。次に，それらの議論もごく簡単に整理しておこう。
 戦後憲法学説を概観するに際して，今日，園部逸夫の議論に着目しておくことが重要であると思われる（園部 2007：22）。そこでは，憲法第1条の「象徴」解釈を通じて，その積極性が剔出され，象徴以外の天皇の役割を導く議論が展開されているからである。すなわち，「天皇は象徴である」ことの意味と「象徴は，天皇である」という規定ではないことの意味との両面から観察することによって，天皇には象徴とは結び付かない象徴以外の役割が浮かび上がると説かれている。具体的には，「日本国及び日本国民統合の象徴は一つでなければならないという規範がない限り，天皇以外にも日本国及び日本国民統合の象徴はあり得るということになる（例えば，国旗や国歌も象徴と言える）」として，「天皇の地位が一つの血統で長く続いていることに象徴としての意義を見出」すと

すれば，この考え方は，「代々のそれぞれの天皇よりも連続する天皇の地位に象徴性の根拠を見出していると言える。その意味では天皇のある特定の側面に着目するというよりも皇位に即いている天皇の存在そのものに象徴性を見出している」として，天皇が歴史的に継続されてきた地位であることに着目する。そのうえで，天皇は血統，ありがたみ，道徳性，その他良いことを体現・勧奨といった観点から象徴にふさわしい立場にあり，政治的力そのものではないが，超俗的な立場から日本の秩序を体現する力を有しており，長期的にみて相当な強さをもつ存在であることが指摘されている（園部 2007：32）。

　ところが，戦後憲法学説の象徴理解は，こうした議論とは全く異なっていた。そこでは，むしろ規範的な説明を徹底しようとする態度が強く打ち出されていたからである。たとえば，「象徴」の語の説明として，国民の意識，歴史，国民感情などに基づく議論に対しては，規範科学的観点から，「（「象徴たる地位」と「国事行為を行う地位」とを区別する議論は）『象徴たるにふさわしい行為』なるものを，憲法規範外の社会的歴史的事実の内から適当に見い出し補充しようとすることになるのである。この種の解釈は，憲法の規範構造を無視して，自己のあらかじめ持っている──日本人としては『自明のこと』とされている──『天皇とはこういうもの』，あるいは，『天皇とはこういうものであるべきである』という観念でもって憲法解釈を行っているにすぎない」（山下 1984：64-65）との批判が展開されていた。

　ここでは，正に憲法第1条を規範としてとらえる視点が強調される。そのうえで，象徴という文言のもつ特有の含意から，天皇に象徴以外の役割を与えようとする議論に対しては，象徴の語を社会的歴史的事実から切り離し，規範的な意味を強調することで，象徴とは，「天皇が日本国を表現する」といった程度の意味を持つに過ぎないと説かれるのである。

　このような象徴理解をめぐる視点の違いの源流はどこにみいだせるのであろうか。ここでは，日本国憲法制定後の議論の中に，その手掛かりを探ってみることにしたい。

（3）象徴の積極性と消極性

正に「象徴」という必ずしも明瞭とは言い難い文言の解釈を通じて、憲法制定後も「多様な解釈や受け止め方」が提起されてきた（苅部 2014：8）。そこでは、それぞれの立場の違いから、相互にこの不明確さを利用して、ある種の政治的駆け引きの材料とされたり、妥協が図られるといったことが行われたのである。

たとえば、総司令部は、終始一貫して象徴天皇の消極性を強調したのに対して、日本政府はむしろ象徴の語に積極的統合作用を読み込もうと試みた。このような立場の違いから、象徴という文言には、時に積極的意味が盛り込まれたり、消極的に解されたりという幅のある解釈の余地が与えられてきたのである。

このような幅のある解釈を許した要因は何か。その1つには、国民主権という、これまたあいまいな概念との係わりに求めることができるように思われる。そもそも君主主権か国民主権かの議論は本来は厳しい選択問題とならざるを得ない難題のはずである。ところが、日本国憲法の制定論議の際には、その論点が「政治的な国法的な世界」という日本の特殊性ないし独自性が強調されてぼかされ、その際に、象徴の議論もこれらの主権論の厳格さを隠す役割を担わされたように思われるからである。

この種の主権論との関係を示す典型例が、第90回帝国議会貴族院特別委員会（1946（昭和21）年8月29日）での金森徳次郎国務大臣の「天皇は国民の憧れの中心」とする答弁であろう（なお、金森 1973：26-27 も参照）。そのなかで、金森は、「此の憲法改正案の骨子と致します所は、天皇を憧れの中心とする歴史と國民の感情とに基く基本の事實、基本の原理と云ふものをはつきり把握して居り」、「天皇は國の象徴であると云ふ國法的な地位をはつきり樹立させ、併しそれは神話に基くに非ず、無形の法に基くに非ず、國民の總意に基いてと云ふ確實なる基盤を之に認め」たと述べている。

そのうえで、この「憧れ」の意味については、「この憧れの対象としての象徴は、憧れである点において、国民からは一定の距離がある存在である（憧れは遠くにある存在）とともに、同じく憧れであることから、国民からは自らを同

一化させ距離を縮めたい力が働く（憧れは同一化の対象）ことになる。ただ完全な同一化は憧れの消滅につながりやすく，その意味で，憧れの内容が国民にとって同一化が困難な存在（例えば血統，歴史上の役割，伝統）の方が象徴として継続する力は強いと考える」という卓見（園部 2007：32-33）に示された含意にも留意することが重要であろう。

（4）「新憲法」解説書などの「象徴」理解

次に，日本国憲法が制定された直後に相次いで出版された「新憲法」解説書の中の天皇に関する記述をみてゆこう。というのも，それらの象徴の説明には，実に様々なニュアンスの相違がみられるからである。

まずは，田中伊三次『新憲法の解明』(1946（昭和21）年10月) を取り上げる。そこでは，「万世一系の皇統，即ち皇室の御血統に出でさせらる御一人が，法制上天皇としての御地位を有せられるとする国家の制度を指して天皇制といふ。この場合に於ては，天皇が，天皇たるの御地位に於て如何なる御権能を有せられるかは，其時々の法制に依って定まるものとせられる。それ故にそのときどきの法制の変更に伴ひ，天皇の御権能も，或は拡大せられ，或は縮減せられ，又或は実際上の御権能を有せられることあり，単に形式的，儀礼的の御権能に止まらせられることあり。然しながら，法制上の変更に伴ふこれらの御権能の変化は，この意義に於ける天皇制の本質には何らの影響をも及ぼさないことになるのである。…政府はこのことを第一の意義に解し，もつて，天皇制は厳然存続されてゐる，との見解を採ってゐる。」(53, 55) とする。その上で，「新憲法のもとに在つては，天皇は国家並に国民統合の象徴といふ，御地位にお立ちになり，明治憲法の規定上に於て有してゐられた統治権の総覧者といふ御地位は，規定の形式からは少くとも，国民全体におゆづりになつたと見えるのであつて，天皇はその国民全体のなかに含まれてゐるのだ，と特殊な言葉で政府は説明に努めてゐた。このように，超法理論的な政府独特の解釈が示された」

---

(1) 1906（明治39）～1987（昭和62）年。弁護士，衆議院議員，自治庁長官，法務大臣，衆議院副議長など歴任。

(56)との見解が示されている。

　ここで田中は，天皇の具体的権能は，「其時々の法制に依って定まる」と述べている。そのことから，天皇の権能は，憲法上一義的に定まるものではなく，その時々の法制によって拡大されたり縮小されたりすることになる。なお，天皇はその国民全体の中に含まれているとする政府の見解に対しては，「超法理論的な政府独自の解釈」であると一刀両断に切り捨てている。

　次に，法制局や内務省などの政府が関与したと思われる解説書類についてもみておこう。一つは，山浦貫一ほか『新憲法の解説』(2)(内閣刊行，法制局閲，1946（昭和21）年12月）である。そこでは，憲法第1条は，「天皇の御姿を仰ぐことによって，そこに日本国の厳然たる姿を見，そこに国民が統合され統一された渾然たる姿を見ることができる，という意味」(19-20)だと説く。そのうえで，「天皇の地位は，日本国民の総意に基づくものであることが規定されている。これによって皇位，すなわち天皇の御地位は，もはや神話や伝説に見受けられる如き架空なものではなく，現実的，合理的な基礎の上にあることが明確に示されたことになる」(21)と述べて，法制局は，天皇の地位が神話や伝説という架空のものではなく，日本国民の総意という現実的，合理的な基礎の上にあると明確に位置づけている。

　もう一つが，内務省警保局編纂，佐藤功述の『新憲法の解説』（1947（昭和22）年5月）である。ここでは，「象徴としての天皇」には，「象徴というものの本質の性質」に基づいて，積極的に権力というものはもたない。しかし，「飾り物」かというと「この憲法の基本の建前は，象徴としての天皇の権力というものは認めない代りに，…実際上の権力という者よりも一層強いところの精神的の力というものを天皇に認めたという基本的の考えの上に立って居るわけであります。」(36)と説かれている。つまり，恩赦制度のように，「過去の君主制のよい点を尚，維持せられていると思うのでありまして，結局権力というもの以外においても，更に強い一つの精神的な権能というものを天皇に認め

---

(2) 1893（明治26）～1967（昭和42）年，ジャーナリスト，東京日日新聞，読売新聞記者，東京新聞編集顧問。

ている」(37) とするのである。

　つまり，本書では，「象徴としての天皇」には積極的な権力は認められないが，他方で，「飾り物」かというとそうではなく，恩赦制度を例に挙げて，過去の君主制のよい点を維持した強い一つの「精神的の力」を持つというのが内務省の見解であるとされているのである（なお，鵜飼 1949：18 も参照）。

　これに対して，学者の著作や発言の中には，「天皇は象徴にすぎない」，「儀礼的，修飾的な天皇」という表現が散見され，象徴という文言を消極的に解する見解を多く見出すことができる。横田喜三郎の著書や南原繁による貴族院本会議（1946（昭和 21）年 8 月 27 日）での発言などがその典型例であろう。

　横田は，「新憲法では，天皇は主権者ではない。主権者は，国民である。この国民には，天皇が含まれていない。主権者たる国民とは，天皇を除き，これに対立するものとしての国民，つまり，人民である。このように，人民が主権者であるのに対して，天皇は象徴にすぎない。…わかりやすくいえば，目に見える天皇によって，目に見えない国家や国民統合を目に見えるようにあらわすことである。したがって，実質的には，あまり重要なことではない。ほんとうに重要なのは，天皇が主権者でないということである」（横田 1949：98）とあいまいにされてきた主権論を明確に述べた点で出色である。

　また，南原も，「……今や所謂『象徴』と云ふのは純粋に法律學的には何等の實體概念でもなければ，又機能を表す概念でもございませぬ，即ち今や國會が國家の最高機關でありまして，天皇は最早一つの機關でもありませぬ，即ち國家の政治的意思構成に對しまして，何の關係，形式的の關係をも持たれない，即ち儀禮的，修飾的な天皇となつて居るのであります，天皇制と申しましても，今や單に名稱のみのものでありまして，政治性としては既に其の意義を消失したものと言はなければなりませぬ」と国会を最高機関としたこととの対比から象徴天皇制が論じられ，「儀礼的，修飾的な天皇」という見方が強調されている。

　そして，このような考え方が，宮澤俊義を通じて，「新憲法第一条の主眼は，天皇が国の象徴たる役割をもつことを強調するにあるよりは，むしろ，天皇が国の象徴たる役割以外の役割をもたないことを強調するにある，と考えなくて

はならない」(宮澤 1949：194-195) と主張され，これが芦部信喜にそのまま受け継がれ，憲法解釈上の通説の地位を獲得するに至るのである。

また，憲法第1条の「象徴」に関する政府解釈も，戦後の宮澤・芦部といった憲法学説を受けて，そこに法的な意味を込めるというよりも，次のように，心理的・精神的あるいは歴史的な「天皇のお姿」を示しているとの理解に基づく答弁がなされてきた。

> 象徴といいますのは，……そういう天皇のお姿，有形といいますか，具体的な天皇というお姿を通してその奥に日本国という無形の抽象的な存在あるいは国民統合という無形の抽象的な事柄を天皇というお姿を通して国民は思い浮かべるといいますか，そこで日本国としての統一性を天皇を通して感じとると，そういう意味であろうというふうに今までもお答え申しております。(1979 (昭和54) 年5月8日参議院内閣委員会での真田秀夫内閣法制局長官答弁)

また，宮内庁は，天皇の象徴としての地位は，戦後になって初めて登場したものではなく，天皇が古来有していた地位が明文化されたものにほかならないとの理解を示している。たとえば，憲法第1条の象徴規定の意味を問われての答弁のなかで，「この象徴というこの表現は戦後初めて出てきた新しいことではなくて，長い歴史の上で，いわゆる統治権を総攬されるというような権力の中心にはおなりでなかった，そういう時代のことが，そのことがここに表現されているものと思います」(1972 (昭和47) 年4月26日参議院予算委員会第一分科会での瓜生順良宮内庁次長答弁) と，その趣旨が明瞭に述べられている。

以上の議論を踏まえて，改めて「象徴」に関する議論を整理すると，次のような2つの考え方に行き着くことになる。

① 1つは，「この地位は」を重視する立場であり，象徴を地位であると解しつつ，その語から地位の具体的内容は読み取れないとして，象徴の地位については，解釈の決め手を憲法典以外の他の法律に求めるべきだとする見解である (小嶋 1982：59)。

②これに対して,「象徴」の語を重視するアプローチが,宮沢俊義によって主張された。そこでは,第 1 条の「日本国」が理念的・観念的なものに過ぎないから,象徴は天皇の「地位」を指すものではない。ここでは,象徴としての「役割」が問題とされているに過ぎない。象徴の対象とされるのは,「抽象的・無形的なもの」とされるからである,と。

ただし,両者の議論については「大きな隔たりはない」と考えられている。すなわち,地位ととらえたとしても,「そこから何らかの国政上の権能をひき出すことはできず,国政組織における地位は,権能その他についての他の規定によって始めて具体的に決定さるべきものだからである」(小嶋 1987:294) と先に紹介した田中伊三次と同様の考え方が述べられているからである。

この点で,「象徴」という文言から導かれる効果は,両説の何れにあっても,心理上の効果と法制上の効果という 2 つが認められることになる。そして,後者については,宮澤によれば,政治上の権力とは認められない「象徴の役割」が引き出されて,それらは,制約的に解されることになる。ただ,小嶋説にあっても,法制上の効果はたんに象徴とされるだけで,そのことから具体的な法制度が導き出せるものではないと解されている。

要するに,憲法第 1 条の「象徴」についての法制上の効果としては,象徴天皇制度を憲法上の制度としたことの宣言にとどまるのであって,「そこから憲法上具体的な権限が導出されるような権限付与規定ではない」(大石 2014:120) と整理されることになる。象徴天皇制度は,皇室典範,皇室経済法,元号法等の諸法律によって別途具体化を要する制度とされることになる。

したがって,上述のところからも,明治憲法的なウェットな天皇観からする(規範的な要求をそこに読み込む) 1 条解釈,象徴解釈は否定されるべきことになろう。それゆえに,その延長線上に位置づけられる,清宮四郎の「象徴としての行為」説 (清宮 1979:154),黒田覚による「天皇の象徴的権能」の付与の主張 (黒田 1954:4) などは,この観点からも批判されることになる。ここでは,国民は天皇を国家の象徴としてみとむべし,との規範的要求としての憲法第 1 条理解が前提とされているからである。

この点で,「象徴」理解にとっては,柳瀬良幹に代表されるドライな純法律

論を貫く考え方こそがベースに据えられてきたといえよう。柳瀬によれば、「天皇を見たら日本を思え」という規定は法規範たりえないとされた。象徴というのはもともと法律関係ではなく、天皇を見て日本国家を思い浮かべよ、という命令であって、人間精神内部の作用を命ずるものとして、不能を内容とする法的に無意味な規定であると解されていたからである。したがって、そこでは、憲法1条には全く法律的意味はない、と明解である（柳瀬 1962：47）。

　以上からすれば、今日の憲法1条理解は、この柳瀬の考え方に依拠しつつ、象徴規定は、一種の宣言であって、具体的な権限付与規定ではないことを確認する規定に過ぎないことになる。

（5）天皇は元首か

　さて、いま1つの象徴天皇に係る戦後憲法学上の争点としては、日本国憲法の下で、天皇は元首といえるか否かという問いであった。この点、政府は、1973（昭和48）年の田中角栄内閣総理大臣の答弁以来、次のような答弁を繰り返している。

> ……天皇が元首であるかどうかということは、要するに元首の定義いかんに帰する問題である……かつてのように元首とは内治、外交のすべてを通じて国を代表し行政権を掌握をしている、そういう存在であるという定義によりますならば、……天皇は元首ではない……。しかし、今日では、実質的な国家統治の大権を持たれなくても国家におけるいわゆるヘッドの地位にあるものを元首と見るなどのそういう見解もあるわけでありまして、このような定義によりますならば、天皇は国の象徴であり、さらにごく一部ではございますが外交関係において国を代表する面を持っておられるわけでありますから、現行憲法の下におきましてもそういうような考え方をもとにして元首であるというふうに言っても差し支えないというふうに考えておるわけであります。(1988（昭和63）年10月11日参議院内閣委員会での大出俊郎内閣法制局第一部長答弁）

学説のなかには，天皇は装飾的な意味での国家元首（立憲君主制の下で権限が名目化した君主）であることをイギリス法的に表現（高柳賢三）したとの理解もみられた。また，内閣法制局は，近年でも，先の大出政府委員の答弁を引いて，天皇は元首であるといっても差し支えない旨，確認している（2001（平成13）年6月6日参議院憲法調査会　阪田雅裕内閣法制局第一部長説明）。

しかしながら，憲法解釈上，現行の象徴の文言から元首という意味を引き出すことにあまり大きな効用はないように思われる。なぜならば，今日，象徴の文言と同様，何らかの国家機関が元首であるということから何らかの権限が自動的に付与されるということにはならないからである。したがって，象徴天皇が元首かどうかとの議論は，今日では，あまり実益のある議論だということはできない。

2　天皇の権能——国事行為の再構成

(1) GHQの意図とその評価

次に，天皇の権能としての国事行為について，問題点の検討を行うことにしたい。まず，国事行為として憲法に列挙された事項について，日本国憲法の起草者の意思を確認しておく。この点，GHQ草案の天皇条項について，天皇が国家的儀式の執行者であるとの見地から，次のような分析がなされていることが注目される。

> 旧大権事項のうちで実質的な意味のある行為を内閣の章に移し，形式的意義しかないものは天皇の章に残し，実質性もあるが天皇によって行われるのがふさわしいものには『公証』という儀礼的関与を考える。GHQ草案の『線引き』は，こうした観点からの素直な対応のように思われる。
>
> GHQ草案は，国事行為の最後に『適当ナル式典ヲ執行ス』を加えた。当初，GHQ内部では，天皇の行う行為がすべて儀礼的なものであることを明らかにする趣旨で performance of other ceremonial functions との規定を加える計画であったが，その後，perform appropriate ceremonial

functions に改められたものである。この経過からも，国事行為は儀礼的なもので，実質性のあるものはすべて他の国家機関の権限に移すという GHQ の態度は明白であるといえる。(江橋他 1990：66)

　この説明で注目されるのは，次の2点である。1つは，国事行為は明治憲法下の天皇の権能の列挙事項を前提としていたという点である。そもそも，明治憲法の天皇の大権事項としては，法律の裁可，緊急勅令の制定，独立命令の制定，議会の開会・停会，衆議院の解散，官吏の任免，官制の制定，軍の統帥，宣戦，条約の締結，戒厳の宣告，恩赦，栄典の授与，非常大権等が挙げられていた。日本国憲法下の天皇がもはや「統治権の総攬者」という地位をもたないことを踏まえて，これらに必要な加削を加えたのが，現行憲法の国事行為のリストであるとされているのである。
　第2に注目すべき点としては，実質性のある行為は，「公証」行為とすることで，儀礼的な行為に変換され，国事行為は儀礼的なもの，実質的な行為はすべて他の国家機関の権限に移されたと観察されている点である。ちなみに，GHQ 草案で公証行為とされたのは，「国務大臣以下の官吏の任免」と「恩赦」の2つであった。
　しかし，これらの点については，宮澤俊義によって，「明治憲法の下でも，実際政治においては，『統治権の総攬者』というのはたんに名だけのことであり，天皇の数々の権能も実際には政府なり，帝国議会なりの権能にほかならなかったことは，何人も知るごとくである。」との鋭い観察がすでに示されていたことに留意すべきである。明治憲法下の天皇の権能の実質に目を向ければ，大権事項についても「ただ形式的に天皇の名でなされただけ」で，「日本国憲法が天皇の『統治権の総攬者』という地位を廃し，その大権を大々的に削減したことは，ただ名実を一致させただけのことであって，実はたいした変更ではない」と評されていたのである（宮澤 1969：119-120）。
　したがって，この理解によれば，国事行為は，その制度化の当初から，その内容が実質的なものかどうかが重要な区分基準ではなかったことになる。現行憲法の天皇は，明治憲法下の天皇と同じように，すでに内閣等によって決定さ

れた行為を，形式的に実施し，確認するに過ぎないと考えられていたのであって，その出発点から，それらの行為をなすかなさないかの自由をもつものではなかったことは改めて確認されるべきであろう。このような視点から，以下では，今日の国事行為のあり方やその見直しについて考えてみることにしたい。

（2）国事行為改正の視点

ところで，今日，国事行為に関して憲法改正が論じられることはほとんどない。近年では，天皇の私的行為とされている大嘗祭を国事行為に加えるべきとの意見が熱心に唱えられた程度で，改めて憲法に規定されている国事行為を整理すべきであるとの議論は少数（園部 2007：84）を除いてあまりみかけない。しかし，日本国憲法制定後の一時期は，憲法改正論議とも関連して，天皇の国事行為のあり方についてさまざまな議論が闘わされていた。

前述の宮澤俊義の議論もその1つであったが，ここでは鵜飼信成の議論を紹介しておきたい。鵜飼は，天皇の権能に関連しては，憲法3条，4条について，「国事に関する行為」と「国政に関する権能」との文言をより明確にするために，これらの文言を用いることを止めて，3条では，「天皇のこの憲法に定めるすべての行為」を天皇の権限とすると改め，4条においては，天皇は「この憲法の定める行為のみ」を行うと天皇が実質的権能をもたない旨をより明確に定めることを提言する。さらに，6条の任命権と7条2号の国会召集権，同条3号の衆議院の解散権は，「日本国憲法の規定する天皇の本質と相容れないからこれを削除する」と主張されている。

また，4号の総選挙施行の公示は準法律的行為であり，5号，6号，8号の認証行為も儀礼的行為であるから存置して差し支えないが，5号には，6条で定められた2つの官職を取り入れて，「内閣国務総理及び最高裁判所の長たる裁判官の任命を認証すること」としてはどうかと述べられている。

さらに，事実上の儀式を行うことに関連しては，次のような枠組みが示されている。すなわち，「7号10号の栄典授与その他の儀礼的行為を行うことを別として，栄典を何人に与えるか，国家的儀式を何時何処で行い，何人の参集を求めるかということは，すべて行政事務として内閣の権限に属し，天皇の権限

でないことを明示すべきである。内閣の助言と承認というのは，このような行政事務を実質的に決定する内閣の権限を指すものではなく（それは内閣自体の本来の権限である），天皇が儀礼的行為を行うこと自体に対して助言と承認を与えるものであるべきである」（鵜飼 1977：34）とするのである。

　以上のような鵜飼の天皇の権能に関する改革提案のうち，とりわけ「国事行為」と「国政に関する権能」との区別を問題とする視点は重要である。天皇も他の国家機関と同様，その権能を限定的にとらえるというのであれば，その規定のしかたもより明確にすることが必要であると思われるからである。たとえば，以下に述べるように，現在の天皇の行為類型を精査・明文化した上で，「天皇は，憲法および皇室典範に定める権限のみを行う」とすることも検討されるべきかもしれない。

（3）多様な「ご公務」の内容

　そこで，現在の宮内庁のホームページをみると，「ご公務など」という事項の掲載がある。これは，さらに細分されて，「宮中のご公務など」，「行幸啓など（国内のお出まし）」，「国際親善」の3つに分けて説明されている。「宮中のご公務など」としては，新年祝賀・一般参賀，天皇誕生日祝賀・一般参賀，親任式，認証官任命式，勲章親授式，信任状捧呈式，ご会見・ご引見など，拝謁・お茶・ご会釈など，午餐・晩餐，園遊会，宮中祭祀が広く含まれている。

　また「行幸啓など」については，国会開会式，全国戦没者追悼式，日本学士院授賞式，日本芸術院授賞式，全国植樹祭，国民体育大会，全国豊かな海づくり大会などの各種の式典への参列を含むとされている。

　さらに「国際親善」としては，外国要人（国賓，公賓）の接遇（ご接待），信任状捧呈式，ご会見・ご引見，ご親書・ご親電や外国訪問などが挙げられている。これらの現在の天皇が行っているご公務は，憲法6条，7条に列挙された国事行為事項からは必ずしも直ちに窺い知ることのできない，広範かつ多様な行為であって，これらを天皇が公務としてお一人で担っていることになる。これに加えて，従来から議論のある「国会を召集すること」（7条2号）や「衆議院を解散すること」（同3号）のような「政治的な事項」ともみなし得る権能を

天皇が担うことの意味などについても，改めてきちんと議論をしておくことが必要であると思われる。

そこで，新たに国事行為とされ，憲法に明記されるべきものとしては，すでに園部逸夫が指摘しているように，たとえば，天皇が国民との結びつきを強めるとの観点から行う活動やわが国の伝統や文化を維持してゆくためになされる活動，すなわち，上記の「宮中のご公務など」に挙げられている活動や「行幸啓など」の「国内のお出まし」に掲げられた各種の式典への参列などについては，国事行為という概念を用いるか否かは別にして，憲法典（あるいは皇室典範）の中に明確に類型化されるべきではないかと思われる。さらには，国家的・国民的な行事等の名誉職への就任とその活動等も，天皇の「公的な諸活動」として憲法あるいは皇室典範に明文で位置づけられるべきであろう。

（4）国事行為以外の「公的行為」と「私的行為の中の公的性格をもつ行為」

上述の国事行為の見直しの前提となる議論として，従来では，天皇の権能（行為）に関する類型化論がさかんに議論されてきた。というのも，天皇の国会開会式での「おことば」のように，国事行為に明確に定められていない行為の位置づけが問題とされてきたからである。そこでは，2行為説，3行為説，それに5行為説などが唱えられ，考え方の対立がみられる。ここでは，まず，それぞれの学説をごく簡単に整理しておこう。

2行為説は，憲法上明記された国事行為とそれ以外の私的行為とに二分する考え方である。したがって，憲法に明文の規定がないその他の天皇の公的行為は，原則として，憲法違反（横田 1990：92-93 及び棟居 2004：151-152）とされることになる。ただ，この点，2行為説に立ったとしても，権限付与規定の読み方として，あくまでも憲法に明文の禁止規定がない以上，憲法が明確に禁じている「国政に関する権能」以外の行為については，原則として許容されていると解する余地もあることをいかに解するかなどの問題がある。

これに対して，3行為説では，天皇の行為は，国事行為，公的行為，私的行為に三分される。現在，ここでいわれる「公的行為」には，国会の開会式や国民体育大会への臨席，外国訪問，被災地へのお見舞い等の「象徴としての行

為」と皇室内部の諸行事，宮中祭祀等の「皇室行為」などの多様な行為が含まれている。これは2行為説ではカバーしきれない現在の天皇の広範な諸活動を，当初は「象徴としての行為」として，その後，国事行為の代行に関連して代行者本人はあくまでも代行であることから，象徴とはいえない等の弊害が自覚されてからは「公人的行為」というように説明を改めながらも，何らかの「公的行為」領域における活動の根拠を提示しようとする考え方である。

　以上の2説に対して，5行為説は「私的な立場の行為についても象徴たる地位と関連させて公的性格を導く」（園部 2007：74）ことが必要との観点から，私的行為をさらに細かく「社会的行為」，「皇室行為」，「私的単独行為」の3つに細分しようとする考え方である。そこでは，国事行為，公人行為（君主的側面，伝統的側面），社会的行為（福祉活動，芸術鑑賞行為，宗教活動，スポーツ，音楽，文芸活動の会合や研究会等への参加），皇室行為（皇室の儀式や行事，大喪の礼，即位の礼や大嘗祭などの皇室行事の主宰行為），純然たる私的単独行為に類型化されている（園部 2002：108）。

　以上のような学説を踏まえて，これらの天皇の行為類型をいかに考えるか。この点で重要な素材を提供してくれるのが，5行為説による公的性格についてのとらえ方である。たとえば，①大嘗祭，②福祉施設や企業などの特定の施設や音楽会・展覧会へのご訪問，さらには③ご進講などへのお出ましは，天皇の私人としての行為と位置づけられてきた。その理由は，象徴天皇の活動に係る別の考慮要素を加味した結果であると説明されている。

　その別の考慮要素とは，①当該行為の政治的中立性，②政教分離原則との関係（宗教的性格を有する行為は私的行為として行う），③全国的，全国民的な観点からの公平性，という3点である。上記の事例に則してみれば，大嘗祭については上記の②の観点から，展覧会等へのご訪問は③，ご進講については，①への配慮から，公的立場ということになるとそこに政治的意味合いが含まれるとの誤解が生ずる恐れがあるとして，公私の使い分けという点では，私的な立場での行為に分類されてきたといわれている。

　しかし，これらの行為を天皇の私人としての行為であると位置づけるとしても，そこにまったく公的性格がないか，それらの活動に公金を支出することが

一切許されないかというと，そのようにいいきることはできないように思われる。園部は，そこに，公私を明確に区分することの難しさを指摘する。

ちなみに，大嘗祭に公的性格を認めるか否かという論点については，天皇の代替わりの際に政府部内で慎重な議論が行われた。すなわち，「即位の礼準備委員会」による検討がそれであった。その結果は，1989（平成元）年12月21日の臨時閣議に官房長官から提出・報告され，閣議で口頭了解がなされたが（大森 2005：55），そのなかで，次のように大嘗祭は国事行為とはいえないが，公的性格を有するということが明確に示されているので，やや長くなるが，その点をそのまま引用しておくことにする。

　　（大嘗祭は）天皇が皇祖及び天神地祇に対し安寧と五穀豊穣などを感謝されるとともに，国家・国民のために安寧と五穀豊穣などを祈念される儀式であり，この趣旨・形式等からして，宗教上の儀式としての性格を有すると見られることは否定することができず，また，その態様においても，国がその内容に立ち入ることには馴染まない性格の儀式であるから，大嘗祭を国事行為として行うことは困難であると考える。

　　次に，大嘗祭を皇室の行事として行う場合，大嘗祭は，前記のとおり，皇位が世襲であることに伴う，一世に一度の極めて重要な伝統的皇位継承儀式であるから，皇位の世襲制をとる我が国の憲法の下においては，その儀式について国としても深い関心を持ち，その挙行を可能にする手だてを講ずることは当然と考えられる。その意味において，大嘗祭は，公的性格があり，大嘗祭の費用を宮廷費から支出することが相当であると考える。

5行為説は，上述のような公私の区別の難しさの議論に正面から向き合って，従来の学説の関心とは明らかに異なる観点から，すなわち，天皇の公的行為の範囲如何を問題とするのではなく，むしろ象徴天皇のあり方にかかわる様々な配慮から端的に公的とすることのできない私的行為のなかにも，公金（宮廷費）の支出が許される公的性格を有する行為が含まれていることを認めた点にその特色がある。この点で，5行為説は，これまで学説が考慮してこなかった側面

を明らかにして，これに新たな類型を与えた点で大いに評価されるべき意義を有していると言えよう。

　ところが，従来の天皇の行為類型論の特色は，上記のような私的行為の精査というよりは，すでに述べたように，憲法に列挙された国事行為以外に「公的行為」というカテゴリーを認めるか否かを論ずるところにあった。しかも，公的行為として唱えられた象徴としての行為説（清宮四郎）に対しては，象徴機能という不確定さに乗じた筋のよくない解釈であるとの批判が集中した。すなわち，「象徴としての行為」説に対しては，天皇に対して広汎な政治的行為を認める触媒としての役割を果たすとして強く批判されたのである。

　そこで，これらの議論と決別すべく「公人的行為」説が主張され，象徴行為説に取って代わられた。すなわち，「公人」一般に見られる現象の一類型として，天皇もまた公人であって，公人としての天皇の行為がたまたま公的性格を帯びる点に着目した説明が学説の賛同を得ることになったのである（高辻正巳，小嶋和司，佐藤幸治）。

　ただ，すでに述べたように，然るべき手順を踏んで国事行為についての憲法条項等への取り込みと整理・拡充が行われることになれば，現状のような形での「公人的行為」類型による説明が適切かについては別途再考が必要であろう。今日のように新たな事例が生じる度に「拡大解釈」を重ねてゆく手法が妥当でないことはいうまでもないからである。したがって，これまでの制度運営のなかで，公的行為とされて，一応定着している行為（ここには，私的行為であっても公的性格を有する行為も含まれる）については，明確に憲法典あるいは皇室典範のなかに規定し直してゆくことがまずは検討されるべきであろう。その上で，これらの行為が明文を超えて安易に拡張されることがないように限定してゆくことこそが，天皇という国家機関の権能を考える場合には，第一義的に重要な姿勢であるように思われるのである。

　これらの議論を前提とすれば，当面，問題となりうるのは，前述したような①日本の伝統・文化の維持・継承行為，②国民との結びつきを強めるための国家的・全国民的な規模で行われる各種の式典への参列などの諸活動に加えて，③国際親善に関する現在の公務などをいかに憲法あるいは皇室典範に規定する

かということになるように思われる。とりわけ，③については，これが本来的な意味での儀礼的な行為としての国事行為の類型に当てはまるか否かの検討を含めて，憲法に定められた国事行為の全面的な見直しを行う必要があるように思われる。

3　外国賓客との特例会見をめぐる憲法問題

次に取り上げる問題は，2009年の政権交代後の民主党政権下において生じた天皇の謁見をめぐる憲法問題である。それは，2009（平成21）年12月15日に，特別の願出により天皇・皇后が来日中の習近平国家副主席（当時）に謁見した行為に係る問題であった。そもそも，外国賓客と天皇の謁見については，「一か月以上前に外務省から願い出ていただくのをルールとし，国の大小，政治的重要性によって取り扱いに差をつけずに実施してきた」という宮内庁内のいわゆる「一か月ルール」があり，このルールが民主党政権の下で，首相官邸の指示によって破られたことがここでの争点である。このやり取りのなかで，当時の民主党の小沢一郎幹事長が官邸の指示に苦言を呈した宮内庁長官に辞任を迫り，「憲法の理念として，天皇が内閣の意を受け，行動するのは当然だ」と発言したことが，民主党による「天皇の政治利用」ではないかとされたのである。

（1）憲法上の根拠

そこで，天皇の外国賓客との謁見行為についての憲法上の根拠を確認しておくと，次のような2通りの憲法解釈が考えられる（高見 2012：123）。

①まず，外国賓客に対する天皇の謁見は，憲法7条に列挙された国事行為ではなく，憲法1条を根拠とする「公的行為」であり，したがって内閣の助言と承認の対象とはならず，「皇室関係の国家事務」（宮内庁法1条）として，通常の場合，内閣総理大臣の管轄に属する内閣府の外局たる宮内庁の補佐と責任において行われるべき行為であるとの考え方がある。

②これに対して，憲法7条9号の「外国の大使及び公使を接受すること」に

着目し，大使や公使を天皇が接受できる以上，外国元首のような要人に会うことができるのは均衡上当然と解すれば，憲法7条9号を拡大解釈して，国事行為に含めて，内閣の助言と承認をかけるとすることも可能であるとの考え方も提示されている。

（2）天皇と政治との距離

　以上のような憲法解釈を踏まえて，今回の「事件」をいかに評価すべきであろうか。憲法学者の見解は，細かな憲法解釈を問題とするというよりは，本事案の本質的な問題として天皇と政治との距離が問われるべきとする点で一致している。そして，これらは，次のような2つの考え方に大別できるように思われる。
　①そもそも内閣が特別に願い出ることにより，内閣の責任において謁見を設定することに憲法上とくに問題はない。ただ，小沢幹事長の言動には，民主党政権下の内閣による「天皇の政治利用」ではないかとの疑念を払拭できない（高見勝利）とするのが1つの考え方である。そして，政権政党による天皇の政治利用への警戒は，後述するように，山元一からも批判的に提起されている。
　②これに対して，「一か月ルール」の意味を強調して，一旦作ったルールは守らないと，天皇の公的行為自体が党派的だったり偏頗だったりというおかしな意味で「政治的」な意味合いをもってしまう。とにかく決まったプロトコルを遵守するというそのことが，政治からの距離を保つことになるし，天皇の行為が儀礼にとどまるということも保証することになるとの議論が別に提起されている（長谷部 2011：101）。ここでは，観点を異にするのではあるが，やはり①の考え方と同様，天皇と政治との距離が問題とされている。

（3）天皇の政治的利用と個人としての天皇への配慮

　それでは，天皇の政治的利用の文脈でイメージされる天皇は，いかなるものとして理解されているのであろうか。そこでは，国民統合の象徴であることを

支える特別な側面や個人としての天皇の尊厳ということが強調されているように思われる。たとえば、次のような議論がその典型である（長谷部 2011：104）。

①天皇には利用価値を離れた独自の内在的価値がある。つまり尊厳を備えた存在だと国民の大多数が考えるからこそ、天皇は国の象徴たりうる。政府や政治家が天皇の利用価値を値踏みすることは、天皇の尊厳と地位が損われることになり、ひいては天皇の利用価値も低下させることになる。

②これに対して、天皇の政治利用という点については、「そもそも内閣は、いかなる外国要人を天皇に接受させるかどうか、いかなる時期にいかなる外国訪問をさせるかを自らの責任に基づいて決定する主体であり、政党政治を基盤とする内閣が外交に関わる判断を行うすべての局面において必然的に政治的に利用する定めにある（この意味で、〈内閣は、天皇の政治的利用をするべきではない〉との主張は、天皇の関与は必ず何らかの政治的効果を生み出すのであるから、イデオロギー的ないし空想的言明にすぎない)」（山元 2011：43）と①説に反論した上で、天皇はすべての局面で政治的に利用されざるを得ない存在であると主張する。

さらに、②説では、天皇の道具化を阻止するためには、象徴天皇制を廃止し、身分から解放するしか方法がないと説く。すなわち、「『1ヵ月ルール』についていえば、そのようなルールの存在を知らせず、あるいは人々の目の届かないところで運用するのではなく、その存在を公然化させ、内閣がいかなる状況の下でオーバールールしたのかについてのプロセスを国民に対して透明化させることが、節度ある天皇の政治的利用を可能にすることになるであろう。また、このような事態は、天皇が政治的道具として奉仕する『ロボット的存在』にすぎないことを改めて白日の下にさらす。個人の尊厳を有する理性的人間存在である天皇をこのように道具化することを阻止したければ、象徴天皇制を終焉させ、天皇を＜個人＞としてその身分から解放するよりほかに途はない。」（山元 2011：43）と。

以上のような学説の対応を見ると、2つの考え方の相違があるように思われる。すなわち、ひとつは、「個人としての天皇」との観点から、天皇の尊厳や独自の内在的価値を引き出し、天皇の政治利用はこの独自価値を低下すること

になるとする見解である。その一方で，天皇はいかなる局面でも，政治的に利用される運命にあり，個人の尊厳を有する理性的な人間である天皇をこのような道具化から阻止するためには，象徴天皇制の廃止しか方法がないとする議論がそれに対峙されている。両説ともに，「個人としての天皇」を議論の前提とする点で，これまで述べてきた従来の象徴天皇制の議論とは大きくニュアンスを異にしている。

(4) 政治との距離の意味

このことからも明らかなように，憲法第1条を解釈する際には，具体的人間が象徴としての国家機関とされていることの難しさが常につきまとっている。日本国憲法の制定過程からの議論を振り返っても，当初は象徴機能の積極性と消極性の綱引きがなされてきたわけであるが，その後，とりわけ天皇の権能の位置づけをめぐって，象徴性に伴う形式的儀礼的側面が強調されることになる。ところが，近年の外国賓客との会見問題に於いて殊の外顕著であるように，学説は，天皇と政治との距離を論じる文脈では，むしろ天皇の個人としての尊厳や役割を強調するなど，その立論にはある種の重大な変化がみられる。このことをいかに解すればよいのであろうか。ここでは，これまで論じてきたことから得られたいくつかの視点を改めて示すことでその問題点についてささかの検討を加えることにしたい。

まず，「象徴であること」を積極的に解すれば，その積極的理解から天皇の政治的役割も強調されることになる。しかしながら，その結果としては，むしろ，内閣に従属すべきことが強調され，象徴天皇はその存在の意味すらも薄弱となり，ひいては国民統合の象徴たる機能・役割を果たすことも難しくなり，ついにはその存在そのものの可否に関する議論に至る可能性が生ずることになろう。

これに対して，天皇の個人としての尊厳や役割を強調すれば，象徴天皇にはなお独自の存在価値が認められ，バジョットがいうところの尊厳的部門としての君主の役割論へと議論の展開が可能になる。ただ，このことは，過去の歴史と現在の国民の意識に基づいて主張された金森国務大臣のあこがれの中心，心

の奥深く根を張っているところのつながりの中心という「心」を前提とする議論にも関連し，解釈者の価値判断に依拠する議論にもなりうる点に留意が必要である。

　周知のように，この点に関連して，初期の学説は，個人としての天皇を前提とする議論には総じて警戒的であった。たとえば，佐藤功も，「天皇は，近い過去における天皇につきまとっていた特殊な政治的立場から未だ決して完全には剥離されていないから」と述べたうえで，「現実の政治的な問題について，具体的な人間としてのその人格が発揮されるようなことは，特に抑制されなければならない。」（佐藤 1951：251）と述べていたことを忘れることはできない。

　確かに，戦後70年ほどの憲法運用を経て，かつての「近い過去」が依然として同じものであるかは受け止め方の感覚として再考されつつあるということができるのかもしれない。たとえば，先にみた外国要人との特例会見問題をめぐる学説の対応には，むしろ初期学説が神経質なほどに峻拒してきた天皇の個人としての側面からの議論が中心に据えられて，天皇の国民統合機能やそれに伴う独自の存在価値が論じられていることはすでに指摘した。その際に，象徴天皇を個人の尊厳を有する理性的人間存在であるとして純然たる個人と同じ視点から眺めるのか，あくまでも特殊の身分と称号を与えられた特殊な国家機関であることを前提として議論を行なうのかによって，その「尊厳」の受け止め方も変わってくるように思われる。

　なお，前者の立場からすれば，天皇や皇族に対してなされているさまざまな人権制約をどのように考えるか，天皇の人間としての尊厳を議論に入れることに伴う難問への回答が迫られることは改めて指摘するまでもない。なお，この点，天皇の身分からの解放＝象徴天皇制の廃止という憲法改正論が現実味を帯びているというのであれば，もちろん，話は別である。

　さらに，園部逸夫は，2013（平成25）年4月28日に政府主催により憲政記念館で開催された「主権回復・国際社会復帰を記念する式典」への両陛下の御臨席に関連した皇室の政治利用について，「天皇がその象徴機能を維持するためには，政治から超越した地位にあるべきと考える」（園部 2013：52）とした上で，次のように論じている。

この御臨席の問題は「式典本来の趣旨」というよりも「沖縄との関係が大きな論点となったが，」両陛下が「心を寄せられてきた沖縄との関係を考えると，そうした式典へのご臨席を政府がお願いしたことが，結果的に，陛下のお気持ちに反する行為を政府がお願いしたことになるのではないかと国民に受け止められるおそれがあるのではないかという懸念もある。
　と言うのも，この事例を通して，政府は皇室の気持ちに反することを，皇室に強制する力があり，皇室は政府の道具であるかのような印象を持たれ，政治から離れたいわば世俗の世界とは切り離された存在ではなく，政府の政策実現のための一機関であるかのように受け止められるという危険があるのではないかと思うからである。」(園部 2013：53)
　確かに，皇室の政治利用を考える場合には，個人としての天皇や政府の振舞のみならず，それらの活動を見ている国民の受け止め方をも考慮に入れることが重要であろう。皇室が政治に利用される存在であると国民からみられることこそが，皇室の権威を失落させるおそれの根幹であるとも考えられるからである (園部 2013：59)。
　以上のような議論からすれば，いずれにせよ，国家機関としての天皇の権能について，これ以上の不文法理の積み重ねには限界があると思われる。すでに繰り返し言及したように，憲法上の国事行為の精査を含めて，天皇の諸活動の新たな類型化と明文化による対応が早急に求められているといえよう。

4　天皇の地位と権限に関する改革提案（皇位継承を除く）

　これまで述べたことから，天皇の地位と権限に関して憲法上の改革が必要な点は，以下の通りである。
　①まず，憲法の編別としては，第1章　憲法の基本原理，第2章　国民の基本的人権，第3章　天皇，第4章　国会というように，国民主権主義の憲法の性格をはっきりとさせるという主張が早くからなされている（田中 1949：6-7）ことを参考とすべきであろう。
　②国事行為の見直しと追加（憲法・皇室典範に明文化する国事行為の再構成）

（ⅰ）憲法6条と憲法7条の一体化と再類型化
（ⅱ）内閣が実質的な国政行為の決定者であることの明確化，これに伴って，内閣総理大臣の任命の実質的決定権が国会にあることの明確化
（ⅲ）「国事行為」と「国政に関する権能」との類型化の見直し
（ⅳ）公人としての天皇・皇室の活動の位置づけ；様々な公的行事や式典への参加と「おことば」，外国からの賓客の接受・謁見，外国訪問などの国際親善に関する公務の位置づけ（従来の国事行為に含めるかの問題もある），伝統文化の継承，宮中祭祀などの諸公務の国事行為の位置づけ
（ⅴ）私的行為の中で公的性格を有するとして公金の支出が可能な行為の類型化の可否

③さらに，本章では検討することができなかったが，国家公務員法上の論点として，天皇は公務員か，さらにいかなる国家機関かが問題とされる。というのも，天皇は国家公務員法上明確な位置づけがなされていないからである。同法2条3項10号には「宮内庁長官，侍従長，東宮大夫，式部官長…職員」は特別職国家公務員と位置づけられている。このことからすれば，天皇も特別職の国家公務員ということができよう。ただ，なぜ，宮内庁長官以下が特別職であるか明確ではない。天皇の私的雇用者とまではいえないが，天皇を国家公務員法からはずしたのであれば，同じく宮内庁長官以下も公務員の範疇からはずすという選択肢の可否も改めて検討されるべきかもしれない。

また，天皇は如何なる国家機関か。憲法上は，国事行為という職務を行う国家機関で，憲法3条に基づく限り，人事院や独立行政委員会等の内閣から独立した国家機関ではなく，「内閣の所管の下」（国公法3条）に置かれた「行政機関」とされることになろう（山下 1984：87）。

5　象徴天皇制下の皇室制度をめぐる歴史的背景と現状分析

1889年に成立した明治皇室典範は，同時に制定された大日本帝国憲法の定める統治権の総攬者としての天皇の地位やその根拠とされた万世一系の皇統といった考え方に立って，皇位継承など皇室にかかわる諸制度を規定していた。

それは，他の法律とは大きく異なり，公布されることのない皇室の家法と位置づけられたのである。こうした法的性格は1907年に成立した皇室典範増補や公式令により変質したとはいえ，依然として憲法と同等であることに変わりはなかった（小林・島 1990）。

そこには，立法者の代表である伊藤博文の強い意向が反映していた。同典範を国家法ではなく一種の家法としたい伊藤の背中を押したのは，ドイツの有力な法学者，ロレンツ・フォン・シュタインであった。シュタインは，帝室法を帝国議会の議事に付すことを要しない皇室の家法とすべきとし，伊藤の意向を理論武装する上で大きな役割を果したといえよう。これにより，同典範は事実上，外部からの干渉を受けない不磨の大典と化したのである（笠原 2003）。

しかし1945年に太平洋戦争に敗北した日本は，連合国側の求める無条件降伏を受け入れ，その占領統治下におかれることになった。すでに米国内はもとより連合国間においても，戦後の日本の民主化などをめぐり様々な論議が繰り広げられていたのである。そうした議論のなかにあって，天皇制のあり方については廃止をも含め白熱した論争が展開されていた。

いうまでもなく，連合国のなかには天皇の戦争責任を追及する考えも根強く，イギリスやオーストラリアのように天皇を戦犯として裁こうという強硬な意見も聞かれた。そして最終的に天皇制の存続を決定づけたのは，連合国軍最高司

---

(3) 明治22年制定時の明治皇室典範は「皇室の家法」とされたが，明治40年の増補により国法化され，臣民も拘束された。同時に，公式令により官報への掲載をもって正式に公布されることになる。この経緯については，高久嶺之介「近代日本の皇室制度」（鈴木正幸編『近代日本の軌跡七　近代の天皇』吉川弘文館，1993）に詳しい。

(4) 五百旗頭眞氏や中村政則氏の一連の研究において，米国務省内における天皇制の存廃をめぐる議論の動向を追うことができる。中村氏はハーバード大学ホートンライブラリーのグルー文書などを利用して，牧野伸顕ら宮中の穏健派の意向を解明している。五百旗頭氏は，日本史に詳しいバランタインら知日派による対日占領政策の形成過程を追究している。

(5) 連合国のなかで，最も執拗に天皇を戦犯として訴追しようとしたのはオーストラリアであった。同国は，天皇の免責を求めるマッカーサーの影響が及ぶ国際検事局などを避けて，ワシントンの極東委員会に訴追の意向を伝えていた。

令官であるダグラス・マッカーサーであったことはいうまでもない。マッカーサーが最も重視したのは，日本の占領統治をいかに円滑に進めるかという点にあった。

まず GHQ は日本を非軍事化，民主化するため，民政局において日本国憲法の制定に向け大急ぎでいわゆるマッカーサー草案をまとめた。草案の最大の特色は，「国民が至高」という考え方に立って「国民主権」を謳ったことにある。現行皇室典範は，こうした民主的な憲法の下位法に位置づけられたのである。そのたたき台ともいえるマッカーサー・ノートによれば，天皇は国家元首の地位にあり皇位の世襲を認めた上で，その職務と権能が憲法に基づいて行使され，憲法に示される国民の意思に応えることを条件とした（笠原 2008）。

民政局において起草された GHQ の憲法草案は，日本政府首脳を驚愕させた。その第1章第1条には，「天皇は，日本国の象徴であり，日本国民統合の象徴である」と記されていたからである。松本蒸治国務相は，天皇を象徴とする草案を余りに文学的に過ぎると当惑を隠さなかった。しかし，当時の日本政府がマッカーサー率いる GHQ の方針に変更を迫ることなどできようはずもなかった。なぜなら，そこには昭和天皇の免責が秘められていたからにほかならない。かくして，日本国憲法第1条は「天皇は，日本国の象徴であり日本国民統合の象徴であって，この地位は，主権の存する日本国民の総意に基く」と天皇の地位を規定し，ここに象徴天皇制が成立したのである（中村 1989）。

GHQ はこうした象徴天皇制を前提としつつ，皇位継承をはじめ皇室の重要な事項を国会の統制下におくことをめざしていた。新憲法の第二条でも，皇位継承をめぐり「皇位は，世襲のものであって，国会の議決した皇室典範の定めるところにより，これを継承する」と謳われている。未だ「国体」観念にとらわれていた日本政府は皇室の自律性を維持する上から，皇室典範を憲法や議会から分離，独立させようと GHQ との交渉に臨んだ（笠原 2003）。

しかし，こうした日本政府の方針は，皇室典範を新憲法の下位法に位置づけようとする GHQ の強い意向により一蹴された。なおも，くいさがろうとする松本国務相に対し，GHQ 民政局は「皇室典範が国民の代表者によって承認されない限り効力を生じないものとせねば，国民が至高だとは言えない」として，

新憲法の根幹を「国民主権」に求める姿勢をけっして崩そうとはしなかったのである(6)。

憲法が180度といってもよいほど根本的に変更されたのに対して、皇室典範の改正は限定的であった。皇位継承資格など現行皇室典範は明治皇室典範を基本的に踏襲した部分が多い。新憲法の起草に際して提示されたマッカーサー・ノートには、イギリス王室を念頭に置きつつも、戦後の皇室制度に重大な矛盾を抱懐せしめる要素が含まれていた。華族制度（貴族制度）の廃止がそれである（笠原 2013）。

こうした華族制度を廃止する方針は、法の下の平等を定めた新憲法第14条の第2項に「華族その他の貴族は、これを認めない」と明記された。かねてよりGHQは戦前来の莫大な皇室財産を問題視し、皇室典範よりもむしろ皇室経済法の定立に多大の関心を寄せ、皇室財産の縮減と国民負担の軽減に力を注いだのである（園部 2007）。

その一環として、昭和天皇の兄弟、すなわち直宮である秩父宮、高松宮、三笠宮を除く、伏見宮系の11宮家51方に皇籍の離脱を求めた。しかも「旧皇族」とよばれるこの51方とその子孫には、特定の地位や身分はいっさい付与されることはなく、法律上も一般国民とされたのである。イギリス王室の周囲には大規模な貴族社会が存在し、絶えず王位継承に必要な人材が確保されている。これに対し、戦前まで天皇制を支えてきた藩屏たる華族（制度）が消滅した現代の日本にあっては、いわゆる皇配族はもはや存在しない(7)。

---

(6) GHQが提示した案は日本政府により修正され、憲法改正仮案にまとめられた。しかしながら、その補則には依然として天皇に皇室典範改正の発議権が認められていた。こうした日本政府の抵抗も、皇室典範を国会による制定法とすることで国民主権を徹底しようとするGHQによって撥ねつけられたのである。かくして皇室典範の制定作業は、こうしたGHQの方針を踏まえて臨時法制調査会により進められることになる（芦部・高見 1990）。

(7) 小泉内閣時の皇室典範に関する有識者会議が提出した「報告書」には、「女性天皇、内親王、女王の配偶者に関する制度」についての項目が設けられている。そこでは、戸籍上の扱いも皇族男子と同様とされている。その手続きをめぐっても、「婚姻の際に、その戸籍から除かれ、皇統譜に登録する」と謳われている。

現行皇室典範にあっては，第12条に「皇族女子は，天皇及び皇族以外の者と婚姻したときは，皇族の身分を離れる」とされ，第15条には「皇族以外の者及びその子孫は，女子が皇后となる場合及び皇族男子と婚姻する場合を除いては，皇族となることがない」と規定されている。すなわち一般国民の中でも，女性が皇族になることはあっても，男性が皇族となることはない。

ちなみに，政府見解によれば，第15条は「いったん皇族の身分を離れた者は復帰できない」と解される（皇室典範に関する有識者会議2005）。上述した戦後まもなく皇族の身分を離れた51方の「旧皇族」は同15条の対象となるが，その子孫はそもそも一般国民として生まれ，そのうち男子は現行法下では皇族の身分を得ることはないため「復帰」ということは起こりえない。したがって，いわゆる「旧皇族の男系男子子孫」が何らかの方法を模索して皇族となることは「復帰」にはあたらず，同15条がその妨げとなることもない。[8]

いうまでもなく，現行憲法が「国民主権」を大前提としていることから，国民感情としても側室制度が存立する余地はなくなった。すでに大正天皇の時代から側室を置かない方向性が打ち出され，昭和天皇も「人倫に悖る」として側室を忌避したとされる。側室制度があり，非嫡出子に皇位継承資格を認めていた時代にあっても，絶えず皇位の継承は不安定さを免れなかった。

戦前までは医療水準も低かったため，皇室においても乳幼児の夭折は珍しいことではなかったのである。確かに戦後日本の医療水準は飛躍的に向上したが，やはり側室をおかねば「男系の男子」というタイトな皇位継承資格の下で安定的な皇位継承を実現することは至難の業といわねばならない。小泉内閣時の有識者会議においても議論されたように，いまや深刻な社会問題となっている少子化の波は皇室にも及んでいる（皇室典範に関する有識者会議2005）。

---

(8) しかし，皇位継承問題の解決に際して，皇室典範第15条の改正が議論される余地がないわけではない。それは，いったん皇籍を離脱した皇族女子が復帰する場合である。

6　皇室制度の見直しに関する研究動向①——政府による研究

　政府が水面下で皇位継承制度に関する研究を開始したのは，1997年頃であったとされる。当時，政権を担当していたのは，自民党の橋本龍太郎である。このとき，厚生省出身で事務方の内閣官房副長官の任にあった古川貞二郎は，橋本首相の皇室に対する尊崇の念がとりわけ深いことに気づき，首相に皇室制度の見直しの必要性を説明し，研究への着手について了解を得たと回顧している（古川 2012）。

　皇室典範は内閣官房が所管する法律であり，皇位継承など皇室制度について研究を始めるには内閣の長である内閣総理大臣の了解が必要であった。橋本首相の了解を得た古川は，直ちに鎌倉節宮内庁長官と大森政輔内閣法制局長官と協議し，皇位継承の安定化をめざして極秘の研究会を設置した。ここに内閣官房，宮内庁，内閣法制局のスタッフを動員して政府による非公式の研究会が組織され，政府による皇位継承制度に関する研究が開始されたのである。[9]

　2001年12月，愛子内親王の誕生により，世論の動向を注視するため，研究会の活動は一時中断された。皇位継承権のない内親王の降誕では制度上は問題の解決にはならなかったが，世論が女性天皇の誕生を思いのほか歓迎し支持したことから，皇位継承資格の拡大の機運が醸成されたことはまちがいない。再開された政府の研究会にとっても，こうした世論の動向は追い風となり，男系男子から女系女子への皇位継承資格の拡大に弾みがついたのではなかろうか。

　2001年4月に誕生した小泉純一郎内閣は，高い支持率を背景に長期政権の様相を示し始めた。2004年に入り，小泉内閣は発足3年目を迎えるとさらに安定化し，難問を解決するだけの体力をつけることになる。かくして同年12月，小泉首相は皇位継承問題に取り組む意向を表明したのである。直ちに，首相の私的諮問機関として「皇室典範に関する有識者会議」が設置された。有識

---

(9) そもそも皇室典範の所管は内閣官房である。内閣官房が同法の検討を指示して，はじめて宮内庁は研究を開始することができる（笠原 2013）。

者会議は翌年1月より開催され，17回にわたる審議を経て，同年11月24日，小泉首相に対して最終報告書を提出した（笠原 2008）。

　有識者会議の報告書では，基本的な視点として「国民の理解と支持を得られるものであること」，「伝統を踏まえたものであること[10]」「制度として安定したものであること」の3点が重視された。現行皇室典範は，皇位継承資格として，「皇統に属すること」，「嫡出であること」，「男系男子であること」，「皇族の身分を有すること」といった4つの要件を規定している。その上で，報告書は，上記の皇位継承資格者の要件のうち，「皇統に属すること」と「皇族の身分を有すること」は，制度の趣旨から当然の要請であるとした上で，皇位継承の安定化のためには「男系男子であること」という要件が焦点になると指摘している（皇室典範に関する有識者会議 2005）。

　筆者は，この4点のなかで，「嫡出であること」と「男系男子であること」を両立することは決して容易ではないと考える。また，ここが最大の問題点だといっても過言ではあるまい。前者の「嫡出」という要件は，つまり側室を置かないということとほぼ同義である。綱渡りではあったが，皇統は125代の今上天皇まで連綿と男系で続いてきた。その背景には，側室の生んだ非嫡出子にも皇位継承資格を付与してきたという事情がある。

　事実上の問題として側室を置かなくなったのは，大正天皇以降のことである。大正天皇は正室である貞明皇后以外に側室を求めなかった。昭和天皇も側室を忌避したことはつとに知られていよう。しかし，いざ側室を置かず非嫡出子をもうけないと，皇位継承は不安定化した。昭和天皇は香淳皇后との間に多くの子にめぐまれたが，当初は内親王が4方も続き，天皇は大いに悩んだ。そのため明治皇室典範でも禁止されていた養子の解禁を内大臣，牧野伸顕を通じて元老，西園寺公望に打診していたほどである（笠原 2013）。

　報告書は，男系継承の意義について様々な考え方があることを以下のように指摘している。男系継承こそがわが国の皇位継承における確立された原理であ

---

[10] 伝統と法理の関係については，拙著（笠原 2013）および皇室典範に関する有識者会議の議事録（首相官邸 2005）を参照。

るとする考え方である。皇位継承資格が女系にまで拡大されるということは，皇統が配偶者の家系に移ったと観念されることから，これを回避してきたとの見方もある。男系継承のルールは古来よりの中国文化の影響であって，日本固有の観念とはいえず，女系の血統も重要な役割を果してきたとの見解もある。

報告書が指摘するように，基本的には，男系継承は天皇や皇族男子から必ず男子が誕生することが大前提となる。そのためには，非嫡出子にも皇位継承資格を認めねばならない。現行法下にあっては，この要件が充足されていない。深刻化する少子化の波は皇室にも当然及んでおり，皇位継承資格者の減少に拍車をかけている。

有識者会議が導き出した結論の中において最も注目され，その後の議論の的となったのは，皇位継承資格の女子，女系の皇族への拡大である。報告書には以下のとおり記されている（皇室典範に関する有識者会議 2005）。

> 憲法において規定されている「皇位の世襲」の原則は，天皇の血統に属する者が皇位を継承することを定めたもので，男子や男系であることまでを求めるものではなく，女子や女系の皇族が皇位を継承することは憲法上は可能であると解されている。
>
> 皇位継承制度の在り方を考察するに際し，世襲による継承を安定的に維持するという基本的な目的に立ち返れば，皇位継承資格を女子や女系の皇族に拡大することが考えられる。これは，内親王・女王やその子孫も皇位継承資格を有することとするものである。

それでは，有識者会議は男系継承の伝統をどのように考えていたのであろうか。同会議の議論においては，皇室典範の上位法である日本国憲法が重視された。とりわけ憲法第2条の規定する「皇位は，世襲のもの」との大原則が尊重されたのである。報告書ではこの点について，それを支える条件の変化に伴い「男系継承自体が不安定化している現状を考えると，男系による継承を貫こうとすることは，最も基本的な伝統としての世襲そのものを危うくする」と指摘されている。これこそ皇位継承問題の核心といっても過言ではない。

第2章 象徴天皇制

しかしながら，こうした有識者会議が提示した「女系拡大論」については，皇位の正統性や配偶者の確保をめぐり少なからぬ疑問が提起されてきたのも事実である。そうした批判に対して，報告書は以下のように答えている。
(11)

> これまで見てきたような皇位継承制度をめぐる国民意識や社会環境の変化は，我が国社会の長期的な変化に伴うものである。女性天皇や女系の天皇を可能とすることは，社会の変化に対応しながら，多くの国民が支持する象徴天皇の制度の安定的継続を可能とする上で，大きな意義を有するものである。
>
> このような意義に照らし，今後における皇位継承資格については，女子や女系の皇族に拡大することが適当である。（中略）
>
> なお，皇位継承資格を女子に拡大した場合，皇族女子は，婚姻後も皇室にとどまり，その配偶者も皇族の身分を有することとする必要がある。女性天皇や皇族女子が配偶者を皇室に迎えることについては，性別による固有の難しさがあるとは必ずしも考えないが，初めてのことであるがゆえに，配偶者の役割や活動への配慮などを含め，適切な環境がととのえられる必要がある。

以上に述べた政府の研究成果は，その内容が余りにドラスティックであったこともあり，一般の反応は意外に鈍いものであった。「女性天皇」は理解できても，「女系の天皇」をイメージできる国民は少なかったからであろう。男系継承の伝統を守るための工夫も見出せず，伝統を尊重するとした基本的視点は事実上無視されたといっても過言ではない。国民の意識や社会の変化で皇室の伝統がそんなに簡単に無視されてよいはずがない。保守系の識者らから反発が出るのは当然であろう。
(12)

---

(11) 男性配偶者を確保する上では，職業選択の自由を失うことの現実的な問題に対して十分な配慮が必要であろう。皇室典範第15条の検討も視野に入れねばならない。

(12) マスコミの報道では，「女性宮家」をめぐるミスリードが多発した。これが問題解決を大きく妨げたことはまちがいなかろう。政府の広報にも瑕疵が認められる。

2011年9月に発足した野田佳彦内閣においても，皇室制度の見直しが行われた。同年11月下旬，藤村修官房長官は記者会見において，羽毛田信吾宮内庁長官が野田首相に対する所管事項の説明の中で，火急の案件として皇族の減少に伴い皇室の活動に支障をきたしつつある旨の指摘があったことを明らかにした。これを受けて，野田内閣が同問題に取り組む意向を示したのである。こうして政府は，年明け2012年2月から「皇室制度に関する有識者ヒアリング」を開催し，同年10月にはその論点を整理し公表した（内閣官房 2012）。

　論点整理において政府が重視したのは，要するに皇室典範第12条によって今後婚姻に伴い若い女性皇族が皇籍を離脱して皇族数が減少し，皇室の活動が維持できなくなる点であったとみられる。論点整理では，その方策として「女性皇族が婚姻後も皇族の身分を保持することを可能にする案」と「女性皇族に皇籍離脱後も皇室の御活動を支援していただくことを可能とする案」の2つの選択肢が示された。前者については，配偶者や子に皇族の身分を付与するか否かで二分されている。後者においては，いわゆる尊称保持案が提示されたものの，否定的な取り扱いとなっている。本来，皇位継承問題である「女性宮家の創設」ばかりが独り歩きしたため，保守系の団体や識者らの反発を招き，大きな前進はなかった。

7　皇室制度の見直しに関する研究動向②——民間における研究

　そこで，男系維持派の有力な識者の意見に耳を傾けることにしたい。2005年に開催された有識者会議は，いわゆる皇位継承問題に精通する研究者らからのヒアリングを東京・三田の共同会館で行なった。男系維持派の八木秀次氏は皇統の歴史などを踏まえつつ，「女性天皇のお産みになったお子様が皇位に就かれれば，皇統が『女系』に移ることになる」とし，「このことによって，万世一系という原理を壊す」と主張した。[13]八木氏は，これまで日本の歴史上即位した8人10代の女性天皇はいずれも「男系の女子」であり，女系天皇は存在しないと指摘した。そして，同氏はわが国の歴史上皇統断絶の危機に直面した場合，女系ではなく，男系の「傍系」が選択されたことを重視している。

八木氏といえば，いわゆる「Y染色体説」という刮目すべき学説を唱えたことで広く知られている（八木 2005）。それまで「なぜ男系継承なのか」との問いに対して合理的な説明のできなかった継承原理に科学的根拠を与えたという意味で，同氏の学説は当時一躍脚光を浴びた。この八木氏の画期的な学説に政府はたじろぎ，学界においても皇位継承論争史上の金字塔といわれている。

 同氏は 2005 年のヒアリングにおいても，「仮に神武天皇を初代といたしますと，初代の性染色体，男の場合XとYのうちのY，Y1は男系男子でなければ継承ができません」と発言し，注目を集めた。ただ，常染色体とは異なり，性染色体は男性か女性かという性の決定にこそ関与するが，親から子に形質を伝える遺伝とは無縁である。

 筆者が八木氏の所説において最も注目しているのは，以下の下りである（八木 2004）。

　　側室制度のあった時代にも直系の男子は絶えることがあった。その際に傍系による継承が認められたのであれば，男系継承は側室制度と傍系継承の二段階の「安全装置」によって支えられていたというべきであろう。
　　今日，国民感情からして側室制度の復活が望めないのは事実であり，私とて現実的だとは思わない。その道が塞がれている以上，過去に倣って傍系継承という第二の安全装置を作動させる必要があるのではないか。

 一方，憲法学者である百地章氏は，有識者会議の報告書について重要な問題点を指摘している。わけても以下のような3つの論点が注目に値するといえよう。なお，この百地氏の論は悠仁親王の誕生以前のものである（日本会議編 2006）。

 第1の論点は，女系天皇の誕生は王朝交代ととられる恐れなしとしないとい

---

(13) 伊藤博文を中心にまとめられた『憲法義解』には，「我が日本帝国は一系の皇統と相依て終始し，古今永遠に亘り，一ありて二なく，常に変なきことを示し，以て君民の関係を万世に昭かにす」と謳われている。これこそ明治国家のイデオロギーとしての「万世一系」にほかならない。

うことである。百地氏いわく,「敬宮愛子様は男系ですが,仮に将来愛子様が皇位に就かれたとすれば,そのお相手は民間から迎えるしかありません。となると,父系社会の我が国では父方の血統でもって家というものを考えますから,そのお子様で次の天皇となられる方（女系天皇）は皇室よりも父方である民間の何々家（中略）の系譜を引く天皇と考えられる恐れが」あるとする。日本がはたして「父系社会」か否かは即断できないが,百地氏のいう「恐れ」があることはまちがいなかろう。[14]

　第2の論点は,報告書に女性天皇の配偶者の選定と処遇が明示されていないということである。百地氏はこの点について,「女系天皇を容認する場合,最も困難な問題である皇婿殿下,つまり女帝の夫となる方をどこからどのようにして迎えるのかということについては何ら解答や指針を示していません」と報告書の無責任さを批判している。この点については,筆者もまったく百地氏と同意見であり（笠原 2003）,2005年当時,政府関係者に対して指摘したことがあった。

　第3の論点は,安定的な皇位継承を可能にするためには,一定規模の皇位継承資格者を確保すべく宮家を整備しておくということである。この点について,百地氏は「旧皇族からの養子採用や旧皇族の皇籍復帰などを考えれば十分に実現でき」ると主張している。[15]

　神道学者の大原康男國學院大學教授は,わが国の皇位継承の歴史について,「男系主義で一貫しており,そのことが皇室による国民統合の権威の源泉となっている」と述べている。こうした認識を示しつつ,大原氏は「直系かつ嫡系が理想でありますけれども,（中略）124代のうち41方,3分の1しか直系かつ嫡系はございません。それが困難になった場合には,傍系,庶系によって補ってきたことが顕著な事実であります。そのためには,いわゆる猶子制度が活

---

(14) 新王朝は旧王朝を完全に抹殺するのではなく,「女系的に」つないできたと井上光貞ら古代史家は主張してきた。

(15) 養子を採用する場合,どの宮家の養子になるかによって皇位継承順位が変わることがありうる。また,養子の採用には,婿養子,家族養子などさまざまな選択肢がある。

用されたり、世襲親王家が創建されたり、傍系から継承された天皇に直系の皇女を皇后ないしは中宮として配されたりするなど、さまざまな工夫がなされてまいりました」と論述したのである（「皇室典範に関する有識者会議（第6回）議事次第」）。

　一方、歴史学者（法制文化史）の立場から、女系容認論の旗振り役を果たしてきたのは京都産業大学、モラロジー研究所の所功氏である。所氏はこれまで、皇位継承制度の安定化には皇位継承資格の女系への拡大が必要とし、「第一子優先」を採った有識者会議とは異なり、「男子優先」（「男子先行」）を主張されてきた。公務や宮中祭祀を行う上で、出産など女性特有の条件は大きな負担となるという極めて現実的な判断から、「男子優先」を唱えている。所氏は自著のなかで、その所説を以下の通りにまとめている（所 2006）。

　　「女系継承」を認めた上で、具体的な継承順位は古来の直系・長系・近親を優先する原則のもとに「男子先行」（優先というより率先）の原則を加え、当事者である皇室内部の方々の御意向を十分に配慮して、くれぐれも慎重に運用すべきだと考える。

　なお、所氏は同書中において、適切に先行研究を整理しており、大いに参考となろう。そのなかで所氏同様に注目されるのが、神道家の高森明勅氏の所説である。高森氏によれば、「男系主義」はそもそも「シナ父系制の影響」であり、それによって「姓」の観念が規定されたという。その上で、高森氏はわが国古来の血縁関係は、父系も母系もともに機能してきたとして「双系主義」と解すべきと主張する。こうした理解に立って、同氏は女系を容認する立場をとっている（首相官邸 2005）。

　小泉内閣の下で設けられた有識者会議の有力メンバーの一人である園部逸夫氏は、その著書の中で実に様々な皇位継承に関する制度案について理論的かつ現実的な観点から検討を加えている（園部 2007）。検討の対象は、たとえば「旧皇族及びその男系男子子孫を皇族とする考え方」から「女性・女系に皇位継承資格を拡大」する考え方に至るまで多岐にわたっている。バランスのとれ

た論点整理ではあるが，園部氏自身の意見は極力控えられている。

　しかし，2005年11月の有識者会議より提出された「報告書」に座長代理として名を連ねている以上，園部氏が「女系拡大」に賛同しているとみてまちがいないであろう。先の著作において示されているように，同氏はことのほか制度の安定性とともにその正統性を重視していることがわかる。

　最後に政治学を専攻する筆者は，近時にあっては民主的合意を前提として「最大公約数」を追究する立場から，「現行法下に生まれた悠仁親王までは皇位継承順位を変えず，男系男子を優先し，セーフティネットとして女性宮家の創設」を提唱している（笠原 2013）。

　女性宮家を創設することを念頭に，皇室典範第12条を改正する必要がある。3方の内親王が婚姻後も皇族の身分を保持しうるための改正ということになる。しかし，直ちに女系継承に道を開くことがないよう女性宮家は「一代限り」とすべきであろう。女性宮家の当主となる内親王やその男性配偶者はもちろん，その間にもうけられた子も皇族にするが，皇位継承資格は付与しないこととすべきであろう。[16]

　こうした措置を講じることで，男系維持派の人々の懸念する女性宮家がなし崩し的に女系拡大につながる心配はなくなる。それでは，なぜ女性宮家が必要なのか。それは，もちろん皇室の活動を維持するためではない。本来，宮家とは皇位継承資格者を確保するために設けられるべきものである。

　今後，皇室に悠仁親王につづく男子が誕生しない場合，もしも悠仁親王が配偶者に恵まれず，あるいは配偶者に恵まれてもその間に男子が誕生しなければ，皇統断絶の危機に直面する。そこで，まず養子を解禁すべく皇室典範第9条を改正するべきであろう。[17] それでも養子になってもよいという人が出てこない場

---

[16] 皇統譜上に登録したまま通常民間人が入る戸籍にも入るためには，戸籍法の改正が必要となる。制度上は問題ないが，事実上は支障をきたすとの指摘がある。しかしながら，現実には様々な家族観が想定され，その実現性はけっして困難ではないと考えられる。

[17] 同法第9条の改正によって皇族女子が婿養子をとる場合，憲法第24条の「両性の合意」という規定の観点から，政略的な事態は十分に回避できる。

合，初めて女性宮家に誕生した子に皇位継承資格を付与してよいかを正面から国民に問えばよい。男系継承の伝統を守ることは重要であるが，女性宮家の方が旧皇族よりも今上天皇に血筋がはるかに近い。セーフティネットを張ることで，悠仁親王が将来配偶者を得やすくなることはまちがいあるまい。

8　今後の課題——象徴天皇制と安定的皇位継承

「象徴天皇」としての側面がわが国前近代までの歴史に認められるとしても，初めて成文法に明文化されたのが戦後成立した日本国憲法であることはいうまでもない。現行憲法の定める象徴天皇制に適合する皇位継承のあり方として最も重要なのは，主権者たる国民の理解と支持が得られることである。

　これについで大切なのは，皇室の伝統を守ることであろう。とりわけ皇位継承について最も基本的な伝統は，憲法第2条に定められる「世襲」である。もちろん男系継承も歴史的にみれば重要な伝統ということができよう。しかし，それは上位に位置づけられる憲法のいう「世襲」を形骸化しない範囲での話ということになる。

　いかに傍系による継承が歴史上に認められるからといって，その範囲を野放図に拡大してよいというわけではあるまい。それでなくては，国民の理解や支持は得られない。たとえ皇位継承資格者が確保されても，余りに今上天皇との血縁関係が薄く次期天皇と認知されねば，代替りにより国民は天皇に対する崇拝の念を失いかねない。象徴天皇制のもとでは，それこそが皇室にとって最大の危機といわねばならない。

　いいかえれば，現行憲法下にあっては，安定的な皇位の継承について考える上で天皇や皇嗣と国民との関係や相互作用が重要である。したがって，国民のなかに男系継承の伝統を重視する考えが根強く存在する以上，こうした意見を尊重することも必要になってこよう。皇位継承問題は国家の根幹にかかわる重大な問題であり，男系か女系かといった議論に矮小化してはならない。

　高齢の皇族男子の薨去や若い世代の皇族女子の婚姻に伴う皇籍離脱などによる皇族の減少はますます同問題を深刻化させている。皇位継承を安定化させる

ためには，皇室典範第 9 条を改正して養子を解禁するとともに，同第 12 条を改正して皇族女子が婚姻後も皇室にとどまりうるようセーフティネットを張ることで皇位継承資格者をしっかりと確保することが肝要であろう。

参考文献
赤坂正浩（2014）「天皇の権能」『法学教室』405 号。
芦部信喜・高見勝利編著（1990）『日本立法資料全集 1　皇室典範』信山社。
鵜飼信成（1949）「天皇」『法協』67 巻 1 号。
鵜飼信成（1977）『憲法における象徴と代表』岩波書店。
江橋崇ほか編（1990）『象徴天皇制の構造』日本評論社。
大石 眞（2014）『憲法講義 I』（第 3 版）有斐閣。
大森政輔（2005）『20 世紀末の霞が関・永田町』日本加除出版。
笠原英彦（2003）『女帝誕生』新潮社。
笠原英彦（2008）『象徴天皇制と皇位継承』筑摩書房。
笠原英彦（2013）『新・皇室論』芦書房。
金森徳次郎（1973）『憲法遺言』学陽書房（復刻版）。
苅部 直（2014）「日本の思想と憲法――皇室制度をめぐって」長谷部恭男編『「この国のかたち」を考える』岩波書店。
清宮四郎（1979）『憲法 I　第三版』有斐閣。
黒田 覚（1954）「天皇の憲法上の地位」『公法研究』10 号。
皇室典範に関する有識者会議（2005）『同　報告書』。
小嶋和司（1982）『憲法学講話』有斐閣。
小嶋和司（1987）『憲法概説』良書普及会。
小林 宏・島 善高編著（1990）『日本立法資料全集 16　明治皇室典範』信山社。
佐々木惣一（1947）『憲法改正断想』甲文社。
佐藤 功（1951）『憲法解釈十二講』学陽書房。
佐藤 功（1962）『憲法解釈の諸問題　第 2 巻』有斐閣。
佐藤 功（1963）「天皇の『象徴的権能』」清宮四郎博士退職記念『憲法の諸問題』有斐閣。
首相官邸 HP（2005, 2012）。
園部逸夫（2002）『皇室法概論』第一法規。
園部逸夫（2007）『皇室制度を考える』中央公論新社。
園部逸夫（2013）「憲法第一章に関連する問題について」『香川法学』33 巻 1・2 号。
高見勝利（2012）『政治の混迷と憲法』岩波書店。
高柳賢三・大友一郎・田中英夫編著（1972）『日本国憲法制定の過程　I』有斐閣。

田中二郎（1949）『法協』67巻1号。
中部日本新聞社編（1954）『日本憲法の分析』。
所　功（2006）『皇位継承のあり方』PHP研究所。
内閣官房（2012）「皇室制度に関する有識者ヒアリングを踏まえた論点整理（概要）」。
中村政則（1989）『象徴天皇制への道』岩波書店。
日本会議編（2006）『皇位継承の伝統をまもろう』。
長谷部恭男（2011）『続・Interactive憲法』有斐閣。
宮澤俊義（1949）『憲法大意』有斐閣。
宮澤俊義（1969）『憲法と天皇』東京大学出版会。
棟居快行（2004）『憲法解釈演習』信山社。
八木秀次（2004）『「女性天皇容認論」を排す』清流出版。
八木秀次（2005）『本当に女帝を認めてもいいのか』洋泉社。
山下威士（1984年）「憲法第1章の規範科学的考察」『法政理論』（新潟大学）17巻1・2号。
山元　一（2011）別冊法学セミナー　芹沢斉ほか編『新基本法コンメンタール　憲法』日本評論社。
柳瀬良幹（1962）「元首と象徴」『法学セミナー』71号，ただし引用は，同（1969）『元首と機関』有斐閣による。
横田喜三郎（1949）『天皇制』（ただし引用は，1997年の新版による）。
横田耕一（1990）『憲法と天皇制』岩波書店。

第3章
国　　会
—— 議会の評価と両院制の展望 ——

久保田哲

1　日本における議会の歴史

　現代の議会とは，法や予算の成立，政府統制などを担う機関である。国家規模の大きな国では，一部の例外を除きほとんどが両院制を採用しており，上院や第二院の改革論が喧しい状況にある。国会の実像や参議院改革を検討するに当たり，本章ではまず，日本の議会史を顧みることから始めたい。

（1）帝国議会前史

　幕末以降の日本では，「公議」，「公論」，「輿論」，「衆議」，「公議政治」などの言葉が広く用いられるようになった。これらは，摂関期以来日本の正当な決定方式であった合議に関わる範囲を拡大しようとするものであり，強い正当性を有した。五箇条誓文の第一条に「広ク会議ヲ興シ万機公論ニ決スヘシ」と明記されたことからも明らかなように，「公議政治」は「天皇親政」と並ぶ維新の理念となった。以降，明治新政府は，公議所，集議院，左院などの公議機関を模索していった。これらはいずれも短命で終わり，現実政治に大きな影響力をもったとは言い難いものの，「公議」の追求は，政府に「立法」への意識を惹起させることとなった。

　1875年4月14日の漸次立憲政体樹立の詔において，「立法ノ源ヲ広メ」るための元老院の創設，「民情ヲ通シ公益ヲ図」るための地方官会議の開催が謳われた。元老院は，制度的制約がありながらも，帝国議会開設直前の1890年10月20日まで存続し，「立法」に関わり続けた。三権分立や「立法」概念を近代的な意味で理解できていたのか，甚だ疑わしい時代において，元老院の存

在は，議案審議や読会制採用などを通じて，日本における「立法府」の近代化に寄与したと評価できる（久保田 2014）。

他方，明治14年の政変後，伊藤博文は憲法調査のために渡欧し，グナイストやモッセ，シュタインの薫陶を受けた。議会専横への警戒，立憲政体において議会が法案審議を担う立法過程の必要性などを学んだ伊藤は，帰国後，憲法の起草に着手した。伊藤は帝国議会を，"consent"を邦訳した「協賛」機関として大日本帝国憲法（以下，明治憲法）に位置づけたのである。次項に詳述するように，議院内閣制は採用されず，帝国議会は貴族院，衆議院からなる両院制となった。

明治憲法は，1889年2月11日に発布され，翌1890年11月29日に施行された。第1回の衆議院議員総選挙は，1890年7月1日に行われ，憲法の施行と同じく11月29日，帝国議会が開会される運びとなった。かくして，アジア初の近代的議会の幕が開けたのである。

（2）帝国議会

そもそも君権主義を基本原理とする明治憲法は，「天皇ハ帝国議会ノ協賛ヲ以テ立法権ヲ行フ」（第5条）と，帝国議会を「協賛」機関と定めた。帝国議会を理解するには，天皇統治の「協賛」機関であるという前提を理解する必要がある。帝国議会の召集，開会・閉会，停会，解散などに加え，法案の裁可や公布も天皇の大権事項であった。さらに，法律に代わる効力を有する緊急勅令権や独立命令制定権といった勅令の制定権を天皇が有していた点も重要である。

枢密院の存在も看過できない。1888年に創設された枢密院は，天皇の最高諮問機関として明治憲法に位置づけられた。皇室典範や憲法に関する事項などが枢密院の諮詢事項とされたことから，枢密院は時に「憲法の番人」と称された。

現代との比較でいえば，明治憲法が議院内閣制を採用していない点も指摘すべきであろう。国務各大臣は天皇の信任によって任命されることから，天皇に対して責任を負う。プロシア流の立憲君主制の採用により，天皇大権が制度的に担保されることとなったのである。内閣が議会に対する責任を負わないため，

政党内閣は否定された。政党内閣が成立される「憲政の常道」の時期も存在するものの，議会専横への警戒から憲法上の帝国議会の権限は，現代と比して大幅に制限されたといえる。もっとも，次に述べるように，法の成立に帝国議会の協賛が不可欠であった点は，留保する必要があろう。

　帝国議会の権限は，以下の3つに大別できる。第1に，立法に関する権限である。最終的な法案の成立には天皇の裁可が必要であった（第6条）ものの，原則として裁可に至る前には議会の協賛が不可欠とされた（第37条）。また，緊急勅令についても，次の会期における議会の承諾が求められ，それが得られない場合は効力を失う旨が公布されることとされた。帝国議会は，立法過程において法案審議を担う欠かせない機関であった（久保田 2015）。

　第2に，予算・財政に関する権限である。議会は予算案の審議を行うものの，官制・俸給令などの既定費等については排除や削減できず，予算案の協賛を行わない場合，前年度の予算が施行された（第71条）。また，予算に関する発案権を持たず，増額しない限り皇室経費に関する議決もできなかった（第66条）。法案審議における役割と比べ，予算審議に関する議会の役割は軽微であったと言える。

　第3に，行政の監督に関する権限である。明治憲法では，この権限について明文化されていない。従って帝国議会は，法案審議や予算案審議を通じて，政府の行政を監視するに留まった。

　「協賛」機関である帝国議会を構成する貴族院と衆議院は，衆議院に予算先議権が認められたこと（第65条）を除き，対等の権限を有した。貴族院は，皇族議員，華族議員，勅任議員により組織され，衆議院は，国民の公選による議員で組織された。なお，衆議院には解散があった。解散は内閣が奏請し，詔書によって命ぜられることとなっていた。衆議院が解散された場合，貴族院は停会となる。

　貴族院，衆議院に認められた議院の権限は，主に2つある。第1に，上奏・建議などの権限である。各議院において，議員30人以上の賛成があれば上奏が認められた（第49条）。法の制定や改廃に関する建議も議員30人以上の賛成をもって可能とされた（第38・40条）ほか，国民からの請願を受理することも

議会の権限であった（第50条）。なお，ここに挙げた権限は，各院単独での行使が認められたものである。

　第2に，自律的権限である。帝国議会や各議院は，政府に対して行政監察権を持たない一方で，政府からの干渉も受けることはなかった。議院規則制定権（第51条），院内警察権（議院法第85条），議事に関する自律権，議院の内部組織に関する権限，議員の身分に関する権限（第53条）が，議院の自律的権限として付されていた。

　天皇が召集する帝国議会には，毎年1回召集され予算が議決される常会，緊急の必要性が生じた場合に召集される臨時会，総選挙後に召集される特別会という3種があった。会期不継続の原則により，同一議案が次の会期には継続されなかった。常会の会期は3ヶ月とされ，常会，臨時会，特別会のいずれにおいても会期の延長は認められた。各院の定足数は，総議員の3分の1以上とされた（第46条）。出席議員の過半数により議決がなされ（第47条），可否同数の場合は議長に決裁権があった。

　国会同様，帝国議会にも委員会制度が設けられた。議員の全員を委員とする全院委員会，予算委員会や決算委員会などの常任委員会，個々の議案のために設けられる特別委員会，継続審査が議決された議案のための継続委員会がそれである。議案は，いずれかの委員会に付されたのちに本会議で取り扱われるのが原則であった。

　帝国議会における立法過程を詳述しておきたい。法案は，政府および各議院により提出される（第38条）。政府提出法案で財政に関わるものは，衆議院の先議が義務づけられていたが，そのほかについては，いずれの先議かは政府の便宜によった。各議院提出法案は，20人以上の賛成者を得たものが発議され，その議院で可決された場合，他方の議院に移された。法案に関しては，読会制が採られた。法案の趣旨が説明され委員会への付託を決する第一読会，逐条審議がなされる第二読会，法案全体の可否を決する第三読会である。これは，元老院における読会制を実質的に引き継いだものといえよう。両議院が可決した法案は，天皇の裁可により成立した。予算については，政府のみが提出権を有した。衆議院の先議とされ，読会制は採られていない。予算はまず，常任委員

会である予算委員会に付され，その後に本会議で扱われた。両議院で可決されると，天皇の裁可により公布された。なお，両院で不一致となった議案については，各院10人以下の同数で構成される両院協議会で扱われた。

（3）国　　会

　明治憲法が帝国議会を「協賛」機関と定めたのに対し，日本国憲法は国会を「国権の最高機関であつて，国の唯一の立法機関である」（第41条）と定めた。連合国総司令部（GHQ）は，戦前日本の課題の1つとして，権限の限定的な議会が軍部の台頭を防ぐことができなかった点を考慮した。したがって日本国憲法には，議会の権限強化が図られることとなった。「国権の最高機関」という議会の位置づけは，その一例として挙げられよう。もっとも，「国権の最高機関」の意味については，実質的なものではなく政治的美称であるという解釈が，とくに憲法学上の通説となっている。しかしながら，行政の長である内閣総理大臣，司法の長である最高裁判所長官については，前者が国会の指名，後者が内閣の指名に基づき，それぞれ天皇が任命するのに対し，立法の長である衆参両議長については天皇の任命を必要としていない。かかる点は，実質的であるか否かは別にして，日本国憲法が三権のうち立法を担う国会の優位を認めている証左といえよう。

　日本国憲法はまた，議院内閣制を採用した。そもそも議院内閣制は，議会の議決により内閣を組織し，内閣に対して議会を通じて国民の声を反映するものである。戦前に存在した超前内閣は，議院内閣制下においては成立し得ず，議院内閣制の採用も議会の権限強化の一環と見做すことができよう。そして，国会を組織する議員は，「全国民を代表する」存在として位置づけられたのである（第43条）。

　国会の権限は，以下の2つに大別できる。第1に，立法権である。戦前に存在した緊急勅令は廃止され，「国の唯一の立法機関」という位置づけからわかるように，立法権は国会にのみ属し，国会のみが行使する。法律の制定には，憲法に違反しない限りにおいて，国会の可決が求められるのである。

　第2に，立法権以外の諸権限である。租税や国費など財政処理に関する議決

（第83条），予算の議決（第86条），条約締結の承認（第73条），内閣総理大臣の指名（第6・67条），憲法改正の発議（第96条），内閣の報告を受ける権利（第72条），弾劾裁判所を設置する権限（第64条），法律に基づく議決（第5・76条など）などである。

　如上の権限を有する国会では，衆議院と参議院から構成される両院制が採用されている。ただし，両院制は日本国憲法起草当初から想定されたものではなかった。そもそもGHQは，日本が連邦制を採用していないことから貴族院の必要性を否定し，よりシンプルな制度が望ましいと判断した結果，一院制を念頭に置いていた。しかし松本烝治らは，共産勢力による天皇制打倒などへの警戒に加え，両院による慎重な審議を重視したため，両院制を主張するに至った。GHQは，積極的理由から一院制を想定したわけではなかったことから，両院の議員が国民の選挙により選任されることを条件に，これを受け入れたのである。

　両院の差異に目を向けると，衆議院議員の任期が4年であるのに対し，参議院の任期は6年となっている。ただし，衆議院が解散となった場合には任期満了前であっても，任期は終了となる。衆議院が参議院に優越する事項もある。法案審議については，衆議院の出席議員2/3以上の再可決により成立し（第59条），予算や条約，内閣総理大臣の指名については，衆議院の意思のみで成立することが可能である。予算は衆議院の先議が規定され（第60条），内閣に対する信任や不信任の決議は衆議院にのみ与えられている。選挙権はともに20歳以上の日本国民に付与されている（2016年6月より18歳以上に引きあげ）ものの，被選挙権については，衆議院が25歳以上，参議院が30歳以上となっている。2014年8月現在の定数は衆議院が475，参議院が242であり，両者の定数削減が断続的に検討されている。

　衆議院，参議院に認められた議院の権限として，以下のものが挙げられる。第1に，議院の自律的権限である。議員の資格争訟の裁判（第55条など），議長その他の役員の選任（第58条），議院規則の制定（第58条），議員の懲罰（第58条），議員の不逮捕特権に関する権限（第50条），内部警察権などがこれにあたる。

第2に、国政調査権（第62条）である。とりわけ、行政に対する監督・統制のための調査がこれにあたり、帝国議会には認められていなかったものである。国政調査権は議院の権限であるものの、後述するように国会法が両議院の活動に関して委員会中心主義を採用しているため、国政調査も委員会が中心となって行われる。

第3に、内閣不信任決議権（第69条）である。先述のとおり、これは衆議院のみに認められた権限であり、50人以上の賛成者により内閣不信任決議案を議長に提出できる。不信任決議案が可決されれば、内閣は総辞職か10日以内の衆議院解散を迫られることとなる。

そのほか、参議院の緊急集会（第54条など）、請願議決権（第16条）や法律に基づく議決権が認められている。

国会には、毎年1回召集され主に次年度予算が扱われる常会、内閣が必要と認めた場合や国政選挙後に召集される臨時会、衆議院の解散による総選挙後に召集される特別会の3種ある。日本国憲法は会期を定めていないものの、国会法はたとえば常会が150日などの会期を定めている。会期の延長については、常会が1回、臨時会と特別会が2回まで、認められている。国会には、会期内に議決されなかった案件が以降の会期に引き継がれないという会期不継続の原則がある。この原則の例外として、会期終了前に継続審査を議決することが認められているが、国政選挙による閉会中には継続審査を行わないことが通例である。

さて、日本国憲法がイギリス流の議院内閣制を想定したのに対し、1947年4月に制定された国会法では、アメリカ流の委員会制度が導入された。帝国議会時代の読会制は廃止され、法案はまず所管の委員会で扱われることとなった。委員会には、議案を廃案にできる権限も認められており、日本の議会制度は、本会議中心主義から委員会中心主義へと変容したといえる。現在、衆議院には内閣委員会や総務委員会など、法案審査を任務とする17の常任委員会があり、参議院にも同数存在している。国会にはまた、具体的な案件を扱うために設置される特別委員会の設置も認められている。

イギリス流の議院内閣制において、アメリカ流の委員会中心主義が採られる

状況については，さまざまな評価がなされている。たとえば，参議院が常任委員制度の改革を意図しても衆議院の同意が必須であるため，「各議院の自律性を弱め，国会改革を迅速に進めるうえでの障害として働くことになった」という指摘がある（大山 2011：37）。他方で「議員の専門的知識が豊富となり，スペシャリストとしての研鑽の場を，これら委員会が提供していることは否定できないし，実際問題としても，多くの案件を能率的に処理することを可能とし，さらに加えて，行政監督的な意味が高まるとい」う見解も存在する（原田 1997：161）。

国会の主たる役割である法案審議に関して，詳述しておきたい。議案は，基本的に内閣提出法案（閣法）と議員提出法案（議員立法）に分けられる。現在，議員立法に関しては，衆議院では 20 名以上，参議院では 10 名以上の賛成が必要とされ，予算関係の場合は各々 50 名，20 名の賛成という制限が，国会法で定められている。法案の審議過程は，図 3-1 を参照されたい。

このような立法過程で法律は成立するのであるが，法案は国会に提出される前に，あらかじめ党内で審議されるという，事前審査制が慣習化されている。法案作成にあたり所轄省庁の官僚は，有力議員への根回しを済ませたうえで，法案を政調部会に送る。政調部会では，与党議員による質疑応答が行われ，法案に修正が加えられることもある。政調部会は，全会一致を原則とするため，異論が多い場合には部会長の一任という形をとることで，意思決定が行われる。(1) 反対であるにもかかわらず，部会長へ一任した議員に対しては，別の機会に便宜が図られることが多い。法案はその後，政審での議論を経て，総務会へ回される。幹事長や政調会長も出席する総務会における決定は，自民党としての決定と見做される。したがって，総務会決定後の法案には，「党議拘束」がかけられる。つまり，法案は一連の事前審査において修正等が行われ，審査後の法案は実質的に成立が保証されるのである。なお，事前審査制は鳩山由紀夫内閣において廃止されたものの，野田佳彦内閣で実質的に復活し，現在に至ってい

---

(1) 増山は，「実際に観察される議事運営が全会一致的であるならば，それは多数主義的な制度構造を前提として帰結し得るものであることを理解しなければならない」（増山 2003：68）と指摘している。

第3章 国会

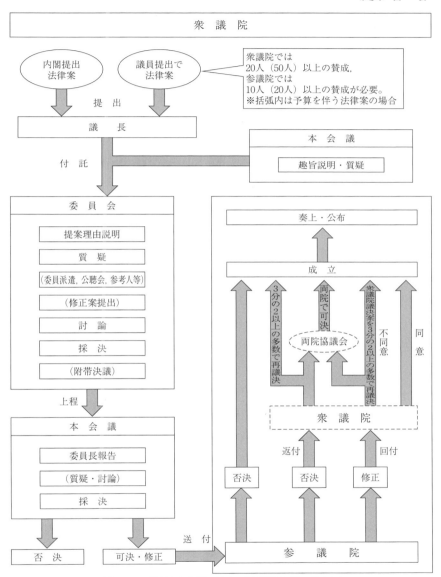

図3-1 「法律案審議の流れ(衆議院先議の場合)」
(出典) 衆議院ホームページ (http://www.shugiin.go.jp/internet/itdb_annai.nsf/html/statics/kokkai/kokkai_gian2.htm) 2014年9月30日アクセス

る。

　かかる事前審査制については，自民党総務会長であった赤城宗徳による，1962年2月のメモを起源とするのが通説的理解であった。こうしたなかで，奥（2014）による最新の研究では，赤城メモは事前審査の起源ではなく定着を意味するものである，という新たな見解が示された。

　以上，国会の制度を概観した。国会の特徴として，委員会中心主義や事前審査制の存在などがあり，国会審議自体が軽視されてきた点が挙げられよう。次節で述べる研究者による評価ばかりでなく，国会議員自身からも，「国会は，行政府によって準備された法案を追認しているに過ぎないという感じが強い」（江田 1985：128）といった言が発せられている。2009年の第45回衆議院議員総選挙において，民主党が「脱官僚主導」，「政治主導」を掲げた背景にも，国会の低評価があるといえよう。

　さらに，衆参の「ねじれ」現象により，両院制や参議院のあり方について，関心が高まっている。衆議院で多数を占める政権政党が，参議院の組織替えの度にその存立と政策について一喜一憂する現状への改革も射程に入れた，国会改革の必要性が叫ばれているのである。

　このような状況に鑑み，次節では国会の評価について研究史を繙き，次々節では両院制改革の歴史を検討することとしたい。

2　国会の評価——研究史的視点

　大石眞は，国会研究を「議会の立法機能に焦点を当て，その過程を実証的な形で体系的に明らかにしようとする試み」である政治学的アプローチ，「立法学」のほか，「議会の組織・構成，権限及び手続などを比較法史的に検討しながら，議会制度全般に関する憲法的規範」を解明しようとする憲法学的アプローチに分けた（大石 2001：2-3）。国会研究については，高度な専門的知識を求められることが多いことから，上記のアプローチに加え，近年では実務経験者による研究や関係者のオーラル・ヒストリーなども衆目を集めている。

　本節では，如上のアプローチが共存する国会研究について，その研究史を整

第3章 国　会

理することで，国会がどのような意義づけをされてきたのか，探りたい。

（1）国会無能論

　政治学的アプローチによる国会研究として，第一に挙げられるのが国会無能論と位置づけられる研究である。国会無能論は，自由民主党の一党優位体制や官僚制優位に基づき形成されてきた。実質的政策決定の重心を自民党＝中央官庁と捉え，国会機能の低下や国会審議の形骸化を指摘する。その結果，「何もしない無能な国会」という評価を導き出すのである。

　H・H・Baerwald の研究は，国会無能論の典型である。Baerwald（1974）によると，国会は官僚が立案した法案を形式的に承認するに過ぎない。つまり，国会は立法過程の最終段階において，可決成立させるだけであり，そこに大きな影響は与えていない，というのである。このような国会観から，国会無能論はラバースタンプ説と称されることもある。

　国会無能論が跋扈した背景は，いかなるものであったのか。たとえば国会無能論は，アメリカと比べ日本の議員立法の割合が非常に小さいことに着目する。しかし，そもそも大統領制をしくアメリカでは，日本の閣法に当たるものは存在せず，全てが議員立法となる。三権分立が厳格であるアメリカにおいて，行政権を司る大統領に法案提出権は与えられていない。他方，日本の議院内閣制においては，国会の信任に基づき権力を集中させた内閣の政策等を選挙で問うことにより，民主主義が実現される。したがって，アメリカとは異なり，国会の立法過程における役割が受動的になることは，制度的帰結に過ぎない。アメリカ政治学に多大な影響を受けてきた日本の政治学界は，このような日米の制度的差異を看過しがちであったのである。

（2）国会機能論

　国会機能論は，国会無能論に真っ向から対立するものである。その代表例としては，Mochizuki の研究を第一に挙げねばならない。Mochizuki（1982）は，ヴィスコシティという概念を用いて国会を検討した。立法過程における国会の役割について，法案の否決や修正という面ばかりでなく，法案の成立に至るま

でどの程度抵抗したか，という点を考察対象としたのである。ヴィスコシティが粘着性と訳されることを踏まえれば，Mochizuki の着眼点のイメージを描きやすいであろう。Mochizuki は，国会の会期の短さ，両院制，委員会制度といった制度的条件に加え，国会内部での全会一致ルールなどの慣習や先例も踏まえ，国会では野党が強い影響力を有することに言及した。国会のヴィスコシティが高いことから，国会無能論を批判し，国会の政策変換能力の高さを主張するのである。Mochizuki の研究成果は，その後の国会研究に大きな影響を与えた。たとえば岩井（1988）は，Mochizuki の理論を詳細に紹介している。

　また，Krauss（1984）は，国会の妥協のあり方が院外のインフォーマルなものから，院内のより公開的な制度化されたフォーマルなものになったことを指摘した。各委員会のメンバーは単なる党の代理人ではなく，より広範な裁量と自律性が与えられている。その交渉結果は各党で尊重され，政府・与党による国会統制が困難になり，国会の自律性と「変換力」が増したことを析出した。

　Mochizuki や Krauss のように，国会の議事手続きや慣行に着目した研究のほか，与党を分析対象とする研究も登場した。たとえば佐藤・松崎（1986）は，国会では与野党間の対決よりも合意によって成立する法案が多い実態を詳述した。猪口・岩井（1987）は，族議員の台頭による政・官・財の相互依存からなる下位政府の分立に近い現象を明らかにした。岩井はまた，曽根泰教とともに，議会内研究のみでなく，政治過程という広い文脈で国会を位置づけることの必要性を指摘している（曽根・岩井 1988）。

　国会機能論に位置づけられる諸研究は，Mochizuki のほか，Polsby（1975）による比較議会論の影響も受けている。国会は政策決定のイニシアチブをとる変換型議会ではなく，次回選挙のために政党が競争するアリーナ型議会に分類されたのである。Polsby の研究成果は，国会の機能が決して小さなものではないことの理論的バックボーンの1つとなったのである。

　次項で述べるように，Mochizuki に代表されるヴィスコシティに着目した国会機能論は，近年の研究により批判されている。とはいえ，停滞しがちであった国会研究に日の目を当てた点は，積極的に評価されるべきであろう。

（3）第3のアプローチ

　待鳥聡史は国会研究について，1980年代の日本型多元主義論の台頭期に，政官関係における政党優位を補完的に支持する役割を担った後，90年代半ばまでは停滞期であったと述べる。こうした状況は近年大きく変化し，日本政治学において国会研究は独自の地歩を築きつつあると指摘した（待鳥2004）。かかる言及は，福元健太郎や増山幹高の研究があってのものである。「国会の立法過程をミクロ・レベルにおいて個々の法案の審議データに即して分析する研究」（川人2005：6）と位置づけられる両者について，詳述していこう。

　福元（2000）は，国会における与野党の対立構造とその変遷について，分析を加えた。福元自身，国会無能論や国会有能論などの先行研究と比べ，国会における与野党対立に着目したこと，積極的な国会像の提供を試みたことを，自らの研究の特徴であると述べる。福元は一連の考察を踏まえ，国会を野党の影響力行使の余地が残された討議アリーナと位置づけたのである。

　福元（2007）はさらに，「制度は過程に影響するが，制度設計者が意図した通りとは限らない」ことを，日本の立法政治を題材にして実証することを目的とし，政府法案提出手続，両院制，定足数を検討対象とした研究を発表した。内閣は重要法案の廃案を避けるため，法案数削減を意図したものの，各省庁が重要でない法案や期限に違反した法案の提出を止めさせる政治力はなかったとする。福元は，上院が下院よりもシニアな議員を擁すること，慎重かつ充実した高い水準の法案審議を示すことを両院制の根拠とし，国会の実態は制度の意図する過程ではなかったと結論づけた。

　増山（2003）は，従来の国会無能論や国会機能論を「観察主義」と称して批判した。増山の言う「観察主義」とは，閣法の不成立や法案審議における与野党対立といった，研究者の観点から観察可能な限られた事象のみに着目し，それらの「見える形」における国会の活動から，政府の立法能力や法案の重要性を推測する手法を意味する。

　増山による「観察主義」批判を掘り下げてみよう。増山は，「何もしない無能な国会」という国会観について，「むしろ望ましい状態」と述べる。つまり，「議院内閣制における国会の機能とは，内閣の依拠する与党の政策目標を実現

するような法案を行政省庁に立案させ，そうした法案を効率的に成立させることにあり，その前提として与党に法案の生殺与奪を握る制度的権限を付与することにある」(増山 2003：19) からである。他方で増山は，ヴィスコシティに着目する国会有能論に関して，「見える形」における論争的な法案分析が多いと指摘する。その上で，野党が制度的な権力集中を部分的に緩和できるに過ぎないこと，立法の時間的制約が必ずしも与党にとって足かせとはいえないこと，時間的制約はまた与党の政策目標に沿わない法案を排除し，より与党の目標に沿った法案を厳選するように作用することを主張するのである。

　こうした問題意識を持つ増山は，「時間的事象を統計的に処理する手法として開発・応用の進められてきている」(増山 2003：23) という「生存分析」を駆使するなど，国会における立法過程の体系的理解を試みるとともに，国会に関する制度面，手続き面の再検討などを通じて，国会の制度的構造の再解釈を行った。増山によると，国会の制度や規則は，多数主義的な議事運営を保証しており，実際に観察される議事運営は，こうした制度構造を前提とした結果である。増山はさらに，会期制による時間的制限の構造化が，議事運営権を掌握する与党の政策選好を行政省庁の法案作成に戦略的に反映させうることを析出した。このように，国会を議院内閣制において多数を占める与党が影響力を行使する政治制度と捉え直し，野党が強い影響力を行使するという国会像を批判したのである。

　福元と増山は，『レヴァイアサン』30号において，論争を繰り広げた。待鳥 (2004) は，両者の国会観の違いを次のように説明する。すなわち，福元の国会観は，国会において野党が与党および内閣と議論を積み重ねることで，次回選挙の勝利をめざすという，「討議アリーナ」ととらえるものである。他方，制度的に多数派支配が想定され，多数派である与党が円滑に活動するという「多数主義」に基づく国会観をもつのが，増山である。誌上論争を展開する関係は，学界においては当然のことながら健全なものであり，国会研究は，両者により格段の深化を遂げたといえよう。

　福元，増山の研究に稿を割いてきたが，川人貞史の研究にも触れずして，近年の国会研究を語ることはできない。川人 (2005) は，自身の研究の特徴とし

て「国会運営と立法活動のあり方の形成と変化を制度変化と行動変化の間の相互作用に注目しながら，理論的・実証的に解明することをめざす点」(川人 2005：7) を挙げた。具体的には，単純化した空間モデルから，「議院内閣制においては，内閣および首相は，国会中心主義的議事運営によってもたらされる手続的帰結を基本的に好まない」，「議院内閣制においては，内閣および首相は，議員提出法案が可決成立することによってもたらされる政策的帰結を，内閣提出法案の成立によってもたらされる政策的帰結より，基本的に好まない」という2つの命題を導き出し，詳細なデータ分析を行ったのである。

川人が結論づけた国会とは，「内閣と緊張関係にあって，独自に立法権を行使する存在では」なく，「多数決議決機関として，内閣を支持する与党の賛成によって，内閣の政策選好に合致する法案を可決成立させる」というものである。川人の国会観は増山のそれと近似しており，「内閣が統治し，国会の与党がそれを支持する」(川人 2005：253) というイメージを提供している。

以上，福元や増山，川人の代表的な研究を紹介してきた。これらの成果により国会研究は，政治学におけるメインストリームの1つとしてとらえられるようになったのである。

(4) 憲法学的研究

先述のように大石眞は，憲法学的研究について，議会の立法過程を念頭に置く立法過程論や立法学と，議会の組織や権限などを比較法史的に検討しつつ，議会制度の憲法的規範の解明をめざす議会制度論の2つに大別した。前者の代表例として小林 (1984)，新 (1988)，後者の代表例として美濃部 (1930)，原田 (1997)，大山 (1997) が挙げられている (大石 2001：3-4)。

大山は，国会における立法過程を諸外国と比較し，その特色を「事前審査の極端な精緻化と事前審査への官僚の直接参加の2点に集約」(大山 2003：227) した。事前審査制が国会審議の空洞化を生み，本会議が形骸化する主要因になっているとの主張である。そこで大山は，事前審査制の廃止を訴える。その結果，国会審議の場での法案修正など，公開性が向上するというのである。大山はまた，日本の選挙制度，政官関係の特質や首相のリーダーシップの適度な強

化の困難さなどを踏まえ，近年の国会改革論議が志向するウェストミンスターモデルが必ずしも問題の解決にならないことを指摘する。したがって，「ウェストミンスターモデルではなく欧州大陸型モデルの基本構造を維持しながら，国会改革の具体策を検討することが」（大山 2003：245-6）現実的であると結論づけた。

（5）実務家による，あるいはそれを対象とする研究

これまで紹介した研究のほか，豊富な実務経験を元にした研究成果も看過できない。国会研究には，高度な専門知識が求められるからである。こうしたなかで，参議院法制局での実務経験を有する者による研究成果が刮目に値する。浅野（2000）や大島（2013）は，理論のみでなく豊富な実務経験に裏打ちされた研究であり，国会研究者はもちろん，広く政治学や憲法学を学ぶ者にとっても有益といえる。川崎政司は，参議院像の形成の必要性を示し，また「唯一の立法機関」という憲法上の位置づけに対する新たな見解を提示するなど，意欲的な研究成果を発表している。

赤坂幸一らによるオーラル・ヒストリーは，国会研究の貴重な財産である。代表的なものを挙げれば，衆議院事務局に務めた今野彧男や近藤誠治，衆議院事務総長を務めた谷福丸のオーラル・ヒストリーである。これらには，衆議院事務局における法規・先例の研究史，議会運営における議会官僚の実相などが描き出されている。一連の成果は，高度な専門知識が求められる国会研究者はもとより，実務家やメディア関係者にとって，この上なく貴重な情報を提供している。さらに，衆議院事務総長を務めた鈴木隆夫，先述の今野彧男の著作も，国会研究に裨益するところ大である。

今後も，多様な研究資源が公刊されていくことにより，国会研究の新たな展開が期待されよう。

3　参議院をめぐる歴史と研究

前節において，国会研究の整理を行った。今世紀に入り，国会研究が活況を

呈してきたことを窺い知ることができよう。こうした状況において、「ねじれ」現象が生じたことにより、近年はその関心がとりわけ両院制や参議院に向けられている。もちろん、こうした関心は研究者に留まらず、現実政治の世界にも当てはまる。

これまで参議院は、独自性を発揮すれば邪魔者扱いされ、発揮しなければ無用扱いされてきた。そして、参議院の改革論がさまざまに展開され、検討が重ねられた。そこで、参議院の歴史について改革論を中心に繙き、これまでの研究動向を紹介したい。

（1）参議院改革論の歴史

先述のように、そもそもマッカーサー草案は、一院制を想定していた。しかし松本烝治らは、共産主義勢力などによる急激な政体の変化防止や象徴天皇制堅持を重要視し、両院制によるチェック機能を訴えた。GHQは民選であることを条件にこれを了承し、衆参両院による国会が日本国憲法に定められたのである。両院制の採用自体に重きがおかれたため、参議院そのものの役割に関しては、充分な検討が加えられたとはいえず、憲法にも参議院独自の機能は盛り込まれなかった。

最初期の参議院は、山本勇造（有三）らを中心とする、「中正公明な団体」を標榜した緑風会が是々非々主義をとっていたため、存在意義を発揮してきたとされる。ところが、「選挙での落選者と任期満了による引退者が多かったこと」、「再選あるいは議員としての威信や影響力の拡大を考慮した」（待鳥 2000：142）移籍者が多かったことを受け、緑風会は停滞し、消滅していった。その後、岸信介や佐藤栄作などによって、参議院は派閥化が加速し、政権そのものに取り込まれていく。もっとも、松野鶴平や重宗雄三が参議院議長であった時代は、自民党が参議院で過半数を獲得しており、時の首相は参議院からの入閣者の推薦権を認めることにより、法案審議への協力を取り付けていた。

参議院のこうした位置づけは、重宗の後任として河野謙三が参議院議長に就任して以降、変容することとなる。河野は、社会党をはじめとする野党からの支持をとりつけて議長に就任し、直後に自民党を離党すると、参議院での強行

採決を認めない姿勢を示し，参議院改革を志向した。かくして参議院の改革論は，河野謙三参議院議長時代より連綿と検討されていった[2]。たとえば，参議院に解散がなく衆議院よりも任期が長い点を踏まえ，国際問題や少子高齢社会などの中長期的な政策課題を議論するための調査会が設けられた。予算について衆議院が優越するのに対し，決算については参議院に充実した機能を付与するような改革論も生まれた。

1977 年には，「参議院の組織及び運営の改革に関する協議会（参議院改革協議会）」が設置された。1980 年代以降の参議院改革は，調査会の設置に代表されるように，国会法の改正として実現されていった。また，議員立法の活性化や議会の政策評価機能導入といった動きもみられた。

なお，自民党は特定の参議院議長が長期にわたって権力を握り，法案審議に強大な影響力を保持することを防止するため，1977 年 7 月の参議院議長選挙に際して，議長の任期を一期三年に限る方針を打ち出した。これは，「強い参議院」の存在を示唆するもので，1998 年の斎藤十朗再任まで維持されることとなった。参議院自民党の幹部が議長ポストを調整できるようになり，必然的に参議院における法案審議は安定化した。カーボンコピーという参議院の評価が自明化した所以である。

リクルート事件や消費税導入などの影響もあり，1989 年の参議院選挙で自民党が敗北すると，国会では「ねじれ」現象が生じることとなった。法案成立に，参議院の過半数を占める野党の協力が不可欠となったのである。時の首相は，年金制度や消費税，湾岸危機への対応など，法案の内容の一部見直しを迫られた。さらに，1992 年の金丸信の違法献金問題に端を発する経世会（竹下派）の分裂，55 年体制が崩壊し細川護熙内閣の下での政治改革関連法案否決などを通じて，与党内における参議院議員の影響力は徐々に高まっていった（竹中 2010）。

1995 年 8 月に斎藤十朗が参議院議長に就任すると，議長の諮問機関として

---

(2) 竹中は，「河野議長の誕生は，参議院自民党の影響力低下への転換点でしかなかった」（竹中 2010：133）と述べている。

「参議院制度改革検討会」が新設されるなど，参議院改革の動きは再び活発となる。1996年12月，同検討会は，委員会審査及び調査の充実，決算審査の充実，議員立法の充実など，5項目の答申からなる報告書を提出した。

2000年には，堀江湛を座長とする，参議院の将来像を考える有識者懇談会が，「参議院の将来像に関する意見書」を斎藤十朗参議院議長に提出した。本意見書は，参議院の存在意義と役割を，多様な民意の反映，衆議院に対する抑制と均衡，長期的展望に立った議論に求める。本意見書における参議院改革の考え方は，「良識の府」や「再考の府」という機能，政党よりも個人の活動重視，在るべき姿の追求を原則としており，憲法改正にも言及する踏み込んだ内容であった。

2005年，小泉純一郎首相にとっての最重要法案であった郵政民営化関連法案が，参議院で否決された。小泉が衆議院を解散すると，同年9月の総選挙は「郵政選挙」と称された。自民党の圧勝は，郵政民営化法案の世論の支持獲得と同義とされ，第163回国会において同法案は可決された。与党党首である首相の最重要法案を参議院が否決したことは，参議院の強さを喧伝し，参議院の否決をもって衆議院を解散するという小泉の異例の対応を経ての法案可決は，参議院の存在意義を再考する機会になったといえる。

以降も，2007年7月の参議院選挙後，2010年7月の参議院選挙後，2012年12月の衆議院総選挙後に，それぞれ「ねじれ」現象が生まれた。参議院のあり方については，現在も参議院改革協議会などで議論されている。参議院を，さらには日本の両院制をどのようにとらえるかは，現実政治における喫緊の課題なのである。

（2）参議院研究の動向

かつての国会研究が，国会無能論と国会有能論の2つに大別できたように，参議院研究にも同様の特徴がみられる。それは，強い参議院論とカーボンコピー論である。

強い参議院論は，「ねじれ」国会などに着目し，立法過程における参議院の影響力行使を強調するものである。既述のように，日本国憲法では，首相の指

名などに衆議院の優越を認め，法案審議においても3分の2の多数により衆議院の再議決を認めている。しかし，そのほかの点において衆議院と参議院は同等の権限を有する。3分の2の再議決という点も，現実的には非常に困難な条件である。たとえば只野（2006）は，強い参議院を前提としたうえで，その積極的存在理由を一院制では十分に汲み取れない民意による調整や妥協に見出した。

カーボンコピー論は，端的にいえば，参議院は衆議院で採決された法案をそのまま採決しているばかりで，独自の影響力を有していない，というものである。国会無能論がそうであったように，ラバースタンプ説と呼ばれることもある。近年では，参議院の強さを認めつつも，その独自性のなさを根拠に，参議院の役割を再考するカーボンコピー論が多く展開されている。たとえば大山（2005）は，自民党の事前審査制のもとでかけられた党議拘束が参議院も規制するため，参議院が衆議院のカーボンコピーであったことを指摘する。換言すれば，「強い参議院からの異論をあらかじめ封じるための手段」（大山 2005：16）が講じられていたわけであった。ところが1989年以降，自民党が参議院で過半数を確保できなくなったことを受け，逆説的に参議院の強さが顕著になっていったという。

国会研究で紹介した福元健太郎も，参議院に対して言及している。福元（2007）は，議員構成や法案審議が衆議院と異なることを参議院の存在意義ととらえ，学識経験に富む議員による慎重かつ充実した議論が参議院に期待される，という前提に立つ。したがって，たとえば衆議院議員より参議院議員の方が高学歴であることが望ましいものの，大卒割合で比較すると逆の結果が導き出される。また，参議院には衆議院と異なる角度からの法案審議，抑制や均衡といった役割を果たしているとはいえないとする。その結果，参議院の存在意義や期待される役割はいずれも形骸化しており，参議院ひいては両院制そのものを不必要であると論じた。

以上の2つの立場に加え，近年ではいずれにも該当されない新たな参議院研究が活発になってきた。竹中（2010）は従来の研究の問題点を，以下の4点に集約した。すなわち，①「特定の期間に着目し観察した結果として，結論を導

き出していることが多いこと」，②「強い参議院論とカーボンコピー論で参議院の法案審議過程に対する評価が異なるということ」，③「強い参議院論とカーボンコピー論で参議院の影響力に対する考え方が異なること」，④「内閣が参議院においてどのように法案を支持する多数派を形成するかが十二分に分析されていないこと」（竹中 2010：9-13）である。

　こうした問題意識をもつ竹中は，参議院が政治過程において果たしてきた役割を詳らかにした。竹中は参議院の役割を，法案審議過程に留まらず政権の構成や内閣が法案を準備する過程にまで大きな影響力を及ぼすことと結論づけたのである。竹中は両院制の存在理由を，相互に抑制・均衡させ，国会による立法を慎重なものにすることの保障，民意の国政への多角的な反映に求める。その上で，次のような参議院改革論を提唱する。憲法改正を要するものとして，再可決要件の3分の2を維持しつつ，みなし否決の61日から30日への短縮を指摘した。また，法律改正を要するものとして，参議院における妥協が成立しやすくするため，比例代表制の全廃，地域ブロック制を導入した大選挙区制への移行にも言及する。さらに慣行によるものとして，参議院の調査会が的を絞ったテーマを選定し，立法活動につながるような形で活動することを挙げる。

　国会研究で取り上げた増山幹高も，参議院に言及している。増山（2008）は両院制の採用理由を，二重入力の照合確認のように，国家における重要な意思決定に正確を期すためとした。かかる前提に立脚すれば，カーボンコピー論の誤りは一目瞭然である。第二院の存在理由とは，第一院と異なる行動・決定をすることではなく，ましてや第一院と異なる組織・構成であるということは前提ですらなくなるからである。そのうえで増山は，参議院による結果責任を伴う不信任投票の制度化を提唱する。これは，参議院の権限強化にみえるが，実際には参議院議員が内閣に対して責任のある行動をとらせる制度的制約となりうる。参議院を合理化することで，立法の責任所在を内閣に完全に帰すことが可能となれば，有権者はより政権選択の機会として選挙を意識し，時間的に制約されなくなった国会は与野党の態度表明の場として活性化するであろうと，結論づけた。

　加藤（2008）は，憲法第59条に関して，政治学的にいえば3分の2の確保

は極めて困難で再議決は不可能に近いことを前提とし，参議院改革に関して，次のような方向性を示した。1点目は，衆議院の優越を明確にし，参議院はバジョットがイギリス上院に期待したような役割を担う存在とする，というものである。参議院に，再考の機会を確保し，審議の慎重を期すのである。2点目は，参議院の討論のなかでしかるべき修正が可能となるよう両院制を改革する，というものである。換言すれば，「遅らせる議院」と「修正の議院」にふさわしい参議院への改革となろう。両院制の検討で最も重要なのは，権限や機能の面であると加藤は主張する。その結果，衆議院の再議決のハードルを過半数に下げることで，参議院は「遅らせる議院」として働くようになり，一定の冷却期間をおく議院として存在理由を見出せる，というのである。

「ねじれ」国会における参議院の影響力も分析したものとしては，松浦による精力的な研究成果がある。たとえば松浦（2010b）は，2007年の「ねじれ」発生直後の国会について，閣法の成立率がそれほど低下しなかった背景には，内閣が成立の見通しが不透明な法案の提出を見送ったことなどがあるとし，参議院の影響力を再評価する必要性を訴えた。

有権者の側から両院制を再評価した研究も登場している。今井（2014）は，2013年の参議院選挙における有権者が，多元的な民意の反映という意味において，両院制や参議院に対して肯定的なとらえ方をしていることを析出した。今後，有権者の政治意識という観点から，さらなる研究の深化が望まれよう。

4　国会改革に向けた提言

日本の議会史や国会の状況を顧みた時に，真っ先に指摘すべきは，両院制，参議院の意義や目的が定まっていない点である。参議院に期待されるものは，慎重な法案審議，衆議院への抑制，衆議院とは異なる民意の汲み上げであるといわれることが多い。しかし，公選である参議院議員の政党化は当然であり，参議院への期待は見直される必要がある。したがって，国会改革をめぐっては，両院制や参議院の意義・目的により異なる解が導き出されよう。なお，議会には政府統制機能などの多様な役割が期待されるが，本章ではひとまず，法案審

議に特化した3つの選択肢を提示し，検討したい。

　第1に，現状維持という選択肢である。両院制は慎重な立法過程を重視した結果であり，参議院における法案審議を必要コストととらえる。この場合，衆参同時選挙の実施により「ねじれ」現象を極力回避しようとする内閣の判断が求められる。ただし，内閣支持率が低迷し，敗戦濃厚な参議院選挙を前にした場合，首相が衆議院の解散という「英断」を下せるのか，という懸念がある。

　第2に，参議院の廃止や形骸化により実質的な一院制に改革する，という選択肢である。慎重な立法過程よりもスピーディーなそれが優先される。当然のことながら，国政選挙は衆議院議員総選挙のみとなり，政権選択選挙として国民にも分かりやすいものとなろう。ただし，国際的に第二院改革は遅々として進んでいない現実がある。そもそも，参議院の廃止が謳われる憲法改正案を，参議院議員が認めるのであろうか。一院制改革という選択肢には，実現可能性に課題が残る。

　第3に，両院の役割を分化するという選択肢である。衆議院議員と比べ，参議院議員の任期が6年と長く，解散のないことを踏まえ，立法過程の改革を行う。すなわち，予算や予算関連法案は衆議院のみで扱う，もしくは一定期間後の衆議院の再議決を認める。他方で，中長期的課題については参議院で先議し，参議院で否決の場合は廃案にする，というものである。参議院の機能や選挙の基本原則を明記するように憲法改正が求められるものの，効果や実現可能性に鑑みるに，第1・2の選択肢よりも妥当なものといえよう。

　繰り返すが，ここに挙げた選択肢は，日本における両院制の意義，参議院の目的により，異なったものとなっている。そもそもなぜ国会は両院制を採用するのか，参議院には何を期待するのか，といった点は国民的議論を要するものであり，その結果は日本国憲法に明記されるべきであろう。事実，両院制は先進国の主流とはいうものの，第二院の位置づけは各々異なっている（岡田2014）。

　したがって，憲法改正を射程に入れた国会改革こそが望ましい処方箋である，という提言が，本章の議論の帰結となる。

参考文献

浅野一郎編（2000）『現代の議会制』信山社。
浅野一郎・河野久編著（2008）『新・国会事典［第2版］』有斐閣。
新　正幸（1988）『憲法と立法過程』創文社。
飯尾　潤（2007）『日本の統治構造』中央公論新社。
伊藤光利（1990）「比較議会研究と国会研究」『レヴァイアサン』6号。
猪口　孝・岩井奉信（1987）『「族議員」の研究』日本経済新聞社。
今井亮佑（2014）「二院制における多元的民意の反映」『年報政治学』2014-Ⅰ。
岩井奉信（1988）『立法過程』東京大学出版会。
江田五月（1985）『国会議員』講談社。
大石　眞（1990）『議院法制定史の研究——日本議会法伝統の形成』成文堂。
大石　眞（2001）『議会法』有斐閣。
大石　眞（2010）「議院内閣制と議会の役割——政権交代の試練」『公共政策研究』10号。
大島稔彦（2013）『立法学—理論と実務』第一法規。
大山礼子（1997）『国会学入門』三省堂。
大山礼子（2003）『比較議会政治論』岩波書店。
大山礼子（2005）「参議院の存在意義——地方代表議院としての可能性を考える」『都市問題』96巻5号。
大山礼子（2011）『日本の国会—審議する立法府へ』岩波書店。
岡田信弘編（2014）『二院制の比較研究——英・仏・独・伊と日本の二院制』日本評論社。
奥健太郎（2014）「事前審査制の起点と定着に関する一考察——自民党結党前後の政務調査会」『法学研究』87巻1号。
笠原英彦（2008）「与党事前審査制の功罪と日本政治の変容」堀江湛・加藤秀治郎編『日本の統治システム』慈学社出版。
加藤秀治郎・水戸克典（2009）『議会政治』慈学社出版。
加藤秀治郎（2008）「わが国の議院内閣制と両院制の問題点」堀江湛・加藤秀治郎編『日本の統治システム』慈学社出版。
加藤淳子（2006）「書評 川人貞史著『日本の国会制度と政党政治』」『公共選択の研究』46号。
川人貞史（1992）『日本の政党政治 1890-1937——議会分析と選挙の数量分析』東京大学出版会。
川人貞史・福元健太郎・増山幹高・待鳥聡史（2002）「国会研究の現状と課題：資料解題を中心として」『成蹊法学』55号。
川人貞史（2005）『日本の国会制度と政党政治』東京大学出版会。
川崎政司（2008）「立法と二院制」堀江湛・加藤秀治郎編『日本の統治システム』慈学社出版。
川崎政司（2014）「『唯一の立法機関』の法的な意味・射程——意味することとしない

ことの再考」『法学研究』87巻2号。
久保田哲（2013）「現代日本の立法——日米比較を通じて」『武蔵野学院大学日本総合研究所研究紀要』10輯。
久保田哲（2014）『元老院の研究』慶應義塾大学出版会。
久保田哲（2015）「伊藤博文の『立法』観——『協賛』をめぐる一考察」『年報政治学』2014-Ⅱ。
小林直樹（1984）『立法学研究』三省堂。
近藤誠治著・赤坂幸一・奈良岡聡智編著（2011）『立法過程と議事運営——衆議院事務局の三十五年』信山社。
今野彧男（2010）『国会運営の法理——衆議院事務局の視点から』信山社。
今野彧男著・赤坂幸一・奈良岡聡智編著（2011）『国会運営の裏方たち——衆議院事務局の戦後史』信山社。
斎藤十朗・浅野一郎・堀江湛・本田雅俊（2006）「有識者の語る『あるべき参議院の姿』」『議会政治研究』No. 80。
斎藤十朗・増山幹高（2008）「ねじれ国会，改革の方途を論じる」『議会政治研究』No. 87。
佐藤誠三郎・松崎哲久（1986）『自民党政権』中央公論社。
衆議院・参議院編（1990）『議会制度百年史　議会制度編』。
鈴木隆夫著・今野彧男編（2012）『国会法の理念と運用——鈴木隆夫論文集』信山社。
曽根泰教・岩井奉教（1988）「政策過程における議会の役割」『年報政治学』Vol. 38。
高見勝利（2008）『現代日本の議会政と憲法』岩波書店。
瀧井一博（1999）『ドイツ国家学と明治国制——シュタイン国家学の軌跡』ミネルヴァ書房。
竹中治堅（2010）『参議院とは何か』中央公論新社。
只野雅人（2006）「単一国家の二院制——参議院の存在意義をめぐって」『ジュリスト』No. 1311。
只野雅人（2010）「参議院の機能と両院制のあり方」『ジュリスト』No. 1395。
谷福丸著・赤坂幸一・中澤俊輔・牧原出編著（2012）『議会政治と55年体制——衆議院事務総長の回想』信山社。
奈良岡聡智（2011）「消費税導入をめぐる立法過程の検討——『平野日記』を手がかりに」『レヴァイアサン』48号。
成田憲彦（2013）「参議院の位置づけ——何のために存在するのか」『都市問題』104巻5号。
原田一明（1997）『議会制度——議会法学入門』信山社。
原田一明（2009）「『ねじれ国会』と両院関係」『横浜国際経済法学』17巻3号。
福元健太郎（2000）『日本の国会政治——全政府立法の分析』東京大学出版会。
福元健太郎（2004）「国会は『多数主義』か『討議アリーナ』か？」『レヴァイアサン』35号。

福元健太郎（2006）「参議院に存在意義はあるか──『強くなった』『良識の府』という虚像」『中央公論』121 巻 12 号。
福元健太郎（2007）『立法の制度と過程』木鐸社。
待鳥聡史（2000）「緑風会の消滅過程」水口憲人・北原鉄也・久米郁男編著『変化をどう説明するか──政治篇』木鐸社。
待鳥聡史（2001）「国会研究の新展開」『レヴァイアサン』28 号。
待鳥聡史（2004）「議会研究と国会研究の間で」『レヴァイアサン』35 号。
増山幹高（2003）『議会制度と日本政治──議事運営の計量政治学』木鐸社。
増山幹高（2004）「立法における時間と影響力」『レヴァイアサン』35 号。
増山幹高（2008）「日本における二院制の意義と機能」『慶應の政治学 日本政治』慶應義塾大学出版会。
増山幹高（2010）「国会審議からみた国会法改正──いかに議会制度は選択されるのか？」『公共政策研究』9 号。
松浦淳介（2010a）「2007 年『衆参ねじれ』における政府の立法戦略」『Keio SFC Journal』Vol. 10, No. 1。
松浦淳介（2010b）「立法過程における参議院再論──2007 年『衆参ねじれ』発生前後における内閣の立法行動比較」『法政論叢』47 巻 1 号。
松浦淳介（2012）「分裂議会に対する立法推進者の予測的対応──参議院の黙示的影響力に関する分析」『法学政治学論究』92 号。
三谷 博（1997）『明治維新とナショナリズム──幕末の外交と政治変動』山川出版社。
水戸克典（2008）「国会と政策形成過程」堀江湛・加藤秀治郎編『日本の統治システム』慈学社出版。
美濃部達吉（1930）『議会制度論』日本評論社。
三宅一郎・山口定・村松岐夫・進藤栄一（1985）『日本政治の座標』有斐閣。
Baerwald, Hans (1974) *Japan's Parliament : An Introduction.* London : Cambridge University Press.
Krauss, Ellis (1984) "Conflict in the Diet : Toward Conflict Management in Parliamentary Politics", *Conflict in Japan.*
Mochizuki, Mike (1982) *Managing and Influencing the Japanese Legislative Process : The Role of the Parties and the National Diet,* Ph. D. Dissertation. Harvard University.
Polsby, Nelson W (1975) "Legislatures", in F. I. Greenstein and N. W. Polsby. Eds. *Handbook of Political Science Vol 5,* Addison Wesley.

第4章

内　閣

――首相の指導力と政治の大統領制化――

西岡　晋

1　「弱い」首相から「強い」首相への変化

　議院内閣制のもとでは，国会によって選ばれた内閣総理大臣（首相）と国務大臣とによって構成される政治家集団としての執政府であるところの内閣が，官僚組織を有する行政府を統制する形で「政官関係」が形成される。政策の大きな転換や省庁間にまたがる対立は内閣の場で首相の指導力によって解決されることが期待されている。しかしながら，日本の議院内閣制では首相や各大臣の指導力が弱く，「政」による「官」の統制が十全に行われていないとの指摘がなされてきた（武藤 2007：134）。

　「総理大臣が指導力を発揮せず，迅速な意思決定をしていないという見解はほぼ共通しているようである」と，行政学の標準的なテキストにも記されているように，日本の首相のリーダーシップの「弱さ」はほぼ定説になっている（真渕 2009：75）。これまでも，日本政治の際立った特徴の1つとして首相権力の脆弱性があげられ，海外の研究者からは「行方不明のリーダー」であるとか，「頂上のないピラミッド」などと評されてきた（ナイブレイド 2011：245）。歴代首相のリーダーシップの分析を行ったケンジ・ハヤオによる「日本の首相は，その他の大部分の国の基準からいって，弱く受動的なリーダーとみなされる」との評価はその代表的なものである（Hayao 1993：202）。

　しかしながら，1990年代以降，日本の政治・経済・社会的環境が大きく変化するなかで，変革期にふさわしい「強い首相」への期待がかつてないほどに高まり，橋本政権のもと，中央省庁再編とともに内閣主導体制の確立に向けた制度改革が実施された。橋本行革によって首相の指導力が制度上，強化された

のは疑い得ない。官邸・内閣主導型の政策決定を行える環境が整えられ，実際，小泉純一郎はそうした制度的権力資源を活用して，郵政民営化などの構造改革を断行することができた。第二・三次安倍政権も，過去の自民党政権であれば思うように進めることが難しかったであろう，集団的自衛権をめぐる政府の憲法解釈の変更やいわゆる安全保障関連法の制定などに象徴される，大きな政策転換を実行している。

　本章では，このような「弱い首相」から「強い首相」への変化を政治の「大統領制化（presidentialization）」としてとらえたうえで，つづく諸節では首相の指導力の強化の傾向を明らかにするとともに，最後にそれにともなう統治システム上の課題を若干論じる。[1]

2　議院内閣制と「政治の大統領制化」

　公共目的を追求する集合的営為として定義し得る行政は政府の存在があってはじめて可能となるが，公共目的の達成にあたっては個々の利害関係を超えた共同性が不可欠となる。多様な利害関心をまとめあげ，公共目的の達成が可能になるのは，社会において普遍的権威をもった政府が存在しているためである。政府がこのような機能を果たすためには，行政機構が統一性の原則によって組織化されていなければならない。その統一性の達成に際し，大統領制では大統領の一身において統一性が体現されるのに対して，議院内閣制では内閣の連帯性によって達成される。そのような点で，統治構造の組織編成原理が大統領制と議院内閣制とでは根本的に異なっている（片岡 1982：16-18）。

　ところが，イギリスのブレア首相や日本の小泉首相のように，議院内閣制の

---

[1]　首相の指導力を論じるにあたり，「首相の専権事項」であり「伝家の宝刀」とも称される衆議院の解散権とその行使のあり方は重要な分析対象であるが，本章では目配りすることができなかった。さしあたり，渡部（2013）の論考を参照されたい。また，過去との比較において大統領制化を論じることから，主として自民党政権下の首相の指導力を論じており，民主党政権下のそれについては十分な考察を加えていない。

執政長官（首相）でありながら，あたかも大統領制の執政長官（大統領）のごとく強力なリーダーシップを発揮する例が近年目立つ。こうした議院内閣制や首相職の変化を「政治の大統領制化」としてとらえる新しい議論が比較政治学を中心に広まっている[(2)]。関連する論考は数多く存在するが，最も代表的な成果として知られるのが，ドイツの政治学者ポグントケ（Thomas Poguntke）とイギリスの政治学者ウェブ（Paul Webb）の両人によって編まれた『民主政治はなぜ「大統領制化」するのか（*The Presidentialization of Politics*）』である（Poguntke and Webb 2005［2014］）。

ポグントケとウェブは議院内閣制と大統領制を比較したうえで，後者が「執政府のリーダーに対して，かなりの量の執政権力資源を提供すると同時に議会政党からの相当程度の自律性ももたらしている」とその特徴を指摘している。そして，大統領制が作動する際の「固有の論理」として3つの点を挙げている（Poguntke and Webb 2005：4-5［2014：6-7］〔強調は原文〕）。第1に「リーダーシップの権力資源」であり，政府の長は他に優越する執政権力資源をもつ。大統領は国民によって選出されることで正統性が与えられるために議会に対して責任を負わずに，執政部を外部からの干渉をあまり受けずに統治できる。第2に「リーダーシップの自律性」であり，執政長官は在任期間中の自党からの圧力から保護される自律性を有しており，その指導力は選挙時における有権者への強力なアピール効果をもつ。第3に「選挙過程の個人化」であり，選挙過程のあらゆる側面が最高位の公選職，筆頭候補者の人格によって規定される。大統領制化とは執政府，政党，選挙の3つの側面において，党首としての首相の権力資源と自律性の増大，リーダーシップの重要化，ひいては選挙過程での党首の個人的要素への注目の高まりが，実質的に生じることである。すなわち，こうした「三側面の変化が，憲法構造に直接的に由来するもの以外の要因によって増幅される過程」が議院内閣制の大統領制化を意味する（Poguntke and Webb 2005：5［2014：7］）。

---

(2) なお，大統領制化論に対する批判としては Dowding 2013，待鳥 2012 などを参照。

大統領制化は近年の民主主義諸国におけるある程度共通の傾向としてとらえられるが、それでは、なぜ大統領制化が進んできたのだろうか。ポグントケとウェブはリーダーの人格や政治的状況といった偶発的要因もさることながら、それ以上に構造的要因が重要であることを指摘している (Poguntke and Webb 2005 : 13-17 [2014 : 18-24])。第1には「政治の国際化」であり、グローバル化の進展、国際的テロとの戦い、地球環境問題への対処など、今日では国家が単独では成し得ず国際協調を必要とする課題に満ち溢れており、国家間交渉やその取り組みにおいて政府の長のリーダーシップは否が応にも高まる。第2には「国家の肥大化」であり、一方でエージェンシー化や分権化などの国家の執政部からの権限移譲がみられるものの、他方で断片化された国家を調整・統治し、大胆な改革を可能にするための執政中枢への集権化が行われてきた。第3には「マスコミュニケーション構造の変化」であり、テレビメディアの発展は政策よりも政治家の人格に焦点を当てその大衆化を促進しながら政治報道の質的変化をもたらし、政治リーダーの側もメディアの視覚的・象徴的効果を狙った戦略を駆使するようになってきている。第4には「伝統的な社会的亀裂政治の衰退」であり、階級や民族、宗教といった明確な社会的亀裂に基づく政治的競合は近年では衰退し、政治的イデオロギーが有権者を引き付けることはもはやなくなってしまった。政治的リーダーの人格的資質がイデオロギーに代わる新たな政治的動員資源となり、そのためにリーダー中心の政治が展開されることになる。

　ポグントケとウェブの大統領制化論は執政府、政党、選挙の3つの側面の変化に着目しているが、それら三側面は、第1に行政府と首相の関係、第2に政党と党首の関係、そして第3に選挙を通じた社会と政治的リーダーの関係がそれぞれ映し出されたものである。言い換えれば、議院内閣制の首相は「行政府のなかの首相」、「政党のなかの党首」、「社会のなかの政治指導者」という3つの顔をもつ (cf. Weller 2014)。本章では執政府内および政党内での政治的リーダーの自律性の増大に焦点をあてるとともに、選挙の側面に関しては、選挙過程そのものではなく、社会と政治的リーダーとの接点を形成し両者の関係を規定する大きな要素であるメディアの役割に焦点をあて、とくに首相によるメデ

ィア戦略を俎上に乗せる。

　第1の執政府の面では権限の制約が強く「弱い首相」であった日本の首相が，2001年の中央省庁再編時の内閣機能の強化によって権力資源が増大し「強い首相」になったこと，第2の政党との関係では，中選挙区制時代の自民党では派閥政治が横行して党首や党執行部による上からの統制が効きにくい状況にあったのが，1996年の小選挙区制の導入以後は徐々に派閥の力が弱体化する一方で党執行部の権力が強まってきていること，そして第3の社会のなかの政治指導者という面では，テレビの政治報道の大衆化と視覚化，世論調査の技術的進化といったメディアの発達が政治家の行動原理を変え，政治指導者の個人的魅力の多寡が政権の帰趨を規定する政治の「人格化」をもたらしたことを論じる。前二者が主として制度によって首相の権力が規定される側面をとらえているのに対して，最後の点は首相が政治アクターとして戦略を駆使してメディアを味方につけることによって自らの権力増大を図ることに着目している。要するに，制度面での首相の権限と政治戦略面での首相の力量の双方を含め「政治の大統領制化」という観点から分析を行う。[3]

3　議院内閣制下の「弱い首相」

(1) 執政府のなかの首相——戦後の内閣制度

　戦前の大日本帝国憲法下の内閣官制では内閣総理大臣は「同輩中の首席」にすぎない地位として位置づけられ，権限は著しく制約されていた。閣内の統一を乱す大臣がいたとしても，その罷免権すらも与えられていなかったのである（西尾 2001：98-100）。これに対して，1947年に施行された日本国憲法は「強い首相」を中心とする議院内閣制を想定しており，条文上では日本の首相にも強い権力が与えられている。憲法第65条で「行政権は，内閣に属する」と規定されているように，議院内閣制は大統領制とは異なり，執政長官の独任制で

---

(3)　これまでの日本での大統領制化論は制度論の観点から議論される傾向があったが，ポグントケとウエブのそれは必ずしも制度論に回収される理論枠組みではなく，むしろ政治の「人格化」に力点が置かれている。

はなく内閣が議会に対して連帯責任をもつ合議制の政治制度である。しかし，内閣は第66条で「その首長たる内閣総理大臣及びその他の国務大臣でこれを組織する」とされ，首相の地位は内閣の首長として明確に規定されている[(4)]。そして，第68条で国務大臣を任命する権限と罷免する権限とが首相に対して与えられ，権力の源泉ともいうべき大臣の人事権が首相に存することが憲法上，明確になっている。憲法上の規定では国務大臣はあくまでも首相の「代理人」なのである。これらの条文上の規定は，日本国憲法下の首相が戦前の「同輩中の首席」にとどまる存在ではなく，「強い首相」を想定していることを雄弁に物語っている（飯尾 2007：26）。

さらに重要なのが憲法第72条であり，「内閣総理大臣は，内閣を代表して議案を国会に提出し，一般国務及び外交関係について国会に報告し，並びに行政各部を指揮監督する」と規定し，これを受けて，内閣法第5条は，「内閣総理大臣は，内閣を代表して内閣提出の法律案，予算その他の議案を国会に提出し，一般国務及び外交関係について国会に報告する」とし，第6条は「内閣総理大臣は，閣議にかけて決定した方針に基いて，行政各部を指揮監督する」と規定している。また同第7条では主任の大臣間の権限疑義の裁定権，同8条では行政各部の処分や命令の中止権を設けている（高安 2009：12）。このような憲法やその他の法律の規定を見る限り，「戦後日本において制度上は，戦前の割拠性と弱い総理大臣は過去のものとなった」との評価も首肯し得るものである（久米 2011：218）。

しかしながら，憲法上の規定にかかわらず，政府の政策決定は省庁官僚制によって事実上統治され，日本の議院内閣制は政治や国会が空洞化している「官僚内閣制」であるとの批判があるように（松下 2009），公式制度における「建前」と現実の「本音」のあいだには乖離があり，首相の強い権限が文字通り発揮されてきたわけでなかった。たとえば内閣の運用においては，戦前の内閣官制を思わせる分散的な権限規定が埋め込まれている。内閣法第3条は「各大臣

---

(4)「首長」という言葉のもつ具体的な意味は，戦前の内閣官制における同輩中の首席としての「内閣の首班」たる地位と，大統領たる地位との中間に位置するものと解釈される（上田 2013：167）。

は，別に法律の定めるところにより，主任の大臣として，行政事務を分担管理する」と，内閣総理大臣と他の国務大臣の区別をすることなく分担管理原則を規定している。字義通りに解釈すれば，首相もまた分担管理大臣としては（旧）総理府の長としての権能しかもたず，その他の省庁への指揮監督権は行使できなくなる。内閣の職務が各大臣に分担される結果，首相には権限がほとんど残っていないということになってしまう。事実，こうした解釈をもとに，首相自らが閣議で議案を発議することは稀であった。強い分担管理原則のもとで，首相が指導力を発揮できる余地はかなり制約されることになったのである（飯尾 2007：28-29）。

　閣議の形骸化は日本の議院内閣制が抱える問題点の1つとして挙げられてきた。定例閣議は毎週火曜日と金曜日に首相官邸で開催されるが，その前日に内閣官房副長官（事務担当），内閣法制次長，それに各省の事務次官などをメンバーとする事務次官等会議が開かれ，そこで全会一致で了解のとれた案件のみが閣議に回される。(5) しかも事務次官等会議の議題にかけられる案件もまた，基本的には事前に各省協議の根回しや内閣法制局審査を経て全省庁が承認したものだけである。閣議上程への合意形成が終了したことを確認する場となっており，事務次官等会議自体が半ば儀礼化，形骸化している（真渕 2009：75）。すでに省庁間で調整済みであり異論のない案件が閣議に諮られることになるので，閣僚から席上で反対の声が上がり喧々諤々の議論が行われる機会は皆無に等しくなる。閣議で閣僚のする仕事といえば，法案や政令に花押という特殊な署名をする程度であり，それはまるで「お習字教室」のようであるとの揶揄すら聞こえてきていた（飯尾 2007：29-31）。このような「官僚内閣制」下にあっては，首相が指導力を発揮するには自ずと限界があった。

---

(5) 一般的な内閣の権限，条約の締結，予算の作成と国会への提出，政令の制定などの個別的な内閣の権限にかかわる閣議案件は原則として事前に事務次官等会議に諮られるが，もっぱら政務に属する案件や天皇の国事行為に関連する案件は直接閣議にかけられる（穴見 1994：24）。なお，事務次官等会議は2009年，政治主導の確立を掲げた民主党政権の発足にともなって廃止されたが，2011年に東日本大震災への対応のため「被災者支援各府省連絡会議」として事実上復活した。現在の自民党政権下では「次官連絡会議」が設置されている。

もっとも自民党長期政権の時代にあっても，大統領的な「強い首相」が絶無であったということではない。長期政権を達成したという点では，1982年から87年にかけて5年間におよぶ政権維持に成功した中曾根康弘首相はその代表である。中曾根自身が「大統領的首相」を目指していたこともあり，執政中枢強化を目的とした内閣機構の制度改革にも着手したことは注目に値する。86年には内閣官房の再編が行われ，首相のリーダーシップを補佐する組織として，局長級を室長とする内政審議室，外政審議室，安全保障室，内閣参事官室，内閣広報官室の五室がおかれた。

　しかしながら，このときの内閣制度の改革はあくまでも部分的なものにとどまった。制度改革は内閣制度自体に及ぶものではなく，内閣の根本的な質的変化がもたらされたわけでもなかった。中曾根時代の組閣のやり方も従来の派閥均衡人事を踏襲しており，自民党の政調会（政務調査会）を単位とした利害調整のメカニズムや派閥政治も健在であった。要するに，「中曾根は，『大統領型首相』を夢見ていたが，決して内閣制度の運用自体に手をつけたわけではなかった」のである（山口2007：160-161）。結果として，執政面での本格的な「大統領制化」を意味する内閣機構の抜本的な再編は1990年代終盤以降の橋本行革を待たねばならなかった。

（2）政党のなかの首相——中選挙区制と派閥政治

　議院内閣制における首相は通常，政権党によって支持され，議会で不信任決議が可決されない（あるいは信任決議が否決されない）限り，その地位を維持することができる。したがって，立法府との関係でいえば首相の政治的権力基盤は少なくとも制度上は比較的盤石であるようにみえる（建林・曽我・待鳥2008）。しかしそのことは，首相の地位がつねに安定し，権力行使が容易な，実質的な意味においても「強い首相」であることを必ずしも意味するわけではない。首相は執政府の長であると同時に政権党の党首でもあり，党内からの支持が失われない限りにおいて，その地位を維持することができる。すなわち，首相の行動や決定は政権党による制約下におかれているのである（高安2009：41-42）。

　日本の首相の指導力を大きく制約する要因となってきたのが自民党内に形成

された派閥である。竹中治堅は首相が自民党の派閥力学によって制約されるために，強い権力を行使することができず，「自民党総裁としての権限や法律によって首相に与えられる権限は重要ではなかった」と指摘している（竹中2006：240）。公式制度である法律などによって首相の権限が規定されていたとしても，それは画餅に過ぎず，むしろ非公式な議員集団であるところの派閥の方が首相にとっては実質的な制約条件となり，その命運を左右してきたことを意味する。

　それでは，なぜ自民党において派閥がそこまでの力を発揮するようになったのだろうか。その謎を解くカギは中選挙区制という選挙制度にある（建林2004）。1993年まで衆議院選挙でとられてきた選挙制度は，一選挙区あたりおおよそ3〜5人を定数とする中選挙区制であり，なおかつ有権者が候補者個人に対して1票のみを投じる制度（単記非移譲式）であった。自民党は議会での多数派を維持するため，1つの選挙区内に複数の立候補を擁立してきた。そのため，たとえば自民党を支持する有権者は同じ自民党に所属する複数の候補者のなかから誰か1人に投票する必要があり，結果として，自民党という政党そのものよりも政治家個人への評価が優先された。同一政党の立候補者同士がライバル関係になり得るために，政党対政党の選挙戦になるのではなく，むしろ候補者，政治家個人が前面に出て，票を得るための熾烈な争いが展開されることになる。

　中選挙区制（単記非移譲式）は比例性において小選挙区制と比例代表制の中間的性格をもつ制度である。定数をMとした場合，$1 \div (M+1)$ を超える相対得票率を得られれば当選するために中小政党にも一定の議席獲得のチャンスを与える。そして，何回か選挙を繰り返すうちに，有権者が戦略的投票を学習する結果，有力な候補者が「M+1」に収斂していくことが知られている（M+1ルール）。各選挙区における与野党間の棲み分けとともに，与党内での派閥間の棲み分けが可能となり，自民党の派閥はM+1ルールのもとで5大派閥（田中・大平・福田・中曾根・三木派）に収斂していった（平野2011：424-425）。

　中選挙区制下では自民党（あるいは保守系）の候補者は同じ自民党の候補者とのあいだで選挙戦を戦うことになるため，自民党本部組織よりも議員の個人後

援会や各派閥の金銭的・物的・人的支援が政治的資源として大きな役割を果たした。派閥内の結束力を高めるための手段,「報酬」としては金銭的な支援がその最たるものだが,次第に閣僚,政務次官,国会の委員長,党内の役職といった人事ポストの配分も「飴」として用いられるようになる。佐藤栄作の長期政権期に派閥の規模に従った閣僚ポストの配分がはじまり,1970年代後半には党内の慣行としてそれが定着する。自民党に所属する議員のキャリアパスがパターン化して,衆議院で6期目になると大多数の自民党議員が何らかの閣僚ポストに就任することが慣わしとなる（信田 2013：48-49）。

　自民党内部での派閥の影響力が強まるにつれ,首相の最大の政治的権力資源であるはずの閣僚任免権も相当程度制約されざるを得なかった。党内の反発を抑え,政権基盤を安定化させるために毎年の内閣改造が慣例化するとともに,閣僚人事も各派閥からの推薦に基づいて行われるようになり,首相が本来の閣僚任命権を発揮する余地はきわめて限定された。各大臣は首相よりも自らを推薦してくれた派閥に忠誠を誓うため,内閣における首相の指導力は弱体化した（信田 2013：50-51）。「数は力なり」を体現した大派閥として成長した1970年代半ばから80年代までの田中派,その後の竹下派が党内支配力を強めた結果,総裁選出にも大きな影響力を及ぼし,総裁・首相は党内の支持基盤を固めるためには大派閥の協力に頼らざるを得ず,その点でも首相の指導力は抑制されたのである（信田 2013：47-48）。

　佐々木毅は憲法に規定された首相や内閣の権限は,自民党が構築してきた政策形成の仕組みによって「見掛け倒し」のものに変質させられてしまったと指摘する。すなわち,「憲法が政治的顕教であるとすれば,自民党の政策作りと党主導体制,それと官僚制のそれへの深い関与は密教とでもいうべきものであった」というのである（佐々木 2009：225）。公式の制度であるところの憲法や法律には書き込まれていない非公式な制度が首相の権力を実質的に弱体化させたものといえ,制度発展論者がいうところの制度の「漂流（drift）」が生じたのである（Hacker 2005）。

（3）社会のなかの首相——中曾根首相のメディア戦略

　首相は執政府の長，政党の党首というだけでなく，国民的リーダーとしての役割も期待されている。首相は国家元首または国民統合の象徴から任命を受け，国際法上国家を代表しあるいはそれに類似する機能を果たしている。それに加えて，公共性を体現する行政および政治の指導者たる首相は「道徳的指導者」としての振る舞いも求められる。衆人環視の的となり，あらゆる角度からフットライトを浴びせかけられる（片岡 1982：18-22）。大多数の国民はマスメディアを通じて首相の動向を知るわけだが，マスメディアは国民に代わって権力を監視する機能を果たしている。首相はつねにマスメディアによって監視されている。だが逆に，マスメディアを通じて情報操作を行い，国民世論からの支持を調達できる環境にあるともいえる。首相は執政府および政党との関係においてその自律性は制約されているが，にもかかわらず，メディア戦略を媒介とした社会，国民との関係構築を通じて，それらの制約を打破することも一定程度可能である。

　マスメディアの効果的な利用は歴代の首相たちにも多かれ少なかれ意識されてきたが，とくに技術的な発展，新聞メディアからテレビメディアへの主役の交代は政治家によるメディア活用の仕方を劇的に変えたといえる。自民党長期政権下の「弱い首相」の時代にあって，マスメディアのもつ力を有効活用し国民からの支持を獲得することに成功した者として，中曾根康弘の名は最もよく知られている。中曾根は国鉄・電電公社・専売公社の三公社民営化を実現させ，1982〜87年の5年間にも及ぶ長期政権を維持することに成功したが，自身は弱小派閥の領袖に過ぎず，最大派閥である田中派の支援のもとに首相の座を手に入れた。そのために「直角内閣」であるとか「田中曾根内閣」などとも揶揄された。行革の要として田中派の後藤田正晴を内閣官房長官に据え，あるいは国鉄改革時には運輸族のナンバー2といわれた三塚博を運輸大臣に就任させるなど，自民党内の派閥政治にも入念な配慮を示すことで一連の改革を成功に導いた（田中 2006a：12）。

　しかしながら，中曾根政権で進められた自由主義的改革は，田中派の力に頼り切るだけではけっして実現しなかったであろう（大嶽 1994）。「戦後政治の総

決算」を掲げ，「大統領的首相」を自称した中曾根による大胆な改革を可能にしたのは，何よりも，それを後押しした世論の力である。裏を返せば，世論の支持獲得のためのメディアを意識した表象戦略，パフォーマンスが一定程度成功したといえる。よく知られるエピソードの1つが，ウィリアムズバーグ・サミットでの各国首脳の集合写真の際に，遠慮がちに映り込んでいたそれまでの首相とは異なり，中曾根は最も目立つレーガン米大統領の右隣に意図的に立ち，自らの存在を広くアピールしたことである（草野 2001：434）。あるいはまた，1983年のレーガン大統領訪日の際には東京多摩の日の出山荘に招待し，ホラ貝を吹いたり，ちゃんちゃんこを着て囲炉裏ばたで抹茶を供するといったパフォーマンスを演じてみせ，国民からも好意をもって受け止められた。テレビ映りを意識した巧みな演出が成功したのである（逢坂 2014：158）。

　比較的早い段階からマスメディアを通じた政治的アピールの重要性に気がついていた中曾根は，すでに第三次佐藤内閣で就任した防衛庁長官時代から電通や芸能プロダクションによるテレビ演説の講習を受けていた。マスメディアのなかでもとくに重視したのがテレビであり，中曾根が首相就任直前に自ら日記に記した「新政権政策メモ」にも「NHKテレビ活用」が書き込まれていたことは特筆に値する（逢坂 2014：156-157，草野 2001：407）。事実，中曾根はNHKのニュース番組を逐一チェックし，当時NHKの理事であった島桂二を2か月に一度くらいの割合で定期的に公邸に呼びつけ，何時のニュースのこの部分の報道は一方的だなどと，事細かに伝えていたという（逢坂 2014：159）。

　このようなメディア戦略もあって，中曾根内閣は発足から一定の時間が経過した後も支持率を上昇・安定させることに成功した。中曾根は国民の人気を背景として，大統領型の支配構造を作り出したと言い得る。しかしながら，首相のリーダーシップが国民の支持に大きく依存しているということは，裏を返せばその支持が失われた途端，首相の地位は揺らぎはじめ，内閣は不安定化してしまうことを意味する。中曾根内閣はきわめて脆弱な地盤の上で成り立っていた（村松 1987：26-29）。中曾根政権時代には首相の指導力を支える制度的基盤が依然として十分ではなく，自民党の党内組織も派閥による多元的・分権的統治構造が盤石化していた。それらが大きく変わるのは1990年代に入ってから

である。

4　大統領制化する「強い首相」

（1）執政府のなかの首相——内閣機能の強化

　内閣の主導性確立、機能の強化は1961年に設置された第一臨調（臨時行政調査会）以来、たびたび議論の俎上に載せられてきたが、本格的な制度改革は当時の橋本龍太郎首相の肝いりで96年に発足した行革会議（行政改革会議）での議論と98年に提出された同最終報告をもとにして行われた橋本行革においてはじめて実現することとなる（五十嵐 2013：54-55, 116-117, 福沢 2010：116）。

　橋本行革においては中央省庁の再編とともに内閣機能の強化が大きな柱となった。より具体的には、第1に首相の指導性の強化、第2に内閣の機能強化、第3に首相および内閣の補佐機構の強化に分けられる（田中編 2006b：29-38, 上田 2013：第3章も参照）。第1の首相の指導性の強化という点では、まず内閣総理大臣による基本方針・政策にかかわる発議権が法律上明確化された。内閣法第4条第2項で「閣議は、内閣総理大臣がこれを主宰する」となっていたものが、これに続いて、「この場合において、内閣総理大臣は、内閣の重要政策に関する基本的な方針その他の案件を発議することができる」との文言が加わった。また、内閣の職権行使が国民主権の理念のもとに行われるべきこと、内閣の行政権が国会で選出される首相に由来することも内閣法の条文で明確化された（田中編 2006b：31, 真渕 2009：78）。

　第2の内閣の機能強化、換言すれば政官関係における政治主導の確立という面では、国務大臣の数について、中央省庁再編により1府22省庁から1府12省庁へと省庁数は大きく減るものの特命担当大臣の制度を新たに設けることで、総理大臣以外の国務大臣の数は原則14名、最大17名以内とし、大臣数を大幅に減らさない措置が講じられた。また、中央省庁の事務次官や局長などの幹部職員の任免に関しては、閣議決定による内閣の承認を得ることとしたことも、内閣機能の強化の一策として挙げられる（田中編 2006b：32）。

　第3の首相および内閣の補佐機構の強化という点では、内閣官房の組織再編

と内閣府の創設が重要である。はじめに、内閣官房の所掌事務として、従来の総合調整機能だけでなく、そこに企画立案機能が加わった。内閣法において「企画及び立案」という文言が加わったことで、内閣官房は自らが政策を創出する権限を有することが法文上明らかになり、このこととも関連して、「総合調整」の言葉も積極的、能動的な意味をもつものとして解釈されるようになった（上田 2013：199）。

　内閣官房の機能強化を具現化すべく組織の再編も行われ、内閣官房副長官補（3名）、内閣広報官、内閣情報官から成る新しい体制が整備された。このうち内閣官房副長官補は首相の意向に沿った柔軟な運用が行えるように法令上職務分担が明確化されていないうえ、これらの官職がいずれも特別職として政治任用化が図られていることも、首相の指導力強化への期待が込められている（田中編 2006b：33-34）。内閣官房副長官補のもとに各所の本部事務局や連絡会議などの担当部局が置かれるとともに、さらに、従来の3つの審議室（内政、外政、安全保障・危機管理）に分属していた内閣審議官が内閣参事官と改称されたうえで全員が内閣官房副長官補付とされた。こうして、政策の企画立案・総合調整を戦略的かつ機動的に行う体制、政策に柔軟に対応可能な「アメーバ型」の調整組織が整備されたのである（伊藤 2012：18、上田 2013：199）。

　内閣官房の職員数の変化には橋本行革による成果が目にみえる形で表れている。1985年までは100人前後であったところが86年の組織拡充にともなって176人となり、その後は1999年まで200人に満たない規模であった。2000年度末時点での定員数は377人とこの時点ですでに2倍近くにまで人員が拡充されているが、その後10数年のときを経て2013年度4月1日現在の定員は808人と2000年度末時点と比べてもさらに2倍以上にまで急増している。併任を含めると総数は2,453人、常駐併任者だけを含めても1,612人という、今や大所帯の組織となっている（図4-1）（五十嵐 2013：61、上田 2013：200）[6]。内閣官

---

[6] 2014年1月には国家安全保障局が、5月には内閣人事局がそれぞれ設置されたため、人員はさらに増加し、2014年7月1日現在の定員は1,007人である（内閣人事局「行政機構図」〈http://www.cas.go.jp/jp/gaiyou/jimu/jinjikyoku/files/satei_01_05_4.pdf〉　2015年11月17日閲覧）。

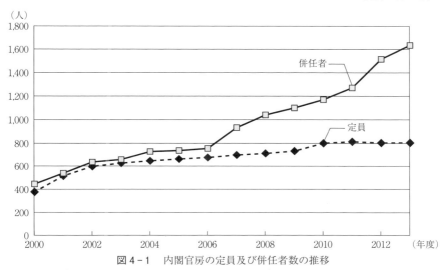

図4-1　内閣官房の定員及び併任者数の推移

（注）定員は各年度末定員（2013年度は4月1日時点），併任者は各年4月1日時点（2002～2004年度は当該年度の3月1日時点）。
（出典）五十嵐2013：61図表3より作成。

房は人的リソースの面でも大幅に拡充されてきたのである。[7]

　内閣の補佐機構の強化策として，内閣府が2001年に創設された。内閣の統轄のもとにおかれ国家行政組織法の適用を受けていた旧総理府とは異なり，内閣府は内閣の機関として置かれるため同法の適用は受けず，内閣府設置法に基づいて設置され，他の省庁よりも一段高い立場から内閣官房を助け，企画立案・総合調整を行うものとされた。すなわち，内閣府と内閣官房の関係については，内閣府が特定事項について企画立案・総合調整を行う一方，内閣官房が最高・最終の調整機能を担うことから，内閣府が「内閣官房を助ける」（内閣府設置法第3条第3項）という関係になっている（田中編 2006b：36）。

　内閣府は内閣の補佐事務に関して，特命担当大臣と政策統括官というユニー

---

(7) ただし上田健介は，法制上において内閣官房職員の任免権は内閣総理大臣ではなく内閣にあり，実務上において内閣官房は独自の人事権をもたず，事務方は各省庁からの出向者で占められている点に留意が必要であると指摘する（上田 2013：201）。

クな形態をとることで，柔軟な組織体制を構築することが可能となっている。特命担当大臣の設置・任命は，法律によって必置とされている担当（現在は沖縄・北方対策，金融，食品安全・消費者問題，少子化対策）以外については首相に決定権がある。内閣府内で官房・局と並ぶ位置づけを与えられている政策統括官の職務の配分は柔軟に行える仕組みとなっており，首相は内閣府の長として政策統括官の職務の割り当てを決定できるものとされている。このようにして首相は内閣府の組織編制を主導し，自らが関心をもつ政策課題に対応するために内閣府本府を活用することができ，したがって内閣府は文字通り首相の補佐機構としての役割を果たす（上田 2013：207-208）。

　内閣府は内閣の「知恵の場」としての役割が期待されており，このことに関連して「重要政策に関する会議」として経済財政諮問会議，総合科学技術会議[8]，中央防災会議，男女共同参画会議の4つが[9]，首相または官房長官を長とし関係大臣および学識経験者などを構成員とする合議制機関として設置された。このなかで目玉とされたのが経済財政諮問会議であり，経済全般の運営の基本方針，財政運営の基本，予算編成の基本方針など経済財政政策に関する重要事項を調査審議することが所掌事務となっている。構成員は議長および議員10名以内に限り，民間有識者を10分の4以上とし，また閣僚のメンバーについても官房長官と経済財政政策担当特命大臣以外は首相の指定する大臣に限定するなど，会議の実質化を意図した制度設計がなされている（田中編 2006b：37-38）。大蔵省が支配してきた予算編成権に一穴を開け，予算編成を通じて内閣が主導性を発揮することが求められたのである。発足直後の森政権時には実質的な意味をほとんどもたなかったが，その後の小泉政権下では経済財政諮問会議が予算や重要政策の方針を事実上決定する場へと変化し，大きな役割を果たした（内山 2007：第**2**章）。

　その他にも，1996年の内閣法改正で内閣総理大臣補佐官制度が設けられ，

---

(8)　2014年4月に内閣府設置法が改正され，現在は「総合科学技術・イノベーション会議」に名称が変更されている。

(9)　現在ではこれら4つの会議に加えて，2013年12月に制定された国家戦略特別区域法に基づき「国家戦略特別区域諮問会議」も設置されている。

99年にはそれが3人以内から5人以内に増員されるなど,首相直属のスタッフ体制も強化されてきた(上田 2013：201-202)。正副の内閣官房長官,内閣総務官,内閣総理大臣秘書官,それに内閣官房参与や内閣府参与なども加え,首相官邸において首相の直近で勤務するスタッフ体制の増強は首相や官邸のリーダーシップを高めることにつながる。実際,待鳥聡史は新聞各紙の「首相動静」欄の面会記録データの計量的分析の結果から,小泉政権以降では首相と執政部との接触頻度が増加傾向にあり,かつそれが持続していることを明らかにし,内閣機能強化を目的とした制度改革を通じて官邸主導の運営体制が構築されてきたと指摘する(待鳥 2012：第**3**章)。内閣機能強化を意図した橋本行革は一定程度の成果を生んでいるといって相違ないだろう。

(2) 政党のなかの首相──選挙制度改革と脱派閥政治

1980年代の中曾根首相と2000年代の小泉首相はともに「大統領的首相」と評され,メディア重視の戦略などいくつかの点で共通点をもつが,その政治的権力基盤において大きく異なるのは,衆議院の選挙制度が中選挙区制から小選挙区比例代表並立制へと変化したことである。前節で既述のように,中選挙区制のもとでは選挙区あたりの定数が3～5名のため,候補者個人中心の選挙戦が展開される傾向が強く,立候補の際に自民党の公認を得られなくても当選は必ずしも困難ではない。そのうえ,当選した暁に自民党から追加公認を得られることも多かった。これに対して小選挙区制のもとでは定数が1名であるために各政党は1名しか公認を与えないし,選挙戦は候補者個人よりも政党中心のものとなる。比例代表制の場合にも,政党の名簿に登載されることが当選の条件となるので,党の公認は不可欠となる。選挙戦用のポスターや葉書の数など公職選挙法上の規定も無所属候補者には不利に働くこともあり,無所属で当選を果たすことは非常に難しい。そのため,政党執行部のもつ公認権が決定的に重要となり,次回選挙での再選を目指す現職議員にとっても,党首を中心とする政党執行部に抵抗することは難しくなる。そして,政党執行部への集権化は政府の政策決定における官邸主導体制の構築にも大きく作用したのである(竹中 2006：149-151,待鳥 2012：89)。

選挙制度改革に加えて，政治資金制度の改革も多大な効果をもった。政治資金規正法の改正によって，政党以外の派閥や政治家個人の政治団体に対する企業・団体献金が禁止されるとともに，個人や団体・企業からの政治献金について従来は年間 100 万円超の献金に対して公表義務があったが，それが年間 5 万円超に引き下げられ，政治資金の透明性が高まった。現在の制度のもとでも，政治家自ら支部長を務める政党支部を企業・団体献金の受け皿とするなど，抜け道は確かにあるとはいえ，かつてと比べればはるかに政治家個人や派閥が政治資金を集めることは難しくなった。とりわけ派閥の場合，1 つの派閥が 1 年間に 20 億円以上も集めることもあったが，2002 年の段階で最も資金を集めた当時の橋本派ですら 4 億円程度にとどまっており，派閥の政治資金調達力は明らかに低下している（竹中 2006：153-154）。

　派閥の凋落ぶりとは対照的に，政党自身は政党助成法の制定によって資金調達が容易になってきた。政党交付金は直近の国勢調査に基づく人口に 250 円を乗じた額を基準に決定され，2013 年には総額で約 318 億円が要件を満たし届出を行った各政党に交付されている。最も交付額が多いのは自民党で約 151 億円が，2 番目に多い民主党には約 78 億円がそれぞれ配分されている。同年分の政治資金収支報告によれば（総務省 2014；2015），自民党本部の総収入約 233 億円のうち最も比率が高いのが政党交付金であり，全体の 64.6％を占めている。政党支部も含めた収入では個人や団体などからの寄付の方が多くなるが，それでも政党交付金は 27.9％を占め，寄付に次ぐ規模である。民主党に至っては政党支部も含めた総収入に対しても政党交付金が占める割合が 41.0％と，半分近くの収入が政党助成によって賄われている[10]。自民党の場合，政治資金の配分は直接的には幹事長の役目であるが，幹事長を任命するのは総裁であり，その影響力ははかりしれない。総裁を中心とする党の執行部の権力が強化されるのとは逆に，政治資金を十分に集められなくなった派閥はその求心力を失っていくこととなった（竹中 2006：154-155）。

　それと同時に近年では政党組織の社会的基盤が徐々に失われつつある。政党

---

[10]　政党本部の収入比では政党交付金が 82.5％を占める。

の活動と組織を支える存在である党員，後援会加入者，企業・団体献金はいずれも減少傾向にある。その一方で，政党交付金の各政党への配分額が当該政党の所属国会議員数と選挙での得票数によって決まるため，政党助成制度は政治資金と選挙をリンクさせる機能をもつ。政党助成制度の導入は選挙での勝利が資金面でも優位性をもたらすことから，選挙至上主義的な政党を生み出す効果をもっている（中北 2012：125）。

　政党中心となった選挙戦での勝利を考えた場合，党の「顔」であるところの党首の役割が決定的に重要になる。上神貴佳は以前にも増して党首の重要性が高まっており，選出される党首の傾向が変化してきていることを計量的な実証分析を通じて明らかにしている。すなわち，自民党総裁の場合，かつてはもっぱら派閥の領袖によって選ばれてきたが，今日では国会議員だけでなく一般有権者に近い立場にある党員からの支持の獲得が総裁選出の前提条件となりつつある。総裁選候補者は必ずしも派閥の領袖ではなくなり，選挙区も都市的で，かつ年齢も相対的に若く役職経験の少ない者でも総裁になりうるチャンスが広がってきている（上神 2013）。

　こうした派閥の弱体化を象徴する存在であり，あるいは弱体化に追い打ちをかけたのが小泉首相であった。自民党の派閥政治のなかでは明らかに傍流の道を歩んできた小泉純一郎は，「自民党をぶっ壊す」とのキャッチフレーズを掲げ，脱派閥政治を断行した。それまでの派閥均衡型の閣僚人事の慣行は無視し，派閥からの推薦に頼らずに組閣を行ったことは画期的であった（竹中 2006：156-158）。当初は「一内閣一閣僚」を唱え，内閣発足後2年以上にわたり，田中真紀子外相の更迭にともなう小幅な改造のほかは閣僚人事に手を付けなかった。派閥からの圧力によって短期間での内閣改造が慣わしとなっていた従来の内閣とはその点も大きく異なっていた。そのうえ，小泉首相が最も心血を注いだ郵政民営化や道路公団改革は最大派閥橋本派の権力基盤を侵食する政治的効果をもつものでもあり，自民党内の派閥の弱体ぶりを象徴している（大嶽 2006）。小泉首相が脱派閥政治を断行し得た要因としては，これまでに述べてきた執政制度や選挙制度の改革による首相への権力集中化が挙げられるが，それだけでなく，巧みなメディア戦略を通じて国民を味方につけたことも大きか

った。

（3）社会のなかの首相——メディアの変化と首相のタレント化

　1980年代後半，いずれもテレビ朝日系列の「ニュースステーション」と「サンデープロジェクト」という2つの番組がスタートしたことは，その後のテレビメディアの世界を一変させる画期的な出来事だった。報道番組がワイドショー番組の制作手法を取り入れ，政治報道の娯楽化やワイドショー化が進む一方，以前であれば硬派なニュースはほとんど扱ってこなかったワイドショー番組が政治ニュースを取り上げるようになるなど，ワイドショーのニュース化も同時に進んだ。政治報道の「ソフト化」や「インフォテイメント化」と呼ばれる現象が生じる契機となったのが両番組の成功であった（谷口 2008）。

　テレビを中心とするマスメディアの影響力増大，とりわけ政治報道の「ソフト化」や「インフォテイメント化」の潮流を巧みにとらえ，自らの政治戦略においてマスメディアを積極的に活用し，成功を収めた代表的な例が小泉純一郎首相である。[11]言説的制度論の観点からいえば，従来の自民党政権の首相の言説が党内派閥や業界団体，省庁などに向けた「調整型言説（coordinated discourse）」を中心としていたのに対して，小泉は国民に対して自らの主張を直接訴えかける「伝達型言説（communicative discourse）」を重視したことが最大の特徴である（Schmidt 2002）。

　小泉はテレビカメラを意識したパフォーマンスで国民からの支持を調達することに成功した。首相就任直後，2001年5月27日の大相撲夏場所千秋楽表彰式に赴き，足に怪我を負いながらも優勝した横綱貴乃花に対して，「痛みに耐えてよく頑張った。感動した。おめでとう」と声をかけ，観衆から拍手喝采を浴びたのはその一例である（谷口 2008：158-159）。2005年8月の郵政解散時の記者会見では，小泉首相は有罪判決を受けてもなお地動説の主張を断固として譲らなかったガリレオに自らをなぞらえながら郵政民営化を正当化し，悲壮感

---

[11]　その先鞭をつけたのが細川護熙首相である（大嶽 2003：135；逢坂 2014：227-228）。

たっぷりに我に正義ありと国民に訴えかけた。小泉首相の「役者ぶり」はここに頂点を極める。「私が会った偉大な指導者はいずれも一流の役者だった……。名優さながら彼らは大衆の前で演技し，巧みに演じ続けた結果，いつのまにか自分の創造した劇中の人物になり切っていた」というニクソン元米大統領の見解が正しいものだとすると（ニクソン 2013：426），小泉はたしかに「偉大な指導者」だった。

　その当時，「ワンフレーズ・ポリティクス」とも呼ばれたが，テレビカメラを前にした記者との応答で一言二言印象的なフレーズを発することも，時間的制約が厳しいテレビニュースやワイドショーで映像が使われるよう計算したうえでの，巧みなメディア戦略であった。それがテレビで繰り返し放映されることで，首相のメディア露出の頻度を自ずと高めるとともに，国民からの好印象を得ることにも成功した（逢坂 2014：282-283）。あるいはまた，スポーツ紙や芸能週刊誌，テレビのワイドショーなど，記者クラブに所属していない「第三列」メディアの取り込み，メールマガジン「らいおんはーと」の発行などを通じて，国民各層への幅広い情報伝達を意識的に行ったことも特筆される（飯島 2006，逢坂 2014：279-283）。

　最近ではネット動画やフェイスブック，ツイッターといったソーシャルメディアの発達にともなって，メディア戦略も進化・多様化しており，近年の安倍首相はとくにソーシャルメディアの活用に熱心である。裏を返せば，それだけメディア戦略にますます敏感にならざるを得なくなってきたともいえる。その背景には，小選挙区比例代表並立制が導入されたことによって，中選挙区制時代の候補者個人同士ではなく政党間の選挙戦になる傾向が生まれ，結果として党の「顔」である党首のイメージや力量が何よりも問われるようになったことが挙げられる。「誰が党首なのか」が議員の再選を決する重要な要素として認識されているのである。

　小泉首相が実践したように，党首（総裁）でもある首相のメディアへの積極的露出は自らと内閣への支持を高めるための有効な手段となる。事実，1990年代後半以降の首相はテレビ出演回数が明らかに増加傾向にある（谷口 2008：158-159）。だがそれは同時に，国民の目に晒されるがゆえに，人気を急落させ

る落とし穴にもなりうる。1つの代表的な事例が第1次政権期の安倍晋三首相である。安倍は当初は高い支持を集めメディアへの露出にも積極的だったが，政権内のスキャンダルなどが相次ぎ支持率が急落するなか，メディアを使いこなすどころか国民からは「KY（空気が読めない）」と揶揄され，失敗に終わった（逢坂 2014：302-308）。「首相の不人気」が政権と政党の命取りになり，2007年7月に行われた参議院選挙で自民党は惨敗を喫する。

今日の首相はマスメディアによる報道に加えて，ソーシャルメディア上での一般国民からの絶えざる評価にもさらされ，フットライト効果は増すばかりである。国民の感情は移ろいやすく，高い支持を集めたかと思えば一転して支持率が低下し，退陣に追い込まれることもある。こうした現象は，視聴者やファンの即時的反応に仕事が左右されるタレントに似ているという意味で，首相の「タレント化」と呼ぶことができる。それを裏書きするように，21世紀に入って，他の民主主義諸国とは逆に日本では首相の在任期間が短期化する傾向が顕著となり，首相の交代が頻繁に行われている。森喜朗以降の6人の首相はいずれも就任1年以内に内閣支持率が20ポイント以上低下し，国民によって内閣が支持されなくなったことが，首相の交代を促す重要な要素となっている（ナイブレイド 2011：248-254）。

調査技術の進歩にともなって，世論調査が頻繁に実施され，その結果がメディアでも積極的に活用されるようになったことも，首相の「タレント化」に拍車をかけている。菅原琢は「森内閣以降，世論調査による内閣支持率の数字が内閣の命運を左右し，『次の首相』調査によって後継首相候補が事実上決まるようなことが起きている」と指摘する。世論調査がゆがんだ形で解釈され，これに政界が過剰に反応するようになっている（菅原 2014：142-143）。政治の大統領制化は政治の人格化を意味しており，政権の維持が首相のパーソナリティに大きく左右されることになるのである。

5 大統領制化した議院内閣制の行方

本章では過去と現在の首相政治の比較を行いつつ，首相の制度的権力資源が

整備・拡充され，その指導性を発揮する余地が高まるとともに，政治の「人格化」が進むことによって，議院内閣制が「大統領制化」してきたことを明らかにしてきた。大統領制化の結果，首相はたしかに「強く」はなった。しかし，必ずしもその地位を長く保てるようになったわけではない。新しい省庁体制がスタートした2001年以降も首相の在任期間は非常に短いままである。小泉政権から第二次安倍政権までの平均在職日数は624.8日であり，戦後3番目の1,980日という長期在職記録を残した小泉首相を除けば平均は431.1日にすぎない[12]。しかも，この間の首相は小泉，第一次安倍，福田，麻生，鳩山，菅，野田，第二次安倍と8人にものぼる。首相交代頻度の高さは，他の先進諸国と比べて際立っている。ポグントケとウェブが論じるように，大統領制化した議院内閣制の首相・党首は「ひとえに個人的人気によってリーダーシップを発揮しているため，うつろいやすい世論の変化に影響されやすい」。したがって，「大統領制化が意味するのは，長続きするリーダーシップではなく，強力なリーダーシップである」のに過ぎないのである（Poguntke and Webb 2005：353 [2014：501]）。

　政治的リーダーに権力が集中する政治の大統領制化は，首相の最終的な支持基盤が立法府や党内にあるというよりも実質的には国民や有権者に立脚していることに特徴がある。このような特徴から帰結されるのは，逆説的にも，政治の不安定性である。国民からの支持が高い場合には，大統領制化した首相の自律性は高まり，指導力を発揮する余地は大きく増大する。しかしながら，国民からの支持を失ったとたん，首相の民主的正統性が損なわれるために，その自律性は著しく低下する。大統領制化が進んだ政治は，政治リーダーへの権力集中化，強力なリーダーによる改革の果敢な実行や「決められる政治」の実現，その結果としての政治の安定化をもたらす半面，政策の失敗やスキャンダルの発生などの種々の要素によって国民の離反を招く事態が発生すれば，状況は一転し，首相や政権に対する批判が急速に高まり，首相はリーダーの地位から引

---

[12] 歴代首相の在職日数の計算に際しては，首相官邸ウェブサイト「内閣総理大臣一覧」のデータを用いた〈http://www.kantei.go.jp/jp/rekidai/ichiran.html〉 2015年11月17日閲覧。

きずり降ろされる。政治に対する不信，不満を横溢させ，人びとの政治的シニシズムを招き，脱政治化や政治の不安定化を招きかねない懸念もある。こうした国民による政治に対する「期待」と「失望」の短期的循環化とそれにともなう政治不信の高まりは，まさに，大統領制化が進んだこの 20 年間の日本政治で見られた光景に他ならない。

　制度的な意味でも実質的な意味においても大統領制化が進んだ一方で，国民の政治参画の制度化にあまり進捗が見られなかったという点に，その１つの要因がある。言葉を換えていえば，本人（国民）と代理人（首相）の委任受託関係の実質的単一化が図られてきた一方で，本人（国民）自身が代理人である首相を直接的にコントロールするための制度的手段は，議院内閣制の本質からいって皆無である。通常，権力の集中化は「責任の集中化」と表裏一体の関係にある（Bonoli 2001：244-245）。しかしながら，議院内閣制の大統領制化，首相への権力集中化は必ずしも制度面での責任集中化をもたらしてはいない。実質的に大統領制化が進もうとも，公式制度上は行政権は合議制たる内閣に帰属し，責任は国民に対してではなく立法府である国会に対して連帯して負う，その構造自体は何ら変わりがないからである。議院内閣制を維持したうえでの，その解決策の１つとしては，本人（国民）と代理人（首相）の委任受託関係の制度的一元化をもたらす，首相公選制あるいはこれに類似した制度の導入が一考に値するだろう（大石他編 2002）。

　もっとも，政治の大統領制化が進んだからといって，首相がフリーハンドを握るようになったわけでは決してない。小泉首相や（第二次安倍政権期以降の）安倍首相のように官邸・内閣主導型の政策決定を行うことのできた首相が存在する一方で，「決められない政治」の膠着状況に陥り早期に退陣を余儀なくされた首相もまた多い。

　竹中治堅は民主党政権が政策決定過程を変革できなかった要因として，首相や内閣のもつ権限が非常に制約されていることを挙げている。第１に，中央官庁の組織を改編する際には基本的には新規立法や法律改正が必要であり，内閣による行政組織編成権限が立法府によって制約されていることである。第２に，法案の優先順位や審議時間，採決日時といった法案審議の進行や議案の処理な

ど，議会における議事運営に対して内閣が関与する権限がほとんど認められていないことである。第3に，第二院である参議院のもつ権限が強すぎ，内閣が法案を成立させる際の拒否点となり得ることである（竹中 2013：145-151）。したがって，首相や内閣の制度的権力をいっそう強化する必要があるとの認識に立てば，これらの制度を見直していく必要がある。

　すなわち，首相の指導力を今以上に強化するための制度改革を進めると同時に，それに応じた責任をもたせるための工夫をどのようにするのか，内閣と首相をめぐる統治システム上の課題は以上の点にあると言えるだろう。

参考文献
穴見 明（1994）「内閣制度」西尾勝・村松岐夫編『〈講座行政学〉第2巻　制度と構造』有斐閣，1-37頁。
飯尾 潤（2007）『日本の統治構造——官僚内閣制から議院内閣制へ』中央公論新社。
飯島 勲（2006）『小泉官邸秘録』日本経済新聞社。
五十嵐吉郎（2013）「内閣官房，内閣府の現在——中央省庁等改革から13年目を迎えて」『立法と調査』第347号，54-79頁。
伊藤正次（2012）「統治機構——内閣主導体制の理想と現実」森田朗・金井利之編『政策変容と制度設計——政界・省庁再編前後の行政』ミネルヴァ書房，17-47頁。
上神貴佳（2013）「政権交代期における指導者像——自民党総裁と民主党代表のプロファイルとその変容」北岡伸一監修・飯尾潤編『歴史のなかの日本政治6　政権交代と政党政治』中央公論新社，45-73頁。
上田健介（2013）『首相権限と憲法』成文堂。
内山 融（2007）『小泉政権——「パトスの首相」は何を変えたのか』中央公論新社。
逢坂 巌（2014）『日本政治とメディア——テレビの登場からネット時代まで』中央公論新社。
大石 眞・久保文明・佐々木毅・山口二郎編（2002）『首相公選を考える——その可能性と問題点』中央公論新社。
大嶽秀夫（1994）『自由主義的改革の時代——1980年代前期の日本政治』中央公論社。
大嶽秀夫（2003）『日本型ポピュリズム——政治への期待と幻滅』中央公論新社。
大嶽秀夫（2006）『小泉純一郎　ポピュリズムの研究——その戦略と手法』東洋経済新報社。
片岡寛光（1982）『内閣の機能と補佐機構——大統領制と議院内閣制の比較研究』成文堂。
草野 厚（2001）「中曾根康弘——大統領的首相の面目」渡邉昭夫編『戦後日本の宰相

たち』中央公論新社,405-448 頁。

久米郁男(2011)「執政部」久米郁男・川出良枝・古城佳子・田中愛治・真渕勝『政治学〔補訂版〕』有斐閣,213-232 頁。

佐々木毅(2009)『政治の精神』岩波書店。

信田智人(2013)『政治主導 vs. 官僚支配——自民政権,民主政権,政官 20 年闘争の内幕』朝日新聞出版。

菅原琢(2014)「政治——再生産される混迷と影響力を増す有権者」小熊英二編『平成史【増補新版】』河出書房新社,99-176 頁。

総務省(2014)「平成 25 年分政治資金収支報告の概要(総務大臣届出分)」〈http://www.soumu.go.jp/main_content/000324595.pdf〉(2015 年 11 月 26 日閲覧)

総務省(2015)「平成 25 年分政治資金収支報告の概要(総務大臣届出分＋都道府県選管届出分)」〈http://www.soumu.go.jp/main_content/000331965.pdf〉(2015 年 11 月 26 日閲覧)。

高安健将(2009)『首相の権力——日英比較からみる政権党とのダイナミズム』創文社。

高安健将(2011)「動揺するウェストミンスター・モデル？——戦後英国における政党政治と議院内閣制」『レファレンス』2011 年 12 月号,33-47 頁。

竹中治堅(2006)『首相支配——日本政治の変貌』中央公論新社。

竹中治堅(2013)「民主党政権と日本の議院内閣制」北岡伸一監修・飯尾潤編『歴史のなかの日本政治 6 政権交代と政党政治』中央公論新社,139-180 頁。

建林正彦(2004)『議員行動の政治経済学——自民党支配の制度分析』有斐閣。

建林正彦・曽我謙悟・待鳥聡史(2008)『比較政治制度論』有斐閣。

田中一昭(2006a)「中曽根行革・橋本行革・小泉行革の体験的比較」日本行政学会編『年報行政研究 41 橋本行革の検証』ぎょうせい,1-19 頁。

田中一昭編(2006b)『行政改革《新版》』ぎょうせい。

谷口将紀(2008)「日本における変わるメディア,変わる政治——選挙・政策・政党」サミュエル・ポプキン・蒲島郁夫・谷口将紀編『政治空間の変容と政策革新 5 メディアが変える政治』東京大学出版会,149-174 頁。

ナイブレイド,ベンジャミン(松田なつ訳)(2011)「首相の権力強化と短命政権」樋渡展洋・斉藤淳編『政党政治の混迷と政権交代』東京大学出版会,245-261 頁。

中北浩爾(2012)『現代日本の政党デモクラシー』岩波書店。

ニクソン,リチャード(2013)『指導者とは』(徳岡孝夫訳)文藝春秋。

西尾勝(2001)『行政学〔新版〕』有斐閣。

平野浩(2011)「選挙・投票行動——政策本位に変われるか」佐々木毅・清水真人編『ゼミナール現代日本政治』日本経済新聞出版社,421-469 頁。

福沢真一(2010)「戦後復興と第一次臨調の設置」笠原英彦編『日本行政史』慶應義塾大学出版会,105-121 頁。

待鳥聡史(2012)『首相政治の制度分析——現代日本政治の権力基盤形成』千倉書房。

松下圭一(2009)『松下圭一法学論集 国会内閣制の基礎理論』岩波書店。

真渕 勝(2009)『行政学』有斐閣。
武藤桂一(2007)「行政改革の諸相」藤井浩司・縣公一郎編『コレーク行政学』成文堂,123-146頁。
村松岐夫(1987)「中曾根政権の政策と政治」『レヴァイアサン』第1号,11-30頁。
山口二郎(2007)『行政学叢書6 内閣制度』東京大学出版会。
渡部 純(2013)「解散権の行使と首相の権力——退陣と解散のリーダーシップ」新川敏光編『現代日本政治の争点』法律文化社,29-53頁。
Bonoli, Giuliano (2001) "Political Institutions, Veto Points, and the Process of Welfare State Adaptation", in Paul Pierson (ed.) *The New Politics of the Welfare State*, Oxford : Oxford University Press, pp. 238-264.
Dowding, Keith (2013) 'The Prime Ministerialisation of the British Prime Minister', *Parliamentary Affairs*, 66(3) : 617-635.
Hayao, Kenji (1993) *The Japanese Prime Minister and Public Policy*, Pittsburg and London : University of Pittsburg Press.
Hacker, Jacob S. (2005) 'Policy Drift : The Hidden Politics of US Welfare State Retrenchment', in Wolfgang Streeck and Kathleen Thelen (eds.) *Beyond Continuity : Institutional Change in Advanced Political Economies*, Oxford : Oxford University Press, pp. 40-82.
Poguntke, Thomas, and Paul Webb (eds.) (2005) *The Presidentialization of Politics : A Comparative Study of Modern Democracies*, Oxford : Oxford University Press.［岩崎正洋監訳(2014)『民主政治はなぜ「大統領制化」するのか——現代民主主義国家の比較研究』ミネルヴァ書房］
Schmidt, Vivien A. (2002) *The Futures of European Capitalism*, Oxford : Oxford University Press.
Weller, Patrick (2014) 'The Variability of Prime Ministers', in R. A. W. Rhodes and Paul 'tHart (eds.) *The Oxford Handbook of Political Leadership*, Oxford : Oxford University Press, pp. 489-502.

第5章

司法制度
―― 司法制度改革と裁判所・裁判官像の転換 ――

曽我部真裕

1　今次の司法制度改革の経緯

（1）司法制度改革審議会の設置まで

　2001年に司法制度改革審議会の意見書がとりまとめられ，その実現をめざして数多くの法改正が行われた（以下，この司法改革を「今次の司法改革」と呼ぶ）。本章ではこの司法改革の検討をテーマとするが，この戦後でも最大規模の改革の全体にわたって紹介・検討することはもとより不可能である。この司法改革について概観した上で，副題にあるように，司法制度改革と裁判所・裁判官像の転換という観点からの検討を行うことを目的とする。

　今次の司法改革は，戦後の大規模な司法改革としては，（戦後改革期のものを除けば）1962年に設置された臨時司法制度調査会（臨司）による検討に続くものである。ただし，多くの成果を生んだ今次の改革とは異なり，臨司においては法曹三者の間の激しい対立によって改革は進まなかった。

　その後，1980年代後半に至り，今次の司法改革にもつながる動きが少しずつみられるようになった。最高裁内部の改革としては，司法行政畑を長く歩み，「ミスター司法行政」と呼ばれた矢口洪一が最高裁長官在任中（1985年11月から1990年2月まで）の動きが著名である。そこでは，若手判事補の民間企業等への長期研修派遣制度，陪審・参審制度の研究，弁護士任官の推進といった後の司法改革と共通する問題意識のもとでの改革が取り組まれていた。

　また，1987年には法務省に「法曹基本問題懇話会」が設置され，とくに司法試験改革について議論が行われた。その結果，1991年には司法試験法が改正され，他方で法曹養成制度等改革協議会が設けられてさらに検討が進められ

ることとなった。

　弁護士会では，司法制度改革に熱心な中坊公平が1990年に日弁連会長に就任し，1990年から94年にかけ3次に渡って司法改革宣言を発した。そこでは，「小さな司法から大きな司法へ」の転換，「市民の司法」の実現が謳われていた。

　しかし，1990年代半ばから2000年代初頭の司法改革は，法曹界の狭い範囲での論議にとどまるものではなく，経済界や政界，マスコミ界等にも論議の輪が広がったことが特徴的である。実際，1990年代半ばから後半にかけて，代表的な経済団体が続々と司法改革の提言を行った(1)。経済団体による提言は，グローバル社会への対応のため，規制緩和推進等と関連づけながら，司法により大きな役割を求めるものであった（規制緩和的司法改革論）。こうした規制緩和的司法改革論の重要な背景の1つとして，これらの提言と前後するようにしてとりまとめられた橋本行革に関する行政改革会議の最終報告（1997年12月）が，行政改革は「この国のかたち」の改革の一環に過ぎず，司法改革も含む諸改革の必要性を強調していたことを指摘しておく必要がある。

　また，自民党の司法制度特別調査会も，1997年に「司法制度の充実を目指して」「司法制度改革の基本的な方針――透明なルールと自己責任の社会に向けて」を相次いで発表した後，1998年6月には同調査会報告書「21世紀司法の確かな指針」がとりまとめられ，これが1999年6月に司法制度改革審議会設置法につながり，同年7月27日には同審議会の第1回会合が開催の運びとなった（以上，経緯については，佐藤ほか2002，宮本2005，佐藤2013など参照）。

　他方で，日弁連の改革主張には，これらと重なるものもあったが，「市民の司法」実現を求める日弁連の改革論（市民的司法改革論）と経済界・与党の規制緩和的司法改革論とは問題関心そのものが異なる事項も多く，その意味では今次の司法改革は当初より，同床異夢の観があった。

---

(1) その主なものは，経済同友会「現代日本の病理と処方」（1994年〔これは司法改革に特化したものではないが，司法改革の必要性にも触れている〕），同「グローバル化に対応する企業体制の整備を目指して」（1997年），経団連「司法制度改革についての意見」（1998年）などである。

（２）司法制度改革審議会の設置と意見書

司法制度改革審議会は内閣に設置され（司法制度改革審議会設置法〔以下，本節において「法」という〕），「21世紀の我が国社会において司法が果たすべき役割を明らかにし，国民がより利用しやすい司法制度の実現，国民の司法制度への関与，法曹の在り方とその機能の充実強化その他の司法制度の改革と基盤の整備に関し必要な基本的施策について調査審議」し，「内閣に意見を述べる」という任務を負っている（法2条）。

13名以内とされた委員は，学識経験者のうちから両院同意を得て内閣が任命するという重い位置づけのものとされた（法3条，4条）。かつての臨司においては，法曹三者が多数委員に就任し，これらの間の論争に終始した結果十分な成果が挙げられなかったとの反省に基づき，司法制度改革審議会は，3名の法曹関係者のほか，経済界，労働界，消費者団体関係といったいわば司法の利用者の立場の委員が4名，法律を専門とする者を中心とする研究者5名，作家1名という構成とされた。なお，会長には憲法学者の佐藤幸治が就いた。佐藤は行政改革会議の有力委員でもあり，行革会議最終報告と司法制度改革審議会意見書とが共通の理念的背景に裏打ちされているのは，佐藤の指導力によるところが大きいものと思われる。

さて，司法制度改革審議会は，1999年7月の第1回会議から，2001年6月までの間に63回の会議，8回の国内視察や公聴会，海外調査（米英独仏）を開催・実施した。この間，1999年12月には論点整理を，2000年11月には中間報告を取りまとめた。相当に精力的な活動だというべきだろう。また，審議や資料が広く公開され，当時のこの種の審議会としては異例の高い透明性が確保されていたことにも注目される。[2]

---

[2] 発言者入りの議事録が作成され，インターネットで公開されたことや，会議自体も別室に設置されたモニターにより傍聴者に公開された。また，近年の審議会等とは異なりパブリック・コメントは実施されていないが，郵送や電子メールで国民からの意見や要望を随時受け付けており，むしろより開かれた態勢であったと言える。なお，審議会の資料は首相官邸ウェブサイトで閲覧可能である（http://www.kantei.go.jp/jp/sihouseido/index.html〔2015年11月27日閲覧（以下同じ）〕）。

このような司法制度審議会の構成や運営方法は，国民やマスメディアの高い関心のもと，法曹三者を中心とする関係団体の目を国民に向けさせ，それぞれの従来の立場を踏み越えてあるべき姿に向かうコミットメントを調達することに寄与したものと思われる。特に，当初，国民の司法参加に消極的だとされた裁判所が裁判員制度を受け入れたことや，弁護士会が年間3000名という司法試験合格者の目標を受け入れたことなどが象徴的な例であろう。

2　司法制度改革審議会意見書と改革の実施

（1）司法制度改革審議会意見書

　「司法制度改革審議会意見書　21世紀の日本を支える司法制度」（司法制度改革審議会 2001，以下「意見書」という）[3]は，2001年6月12日，小泉純一郎首相に提出された。

　意見書は，司法制度改革の基本理念について，次のように述べる（司法制度改革審議会 2001：Ⅰ）。

　　我が国は，直面する困難な状況の中にあって，政治改革，行政改革，地方分権推進，規制緩和等の経済構造改革等の諸々の改革に取り組んできた。これら諸々の改革の根底に共通して流れているのは，国民の一人ひとりが，統治客体意識から脱却し，自律的でかつ社会的責任を負った統治主体として，互いに協力しながら自由で公正な社会の構築に参画し，この国に豊かな創造性とエネルギーを取り戻そうとする志であろう。今般の司法制度改革は，これら諸々の改革を憲法のよって立つ基本理念の一つである「法の支配」の下に有機的に結び合わせようとするものであり，まさに「この国

---

[3]　なお，この意見書は多くの雑誌等に資料として掲載されている（法律のひろば54巻7号（2001年）46頁以下，自由と正義52巻8号（2001年）242頁，ジュリスト1208号（2001年）185頁など）ほか，首相官邸ウェブサイトでも閲覧可能である（http://www.kantei.go.jp/jp/sihouseido/report/ikensyo/）。この関係で，本章での意見書の引用は，頁数ではなく項目番号によって行うこととする。

のかたち」の再構築に関わる一連の諸改革の「最後のかなめ」として位置付けられるべきものである。

　自律的で相互に平等な個人が主体的に社会関係を築いていけることが日本国憲法の中核的価値である個人の尊重原理（憲法13条）を尊重する所以であり，そのためには自由で公正な「法」の支配が不可欠である。そして，法の支配を浸透させるためには司法の役割が極めて重要であり，そのために「国民にとって，より利用しやすく，分かりやすく，頼りがいのある司法」（司法制度改革審議会 2001：I 第3・2）の実現が求められる。そのためには裁判の迅速化，裁判所へのアクセスの拡充を始めとする諸々の制度改革に加え，そもそも絶対的な過小性が指摘されてきた法曹人口の拡大を始めとする法曹のあり方の改革が必要である。さらに，民主主義社会において裁判所が役割を十全に発揮するには，国民の広い支持と理解（国民的基盤）が必要となる。

　こうして，意見書はその改革案を3つの柱のもとに提示することとなった。すなわち，意見書第II章「国民の期待に応える司法制度」（制度的基盤），第III章「司法制度を支える法曹の在り方」（人的基盤），第IV章「国民的基盤の確立」である。

　これらの柱のもと，意見書は実に包括的な改革案を提示しているが，個別の内容に触れることはできないので，後にやや立ち入って検討する点のほかは，表5-1に項目のみまとめておくこととする。

（2）司法制度改革の実施状況

　意見書提出以降は，改革案の実施段階に入る。意見書は，「本意見の提言する改革は，内閣が総力を挙げて取り組むこととしなければ，容易に成し遂げられるものではないことから，内閣に強力な推進体制を整備し，一体的かつ集中的にこれに取り組まれるよう求める」（司法制度改革審議会 2001：V 第1）として，改革案の「つまみ食い」的な採用ではなく一体的な実現を求め，また，必要な財政措置についても特段の配慮を求めた（V 第3）。

　実際にはまず，2001年に司法制度改革推進法が制定され，同年12月には首

表 5-1　司法制度改革審議会意見書の提案項目

国民の期待に応える司法制度（制度的基盤）			
民事司法制度の改革	民事裁判の充実・迅速化	計画審理の推進，証拠収集手続の拡充，人的基盤の拡充	
	専門的知見を要する事件への対応強化	専門委員制度の導入，鑑定制度の改善，法曹の専門性強化	
	知的財産権関係事件への総合的な対応強化		
	労働関係事件への総合的な対応強化		
	家庭裁判所・簡易裁判所の機能の充実	人事訴訟等の家庭裁判所への一本化，調停委員，司法委員，参与員への多様な人材の確保等，簡易裁判所の管轄拡大，少額訴訟手続の上限の大幅引上げ	
	民事執行制度の強化		
	裁判所へのアクセスの拡充	利用者の費用負担の軽減，民事法律扶助の拡充，裁判所の利便性の向上，被害救済の実効化	
	裁判外の紛争解決手段（ADR）の拡充・活性化		
	司法の行政に対するチェック機能の強化	行政訴訟制度の見直し	
刑事司法制度の改革	刑事裁判の充実・迅速化	新たな準備手続の創設，連日的開廷の確保等，直接主義・口頭主義の実質化（公判の活性化），裁判所の訴訟指揮の実効性の確保，弁護体制等の整備	
	被疑者・被告人の公的弁護制度の整備	公的費用による被疑者・被告人の弁護制度（公的弁護制度），少年審判手続における公費による少年の付添人制度（公的付添人制度）	
	公訴提起の在り方	被疑者・被告人の身柄拘束に関連する問題	
	犯罪者の改善更生，被害者等の保護		
国際化への対応			
司法制度を支える法曹の在り方（人的基盤）			
法曹人口の拡大		法曹人口の大幅な増加	
		裁判所，検察庁等の人的体制の充実	

第5章 司法制度

法曹養成制度の改革	法科大学院	
	司法試験	
	司法修習	
	継続教育	
弁護士制度の改革	弁護士の社会的責任（公益性）の実践	
	弁護士の活動領域の拡大	法律相談活動等の充実，弁護士報酬の透明化・合理化，弁護士情報の公開
	弁護士の執務態勢の強化・専門性の強化	
	弁護士の国際化／外国法事務弁護士等との提携・協働	
	弁護士会の在り方	弁護士会運営の透明化等，弁護士倫理等に関する弁護士会の態勢の整備
	隣接法律専門職種の活用等	
検察官制度の改革	検察官に求められる資質・能力の向上等	
	検察庁運営への国民参加	
裁判官制度の改革	給源の多様化，多元化	判事補制度の改革等，弁護士任官の推進等，裁判所調査官制度の拡充
	裁判官の任命手続の見直し	
	裁判官の人事制度の見直し（透明性・客観性の確保）	
	裁判所運営への国民参加	
	最高裁判所裁判官の選任等の在り方について	
国民的基盤の確立		
国民的基盤の確立（国民の司法参加）	刑事訴訟手続への新たな参加制度の導入	
	その他の分野における参加制度の拡充	
国民的基盤の確立のための条件整備	分かりやすい司法の実現	
	司法教育の充実	
	司法に関する情報公開の推進	

（出典）筆者作成。

表5-2　司法制度改革関連法成立状況等一覧

成立時期	法律名	概要
2001年臨時国会	司法制度改革推進法	司法制度改革の基本理念，司法制度改革推進計画の策定，司法制度改革推進本部の設置等。
2002年通常国会	弁理士法の一部を改正する法律	弁理士に特定侵害訴訟の訴訟代理権を認めるなどの制度整備。
	司法書士法及び土地家屋調査士法の一部を改正する法律	司法書士に簡裁における訴訟代理権を認めるなどの制度整備。
2002年臨時国会	学校教育法の一部を改正する法律	専門職大学院制度の創設等。
	司法試験法及び裁判所法の一部を改正する法律	新司法試験の実施及びその受験資格，旧司法試験の並行実施，司法修習期間を少なくとも1年とすること等。
2003年通常国会	法科大学院への裁判官及び検察官その他の一般職の国家公務員の派遣に関する法律	裁判官，検察官その他の一般職の国家公務員の法科大学院への教員派遣。
	裁判の迅速化に関する法律	裁判の迅速化の趣旨，国の責務等。
	民事訴訟法等の一部を改正する法律	計画審理の推進，証拠収集手段の拡充，専門委員制度の創設，特許権等関係訴訟事件の専属管轄化等。
	人事訴訟法	人事訴訟の家庭裁判所への移管等。
	司法制度改革のための裁判所法等の一部を改正する法律	簡易裁判所の管轄の拡大及び民事訴訟等の費用に関する制度の整備。 民事調停官及び家事調停官制度の創設。 弁護士資格特例の拡充，弁護士の綱紀懲戒手続の整備等。 外国法事務弁護士による弁護士の雇用禁止の撤廃等。
	担保物権及び民事執行制度の改善のための民法等の一部を改正する法律	民事執行制度の強化。
	仲裁法	仲裁法制の整備。
2004年通常国会	弁護士法の一部を改正する法律	大学の法律学の教授等の職に在った者に対する弁護士資格の特例措置の見直し。
	労働審判法	個別労働関係事件について，簡易迅速な紛争解決制度として労働審判制度の導入。
	裁判員の参加する刑事裁判に関する法律	刑事裁判において一般の国民が裁判官とともに裁判内容の決定に関与する制度の導入。

	刑事訴訟法等の一部を改正する法律	刑事裁判の充実・迅速化のための方策の導入。被疑者に対する国選弁護人の選任制度の導入等国選弁護人制度の整備。検察審査会の一定の議決により公訴が提起される制度の導入。
	総合法律支援法	国民が全国どこでも法律上のトラブルの解決に必要な情報やサービスの提供を受けられるようにするための総合的な体制の整備。
	行政事件訴訟法の一部を改正する法律	行政訴訟制度につき，国民の権利利益のより実効的な救済方法の整備。
	知的財産高等裁判所設置法	知的財産関係事件を専門的に扱う知的財産高等裁判所を設置。
	裁判所法等の一部を改正する法律	知的財産関係事件における営業秘密の保護の強化及び侵害行為の立証の容易化，特許権等の侵害訴訟と特許無効審判との関係の整理等に必要な手続等の整備。
	判事補及び検事の弁護士職務経験に関する法律	判事補及び検事が一定期間その身分を離れ，弁護士となってその職務を経験する制度の整備。
2004年臨時国会	労働組合法の一部を改正する法律	労働委員会が行う不当労働行為審査の迅速化・的確化を図るための審査手続及び審査体制の整備等。
	裁判外紛争解決手続の利用の促進に関する法律	民間事業者が行う裁判外紛争解決手続の業務について法務大臣が認証を行う制度の整備等。
	裁判所法の一部を改正する法律	司法修習生に対し給与を支給する制度に代えて，司法修習生がその修習に専念することを確保するための資金を国が貸与する制度の導入。

(注) このほか，弁護士報酬の敗訴者負担制度の整備に関する民事訴訟費用等に関する法律の一部を改正する法律案が2004年通常国会に提出されたが，廃案となった。

(出典) 法務省「司法制度改革関連法成立状況等一覧」(http://www.moj.go.jp/content/000004382.pdf) を筆者が簡略化。

相を本部長とする司法制度改革推進本部が設置され，意見書の求める「強力な推進体制」が整備された。2002年3月には，司法制度改革推進計画が閣議決定され，それに基づいて，推進本部に設けられた多くの専門的な検討会の検討

---

(4) なお，司法制度改革審議会会長であった佐藤を座長とする「顧問会議」も設置された。

を踏まえて法案が作成された。司法制度改革推進本部の存続期間は3年間とされたが，この間に**表5-2**の通り，24もの法律が制定されたことが分かる。

司法制度改革推進本部は2004年11月30日をもって解散したが，法務省等の実施担当府省と，総合調整を行う内閣官房において，引き続き改革に取り組むものとされた。

以上，今次の司法制度改革について概観したが，本章の後半では，このうち，裁判所改革に着目して若干立ち入って検討する。次にも述べるように，今次の司法制度改革の中でもこのような形で国民的な議論として論じる必要のあったものは，法曹人口問題と並んで裁判所改革であったからであり，その意味でこの問題は，今次の司法制度改革の核心の1つと言えるからである。

3　司法の容量拡大

これまでみてきたように，今次の司法制度改革では実に多くのテーマが俎上に上ったが，法曹三者の間，あるいは裁判所，弁護士会，法務省（検察庁）のそれぞれにおいて専門的かつ漸進的な議論が進められれば足りると思われるものも少なくなかった。

他方，こうした法曹界内部の議論では進捗が期待できず，今次の司法制度改革のような国民的な議論によって初めて変化が可能となった項目もある。その最たるものは法曹人口問題であろう[5]。今となっては，法曹人口の拡大は急に過ぎるとの指摘があり[6]，法曹人口と密接に関連する法曹養成制度についても様々な困難が指摘されている。この点については現在，新たな改革が議論されて

---

[5]　司法試験合格者数は臨司意見書が出された1964年に年間500名に達したが，その後約30年に渡りこの水準で推移した。その後，1991年から除々に増加し，司法制度改革審議会が議論を進めている当時は700名強であった。そうした中，審議会意見書は2010年ころには年間3000名を合格させるべきだとしたわけである（Ⅲ第1-1）。もっとも，実際には2010年の合格者数は2133名であり，2015年には1850名にとどまった。この点については様々な議論が可能であるが，本章では，司法制度改革前と比較して大幅に増加しているという点がまずは重要であると考える。

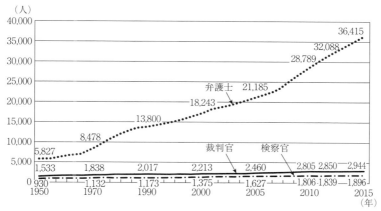

図 5-1 日本の法曹人口の推移

(注) 1. 裁判官数（簡裁判事を除く）は，1950年〜1990年は各年度の定員。1991年以降は各年の4月現在のもの。
2. 検察官数（副検事を除く）は，1950年〜1990年は各年度の定員。1991年以降は各年の3月31日現在のもの。
3. 弁護士数は正会員で，各年の3月31日現在のもの。

(出典) 日本弁護士連合会『弁護士白書2015年版』（2015年）63頁。

いるが，本章ではこれ以上立ち入らない。ともあれ，ここで確認しておきたいのは，意見書が目指した「国民にとって，より利用しやすく，分かりやすく，頼りがいのある司法」は，法曹人口の大幅な増加だけで相当部分は達成可能であり，他方，法曹人口の大幅増加は法曹界内部の議論では決して実現できなかっただろうということである。

---

(6) 図 5-1，2 から明らかなように，増加した法曹人口の大部分は弁護士に吸収されていることから，弁護士人口の急増による執務環境の悪化が一部では極めて深刻になっている。

(7) 法曹養成制度の改革については，2013年7月，法曹養成制度関係閣僚会議で「法曹養成制度改革の推進について」が決定され，2年以内に目途に，法曹有資格者の活動領域の在り方，今後の法曹人口の在り方，法曹養成制度の在り方（法科大学院，司法試験，司法修習など）について検討することとされた。この決定に基づき，司法試験については，2014年5月に受験回数制限の緩和や短答式試験の試験科目の削減を内容とする司法試験法改正が行われている。

法曹人口問題全般への言及はこの程度にして，本節では，裁判所に焦点を当て，かつ，人口問題以外にも少し視野を広げて，裁判所の容量拡大はなされたかという観点から若干の検討を行いたい。

　日本の法曹人口の推移は図5－1の通りであり，今次の司法制度改革により新司法試験・新司法修習制度に移行し，そのもとで養成された者が実務に出た2006年頃から急増している。しかし，増加分のほとんどは弁護士となっており，裁判官（判事補）の採用数には大きな変化はない。

　しかし，従来より裁判官の職務負担が過重で，それが種々の弊害を生んでいるとの指摘は多くなされてきた。また，地裁の支部に裁判官が常駐していないため，そもそも，司法へのアクセスの観点から問題があるとの指摘もある。意見書でも，「裁判官数が足りないことにより，裁判官の負担過多，大型事件等の長期化などの深刻な事態が生じているなどの指摘がある」とされ，「裁判官を大幅に増員することが不可欠である」との認識が示されていた（司法制度改革審議会 2001：Ⅲ第1-2）。

　ところが，前述のとおり，近年に至っても，新規採用の裁判官のほとんどを占める司法修習生からの判事補採用数は横ばいであり，裁判官の総数もわずかずつ増加しているに過ぎず，裁判官の過重負担の問題が解消したとは到底いえないのではないか。

　裁判官の過重負担は，審理の遅延や強引な和解勧試といった可視的な弊害だけではなく，裁判官が自ら法的な素養を深める時間的な余裕を奪うことで，中長期的には裁判官の独立を蝕むおそれがある。一部で指摘されている，裁判官会同・協議会等を通じた最高裁事務総局による判決内容の誘導（新藤 2009：165）や，最高裁調査官による判例解説の過大な影響力の問題（滝井 2009：36，田原 2013：26）は，他の要素とともに，裁判官の過重負担の問題が背景にあると考えられる。その意味でこの問題は，審理の遅延などの現象面にとどまらない本質的な問題ではないかと思われる。

---

(8) 弁護士の地理的な偏在，相談方法が分からないとか費用が高いなどの「敷居の高さ」，法曹三者の業務過重による訴訟の遅延等は，法曹人口が大幅に増加し，弁護士間の競争が促進されるだけで相当程度解消するはずだろう。

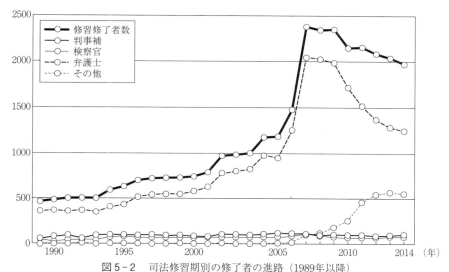

図5-2 司法修習期別の修了者の進路（1989年以降）

(注) 1. 修了直後の段階での統計であり、「その他」はその後弁護士登録する者が多い。ただし、直近では経済的理由により弁護士登録ができない者も増加しており、問題となっている。
2. 司法修習41期は1989年修了、66期は2013年修了である。司法修習期間が短縮された関係で、52期、53期はいずれも2000年修了（4月と10月）である。

(出典) 最高裁判所事務総局（編）『裁判所データブック2015』から筆者作成。

　裁判官の大幅増員が実現しない唯一ではないにしても重要な理由の1つとして、裁判所予算の問題が考えられる。裁判所の2015年度予算額は3131億円であり、一般会計歳出96兆3420億円の0.325％を占めるにすぎない（最高裁判所 2015a：26）。この割合は、意見書が財政上の措置について「特段の配慮」を求めたにも関わらず、近年むしろ低下傾向にある。そして、裁判所予算の80％以上が人件費であることから、裁判官の増員には裁判所予算の大幅な増額が必要であり、現在の状況ではそれが困難であることは明らかである。

　さらに、裁判官の報酬は他の公務員と比較して高いことが、困難に拍車をかけている。「裁判官の報酬は、一般公務員のそれよりも高い水準にあるが、それは、裁判官の地位、職責の重要性や、超過勤務手当が支給されず、その分が報酬に組み入れられていることなどによる」と説明されている（裁判官の人事評価の在り方に関する研究会 2002：第2-5（1））。この説明が妥当かどうかはと

もかく，実際問題として，この報酬を維持したまま大幅に増員をすることは困難だろう。

この点については，昇給を遅らせて原資を捻出すべきだとの主張もされている（阿部 2010b：17）が，それにも限界がある。また，元最高裁判事の園部逸夫は，「今の裁判官の俸給をそのまま維持して人数を倍増するということはなかなか難しい問題です」とした上で，「今は民事の裁判でやっているような家賃の問題とか賃料の問題とかを，もっと行政機関がやってもいい」「待遇の面で，行政官なみにして，迅速簡便な救済に当たる『行政審裁判官』というようなものを作らないと」と述べている（園部 2001：331）。ADR（裁判外紛争解決手段）の充実をいうものと思われる。今次の司法改革でもADRの拡充・活性化は重要な課題となったが，[9]「法の支配」の浸透という観点からは，裁判所が関わるべき領域があるはずで，ADRでの代替には自ずと限界があるだろう。

結局，抜本的な改善のためには，裁判所の重要性が広く国民に理解されるように努力するほかないと思われる。そのためには次に述べるように，司法の開放度を向上させることが不可欠である。また，その際には，弁護士会など他の法曹との協力も不可欠である。この点，近年，裁判所予算の概算要求の時期に合わせ，横浜弁護士会，千葉県弁護士会など各地の弁護士会で，裁判所予算の大幅増額を求める会長の声明が発せられている。弁護士会でも，国選弁護などの報酬が不十分であるなどの司法予算に係る問題を抱えており，法曹界全体で国民の理解を求めていく必要があろう。

他方，国民の支持に依拠して予算の拡大を求めるということは，裁判所の政治の表舞台にアクターとして登場することを意味する。裁判所がこれまで予算の拡大に向けて積極的に動いてこなかったのは，おそらくそれによって政治との過度の関わり合いが生じることを避けるという意味合いがあったと思われる（御厨 2010：69）。[10]しかし，後述のように，意見書は，様々な形で裁判所の国民に対する開放度を向上させ，その説明責任を強化し，国民の理解と支持を得

---

(9) その後，仲裁法や労働審判法といった個別法のほか，裁判外紛争解決手続の利用の促進に関する法律（ADR促進法）のような一般的な法律も制定された。

て国民的な基盤を獲得し，より積極的な活動を展開していくということを想定している。その結果，個々の裁判で政治に大きな影響を及ぼすような判断を行うだけでなく，司法行政の領域でも政治的イシューになるような提案をしていくことも当然あり得るはずである。裁判所予算拡大の問題もこうした文脈の中で考えていくべきだろう。

4　司法の開放性と司法の独立

（1）官僚司法批判とその処方箋について
① 従来の官僚司法批判

3では，国民的議論を経なければ実現できなかったテーマとして法曹人口問題，特に裁判官増員問題について検討したが，同様に国民的議論が必要であったテーマとして，裁判所あるいは裁判官制度の改革について取り上げたい。

裁判所あるいは裁判官に対する根強い批判の1つとして，いわゆる官僚司法・官僚裁判官批判というものがある。ごく簡単にいえば，政府の意向を忖度した最高裁判所事務総局が，人事や昇給，さらには情報提供を通じて裁判官を統制し，画一的かつ政府寄りの判断がなされるようにしているといった批判である（最近のものとして例えば瀬木 2014：第3章，新藤 2009。また，この点に関する実証分析の整理としてフット 2007：第3章参照）。この問題の処方箋として新藤宗幸は，裁判所法が本来想定していたような裁判官自治，すなわち，裁判官間の平等を前提として，各裁判所におかれた裁判官会議（裁判所法12条1項，20条1項，29条2項）を司法行政の中心とすること，市民の参加する地域裁判官人事諮問委員会の設置，現在12段階に区分されている裁判官の報酬（裁判官の報

---

(10) 司法行政権は戦前には司法省にあったところ，戦後は裁判所に移された。それに伴って本来は政治的な要素も含みうる司法行政が脱政治化したということはないだろうか。関連して，憲法77条には最高裁に規則制定権を認めているが，たとえばアメリカでは訴訟法に該当する準則も最高裁の規則で定められているのとは対照的に，通説や実務はその範囲を狭く，裁判所の内部事項や法律の細則のようなものに限定している。こうした捉え方により，司法行政は裁判所の内部管理にいわば矮小化されてしまったように思われる（参照，曽我部 2015：246）。

酬等に関する法律別表）の簡素化，裁判所情報公開法の制定による情報公開の促進などを挙げている（新藤 2009：第4章）。[11]

こうした批判については，司法制度改革審議会も一定程度受け入れており，意見書は裁判官制度の改革についていくつかの改革案を提示している。伝統的な処方箋である法曹一元制度への移行は退けているが，裁判官の給源の多様化・多元化（判事補の他職経験の促進，弁護士任官の推進等），裁判官の任命手続の見直し（下級裁判官指名諮問委員会の設置など），人事制度の見直し（人事評価制度の透明性・客観性の確保，報酬段階の簡素化など）といったものである。

これらの提案自体の妥当性についても様々な見解があり得るが，いずれにしても，これらの提案のなかには実現されなかったものもあり，また，一応実現はしたが，所期の通りに機能しているとは言い難いものもある。前述の新藤による改革案は，こうした現状を踏まえた再改革を求めるものである。

これらの批判的分析と処方箋の提案には，聞くべきものがあることは間違いない。ただし，これらの見解は，最高裁（事務総局）と個々の裁判官とを対置した上で，前者によって後者の独立が脅かされているという点にもっぱら焦点をあてるものである（参照，馬場 2006b：303-306, 曽我部 2015：247）。そこで提案されている裁判官自治の復権をはじめとする改革案も，こうした見方の枠内のものであるといえる。

しかし，こうした問題設定に対しては，そもそも，事務総局が裁判官を統制する必要に迫られたのは，55年体制下の政治状況において組織を防衛するための合理的な行動であったというより巨視的な視点が必要だろう（牧原 2006）。また，他方で，組織の官僚化は，民間も含めて日本の組織に共通する問題であり，裁判所だけの問題として批判してもあまり生産的ではないように思われる（園部 2011：31 参照）。

こうした観点からは，いわゆる司法の官僚化に対する処方箋は，意見書の改革案の中の個々の裁判官制度改革もさることながら，むしろ，意見書のより一

---

(11) 元裁判官の西理も同様の方向性の提言を行っている（西 2012c）。もっとも西は法曹一元制の導入を主張しており，時期尚早とする新藤とはこの点で大きく異なる。

般的な考え方としての司法の開放性の強化に関する諸方策のなかに求められるのではないか。そこで，次にこの点を検討することとする。

② 司法の開放性と司法の独立

　今次の司法制度改革に関して，法社会学者の渡辺千原は，司法に「常識を反映させるべきだ」といった「常識論」が果たした役割に着目して興味深い分析を行っている（渡辺 2006）。渡辺は，司法改革を主張したアクターとして，経済界や弁護士会に加え，裁判所や市民団体・一般市民の四者に着目し，今次司法改革をこの4アクターの力学として見つめ直した場合に，「司法の非常識論」が，法化や近代化，司法の民主化といった理念以外の改革の梃子の1つになったと指摘する。すなわち，これら四者は，司法に常識を求めて司法制度改革を求め，あるいは取り組んだものであるが，それぞれが思い描く常識の内容はそれぞれ異なっていたものの，「常識」の多義性ゆえに，対立するアクターがそれなりのコンセンサスに達し，改革論議を具体的な立法にまで持ち込むことに成功したという。

　今次の司法制度改革にこのような側面があったことは確かであるが，問題は，こうした主張がどのような制度として具体化されたかである。この点，司法に常識を求める動きは，制度原理としては，司法の開放性の強化の要請としてとらえられると考えられる。すなわち，司法が非常識であるとして，それに常識を備えさせるためには，結局のところ司法の社会への開放性を強化して常識の担い手たる社会との接触を増加させることが必要になる。このことは逆にいえば，裁判所の活動を社会に対して説明できるようにするということであり，裁判所の責任という観点からは説明責任の強化ということになろう。

　意見書の柱の1つである「国民的基盤の確立」がこの点に関わる（司法制度改革審議会 2001：Ⅳ）。意見書がこの項目でもっとも力点をおいて提案したのは，刑事訴訟手続への新たな国民参加制度である裁判員制度（当時はまだ仮称であった）であるが（司法制度改革審議会 2001：Ⅳ第1-1），このほかにも，以下のような項目を取り上げている（司法制度改革審議会 2001：Ⅳ第1-2）。

　・民事司法における専門委員制度の導入，調停委員，司法委員及び参与員制

度の拡充
・検察審査会制度の拡充，保護司制度の拡充
・裁判官の指名過程に国民の意思を反映させる機関の新設
・裁判所，検察庁及び弁護士会の運営について国民の意思をより反映させる仕組みの整備

　この他にも，ADR のうち，裁判官と非裁判官とが協働する制度，具体的には，民事調停の特別類型として導入が提案されている労働調停（労働審判）制度などについても，本章のここでの観点からすれば，裁判官と国民との接点を設けるものとして検討の射程に含まれる。

　さて，上記のように意見書では国民の立場からみて「国民の司法参加」という表現が用いられているが，裁判所からみれば，国民とのコミュニケーションを通じて裁判所の活動に対する国民の理解と支持が深まることを意味している。他方，このような形で国民的な基盤が確立することによって，裁判所は独自の形式での民主的な正統性を獲得し，政治からより自律的で能動的な役割を果たすようになることが期待される。

　また，官僚司法の打破という先述の問題意識からすれば，個々の裁判官が国民とのコミュニケーションを通じて裁判所内部の統制からのより大きな自律性を獲得することが期待されるところである。

　以下では，広義の裁判作用に関わる開放性確保の制度と，司法行政に関わる開放性確保の制度とに分けて，それぞれの制度の概要と意義について若干の検討を行うこととする。[12]

---

[12]　この観点からは，裁判官が裁判所において部外者に対する開放性を高めるだけではなく，裁判官自身が外部に出ることによって外部の視点を体得することも有意義である。司法制度改革審議会意見書は判事補が裁判官の職務以外の多様な法律専門家としての経験を積むことの制度化を求めたが，これは 2004 年制定の判事補及び検事の弁護士職務経験に関する法律として実現した。最高裁では，同法制定時点で，弁護士のみならず行政機関や民間企業への出向，海外留学などにより，原則としてすべての判事補が外部経験を積む機会が得られることを目標としていたという（小池 2004：49）。

（2）裁判作用における開放性

① 裁判員制度

　裁判員制度は，有権者から無作為に選ばれた裁判員が所定の重大な刑事事件において裁判官とともに審理に参加し，有罪かどうか，有罪の場合どのような刑にするかを決定する制度である。裁判員裁判では，職業裁判官3名に対し，6名の裁判員によって合議体を構成することになる（裁判員の参加する刑事裁判に関する法律2条2項）。法令解釈や訴訟手続に関する判断のように高度に専門的な事項を除き，裁判員は裁判官とともに，事実認定，法令適用，刑の量定といった刑事裁判の重要部分を担うことになる（同法6条）。

　裁判員制度に関する法律は，2009年5月に施行され，同年8月に東京地裁で初めての公判が行われた。国民の関心も高く，2014年には制度発足5周年を迎え，新聞等でも大きく報道された。5年間の経験から，この制度が刑事裁判にもたらした変革や，課題も見えてきたが，本章のここでの関心からは，次に掲げるような，裁判官アンケートへの回答が注目される。

　　　裁判官が裁判員と対等に評議等をすることが，裁判官に対して，新鮮な刺激を与えたこと，国民の常識に対面し，従来の法曹の常識がそのままでは通用しなくなったこと，裁判員等に裁判官の考えを理解してもらうためには，従来よりももう一歩深いところからものを考えざるをえないことなど，人間的な訓練を含めて様々な良い影響をもたらしている。（浅見ほか 2013：21-22）

　このような回答からは，これまで疑問視されてこなかった刑事裁判の運用について，結果としてそれを改めるかどうかは別として，裁判員に対して説明を求められる。「法曹は自分たちの常識がなぜ正しいかを説得的に裁判員に説明しなければならない」（三井 2010：30）のである。しかし，上記のアンケート回答はさらに進んで，このような説明の機会が，裁判官が改めてそうした運用の理由と正当性を考える契機になっていることが伺える。こうしたプロセスを通じ，社会常識が裁判官に伝達されることになり，あるいは，個々の裁判官が

自発的に行動様式を修正する可能性も生じる。

　これまでの議論でも，裁判員制度におけるコミュニケーションの要素は重視されてきた。ただ，一般には，「裁判員制度は，裁判官の法的専門性と国民の健全な良識の双方を組み合わせ，相互のコミュニケーションを図ることにより，よりよい結論と相互信頼の両者を得ることを目指して導入されたもの」（土井2007：278）とか，「『統治主体・権利主体である国民』（審議会意見書）がプロフェッションたる法曹との有意的コミュニケーションを通じて，政治・行政の行き過ぎから自らの権利（国民一人ひとりの権利）を守ろうとする場である」（佐藤2012：96）といった具合に，コミュニケーションは良き裁判の実現に資するという見方が中心であり，その他には討議民主主義からこの点に着目する見解（柳瀬2009）もあった。

　これらの見方はそれぞれ重要であるが，先に引用したような回答をさらに敷衍すれば，裁判官の独立を強化するプロセスとしてこのコミュニケーションをとらえることも可能ではないか。やや誇張していえば，裁判所の官僚的統制に対して，コミュニケーションの成果を通じて自律性を獲得するプロセスである[13]。

　裁判員裁判は2015年9月末までに既に全国で9206件行われ（最高裁判所2015b：2），裁判員あるいは補充裁判員として選任された者の数は6万2540名を数える（最高裁判所 2015b：5）。これだけのボリュームで国民が裁判に参加し，裁判官がこれらの国民に接する機会を得ることで，上記のようなプロセスが中長期的に裁判官の行動様式に影響を及ぼす可能性も少なくないと思われる。

② 民事司法の国民参加

　裁判員制度のほか，意見書は，民事司法における専門委員制度の導入，調停委員，司法委員及び参与員制度の拡充も提案している。

　このうち，厳密には裁判作用とはいえないものの，民事調停や家事調停に関

---

[13] これに対しては，裁判官が裁判員とのコミュニケーションによって制約を受けると捉えた場合，そのことが裁判官の独立との関係で問題ではないかとの見方もありうるが，かつての裁判批判が裁判官の独立を侵すものではないとされたのと同様，そのような見方を取る必要はないと思われる。

与する調停委員制度（民事調停法8条以下，家事調停法249条以下），簡裁における民事裁判の審理と和解に関与する司法委員制度（民事訴訟法279条），家裁の家事審判および人事訴訟の審理と和解に立ち会い，事件について意見を述べる参与員制度（人事訴訟法9条以下，家事事件手続法14条）は，今次の司法制度改革以前より存在していた制度である。

　ただ，これらの制度では，裁判員制度とは異なり委員が裁判官と対等の立場で相当時間議論するようなことは想定されていないため，裁判官の開放性確保のための制度として捉えた場合には十分であるとはいえないと思われる。

　これに対して，今次の司法制度改革により新たに導入された制度は，より意義深い。

　すなわち，専門委員は，医療や建築などの専門知識を要する訴訟において専門家の知見を提供するために選任されるもので，2003年の民事訴訟法改正によって導入された（同法92条の2以下）。また，2012年の非訟事件手続法改正により，専門委員制度は非訟事件にも導入されている。

　また，意見書では国民の司法参加とは別の項目で言及されているが，民事調停の特別な類型として，2004年制定の労働審判法により導入された労働審判制度もある。これは，個々の労働者と事業主との間に生じた労働関係に関する紛争を，迅速，適正かつ実効的に解決することを目的として設けられた制度であり，裁判所で行われるが訴訟手続ではなく，裁判官である労働審判官と労使関係者各1名とからなる労働審判委員会で審理が行われるものであり，多くの利用例があって司法制度改革のうち，もっとも成功した制度だと思われるとの評価もある（浅見ほか 2013：5）。

　専門委員制度や労働審判制度は，専門性を備えた非法律家が裁判官と協働するもので，裁判官との間で実質的なやりとりが可能な仕組みになっているものと思われ，裁判官と非法曹とのコミュニケーション確保の観点からも評価可能なものではないか。

　しかし，これらは特定の専門分野での制度であるから，民事訴訟・行政訴訟においても何らかの形でより一般的な国民参加の仕組みを導入することが望ましいと思われる。

(3) 司法行政に関わる司法の開放
① 下級裁判所裁判官指名諮問委員会

　今次の司法制度改革では，司法行政に関わる改革案はそれほど多くなかったが，裁判官制度に関してはいくつかの改革が提案された。その1つが下級裁判所裁判官の新任および再任過程について，指名権者である最高裁の諮問を受けて答申を行うために設置された下級裁判所裁判官指名諮問委員会である。

　意見書によれば，この委員会の設置の趣旨は下記のとおりである（司法制度改革審議会 2001：Ⅲ第5-2）。

　　　最高裁判所による指名過程は必ずしも透明ではなく，そこに国民の意思は及びえないこととなっている。こうした現状を見直し，国民の裁判官に対する信頼感を高める観点から，最高裁判所が下級裁判所の裁判官として任命されるべき者を指名する過程に国民の意思を反映させるため，最高裁判所に，その諮問を受け，指名されるべき適任者を選考し，その結果を意見として述べる機関を設置すべきである。

　しかし，実際に設置された委員会に対しては，批判も強い（新藤 2009：153以下，木村 2009 など）。個別の問題点についてはここでは言及しないが，本章の観点からは，「第一の問題点は，今期裁判官制度改革が，よき司法を実現する責務を外部に開かれた複合的・共働的なものとすることを目指しながら，そ

---

[14] いわゆる弁護士任官も，弁護士は法律家ではあるが裁判所外部の視点をもっており，類似の意義をもっているともいえる。逆にいえば，裁判所外部の視点を裁判所に持ち込み，職業裁判官に説明させるという観点からは，今次の司法制度改革後に制度が整備されたとはいえ（小池 2004：51），なお様々な障害が指摘されなかなか拡大しない弁護士任官にばかりこだわる必要はないかもしれない。なお，常勤として弁護士任官する者の数は年間で数名（2014年度は4名，2015年度は1名）である。

[15] 下級裁判所の裁判官は，最高裁の指名した者の名簿によって内閣が任命するとされている（憲法80条1項）。また，下級裁判所の裁判官の任期は10年であり（同），再任の際にも同様の手続がとられる。

れがなお十分に実現されているとはいいがたい点である」という馬場健一の批判（馬場 2006a：79）を引いておきたい。

② 裁判所委員会

　各家庭裁判所には以前から家庭裁判所委員会が設置され，家裁の運営全般について意見を聴取することとされている。意見書は，裁判所運営への国民参加という項目を設け（Ⅲ第 5 - 4 ），この家裁委員会の充実のほか，地裁にも同様の機関を設置することなどを求めた。

　地方裁判所委員会は，法曹三者および学識経験者から構成されることとなっている（地方裁判所委員会規則 4 条）。法曹三者には裁判官も含まれ，当該地裁に所属する裁判官も委員に選任され得るのみならず，当該地裁の所長が委員長になる例が多いというのも奇妙ではあるが，いずれにしても，こうした限定された委員の選任資格からすれば，国民の司法参加のための制度とはいいがたい。しかし，この委員会が活性化され，それを通じて裁判所の情報公開が進めば，国民に対する裁判所の説明責任という観点からは意義深いと考えられる[16]。

　しかし実際には，一定の評価を与える意見もあるものの，今回の改革は最高裁の提案に端を発したものである（中村 2004：66）[17]にもかかわらず，必ずしも想定通りに機能していないとの声もある。とくに，開催頻度が 1 年に 2 回程度にとどまり，公開されている議事概要[18]を見る限り，概して，その都度の単なる意見交換という域を出ていないようにも思われる（以上，実情については参照，

---

[16] 西 2012c には，委員会の活性化のために工夫をした例が示されているが，これは例外のようである（西 2012c：31）。

[17] 最高裁による家裁委員会の刷新および地裁委員会の設置については，司法制度改革審議会の活動と並行して最高裁に設置された「明日の裁判所を考える懇談会」がモデルとされたという。ここでの双方向の議論の成功とその有益性が最高裁に自信を与え，裁判所委員会の提案につながったとされる（中山 2007：25）。

[18] 地裁委員会については，議事概要はホームページで公開されているものの，発言者名は伏せられているし，そもそも委員名簿を公開していないところや，公開していても委員の氏名だけで肩書等の記載がないところもあって，情報公開としては極めて不十分である。

中村 2004，中山 2007，夏樹 2007，松森 2007 など）。

　確かに，一般国民は裁判所を頻繁に利用するわけではないため，委員を法曹三者や有識者ではなく一般国民から選任するようにしても委員会が活性化するとは限らない。しかし，委員会は一般国民に代わって裁判所にその声を伝えるための存在であるという考えのもとに，裁判所の情報公開を求めたり，外部の裁判所批判を裁判所に媒介したりする機能を果たすべきだろう。そのような働きを通じて，裁判所委員会は地域における「裁判所の応援団」（中村 2004：40）として，裁判所の活性化に寄与することができるはずである。

③　裁判所の情報公開制度

　最後に，裁判所の情報公開制度について触れる。周知のように，国の行政機関に関しては，1999 年制定の情報公開法により，公文書の公開制度が整備されている。情報公開法は，国民主権の理念にのっとり，政府の国民に対する説明責任を全うすることなどを目的としている（同法 1 条）。また，情報公開制度によるまでもなく，省庁の審議会等の議事録や資料は随時ホームページで公表されており，政策の透明性はかなり高まっているといってよい。

　しかし，裁判所については事情が異なる。情報公開法は裁判所には適用されない。ただ，最高裁は，2001 年の情報公開法施行に合わせて，最高裁判所の保有する司法行政文書の開示等に関する事務の取扱要綱を定め，情報公開法に類似する内部運用を行うこととした。しかし，こうした取り扱いについては多くの批判がなされている。まず，裁判所の情報公開は運用によって行われていることから，国民には文書の開示請求権が与えられていない。その結果，情報公開法の下では文書の不開示決定は行政処分としてその取消訴訟を提起することができるが，裁判所の場合にはこれは不可能である。また，情報公開法の下では，文書の不開示決定に対しては行政不服審査法に基づく不服申立てが可能であり，その場合には第三者機関である内閣府情報公開・個人情報保護審査会による審査がなされる。そこでは不開示となった公文書を直接見た上で判断がなされるから，実効的な救済が行われることになる。裁判所の情報公開においてはこのような仕組みが存在しなかったが，本章校正段階の 2015 年 7 月に，

情報公開・個人情報保護審査委員会が設置された。

　さらに，実際の運用においても情報公開に消極的な姿勢が批判されている。ロッキード事件に関連して，東京地裁が米国内の贈賄側証人に対する嘱託尋問調書を得るために，日本では認められていない刑事免責を行うことを容認するような「宣明書」と題する文書を出した事案に関する最高裁の裁判官会議の議事録等の開示が請求されたが，議事録は全部不開示，その他の文書は不存在という結果となった。議事録の不開示の理由は，裁判官会議が非公開である（最高裁判所裁判官会議規程8条）という形式的な理由であった[19]。いうまでもなく，情報公開法の下では，このような形式的な理由で全部不開示とすることは認められない。

　情報公開法制定から15年が経過し，また，この間のインターネットの発展，普及とも相まって，概していえば，行政官庁の情報公開度は飛躍的に向上したといえる。他方，行政官庁のこのような動向があり，また，意見書が司法に関する情報公開の推進を提案していたにもかかわらず（司法制度改革審議会 2001：Ⅳ第2-3），この間，裁判所の情報公開の水準が大きく改善したとは言いがたい。

5　司法制度改革で問われていたもの

　本章では，前半で今次の司法制度改革について概観した。また後半では，今次の司法制度改革のような国民的な議論によらなければ取り扱えなかったと思われるという意味ではもっとも重要と思われる2点，すなわち法曹人口問題（特に裁判所の容量拡大問題）と裁判所・裁判官の開放性確保に係る諸制度の問題について検討した。

---

[19]　本件については，請求者が国賠訴訟を提起したところ，一審判決（東京地判2004年6月24日判時1917号29頁）は請求を一部認容したが，高裁判決（東京高判2005年2月9日判時1917号29頁）は，最高裁判所裁判官会議規程8条の趣旨を重くみて全部不開示は妥当であるとした（その後上告も棄却）。以上，本件については，櫻井 2005，藤本 2007に詳しい。

この両者には密接な関わり合いがあると思われる。裁判所の容量を拡大するには，国民の理解と支持が不可欠であり，そのためには裁判所・裁判官がより開放的になり，説明責任を果たすことが必要であるからである。他方，このような変化が進むことにより，裁判所が国民的な基盤を獲得することを通じて，相応の自律性をもって政治アクター化することになる。このことは，これまでの裁判所像・裁判官像の大きな転換を意味するだろう。

　意見書提出から10余年，これまで見てきたように，裁判所が今述べたような変化に向けて踏み出す姿勢はみられないが，これは意見書の描いた裁判所像・裁判官像に対する裁判所の戸惑いなのか，それとも拒否反応なのか。

　いずれにしても，意見書の描いた裁判所や裁判官のあるべき姿とこのような現実との距離については，本稿では触れられなかった最高裁の機構改革問題や違憲審査や行政訴訟のあり方などとも関連して，改めて考えてみる必要があるのではないか。

（付記）
本章の校正段階において，筆者は京都地方裁判所裁判所委員会委員に就任したが，本章はそこでの経験を踏まえたものではないし，本章の内容はもとより個人的な意見に基づくものである。

参考文献
浅見宣義ほか（2013）「日本裁判官ネットワーク・シンポジウム　司法改革10年，これまでとこれから　第二部　パネルディスカッション　司法改革の現状と裁判官等の評価」『判例時報』2168号，3-26頁。
阿部泰隆（2010a）「司法改革の本当の課題（1）」『自治研究』86巻4号，3-30頁。
阿部泰隆（2010b）「司法改革の本当の課題（2）」『自治研究』86巻5号，3-27頁。
阿部泰隆（2010c）「司法改革の本当の課題（3・完）」『自治研究』86巻6号，3-32頁。
飯室勝彦（1998）「司法の情報公開」『法律時報』70巻6号，61-64頁。
魚住弘久（2011）「裁判所における文書管理と官僚制　下級裁判所に関する一考察」『千葉大学法学論集』26巻1・2号，83-123頁。
木村清志（2009）「下級裁判所裁判官指名諮問委員会制度の現状と今後の展望――その評価と課題」『自由と正義』60巻10号，22-28頁。

小池　裕（2004）「裁判官制度改革の運用状況について」『ジュリスト』1272号，48-55頁。
最高裁判所（2015a）『裁判所データブック2015』。
最高裁判所（2015b）「裁判員裁判の実施状況について（制度施行〜平成27年9月末・速報）」。
裁判官の人事評価の在り方に関する研究会（2002）「報告書」。
櫻井敬子（2005）「裁判所の情報公開――最高裁裁判官会議議事録非公開訴訟を素材として」『自治実務セミナー』44巻5号，16-19頁。
佐藤幸治・竹下守夫・井上正仁（2002）『司法制度改革』有斐閣。
佐藤幸治（2013）「司法改革の経緯，成果，そして課題」『判例時報』2167号，3-16頁。
司法制度改革審議会（2001）「意見書」。
新藤宗幸（2009）『司法官僚――裁判所の権力者たち』岩波書店。
瀬木比呂志（2014）『絶望の裁判所』講談社。
曽我部真裕（2015）「司法の独立についての覚書」全国憲法研究会編『日本国憲法の継承と発展』三省堂，240-254頁。
園部逸夫（2001）『最高裁判所十年――私の見たこと考えたこと』有斐閣。
園部逸夫（2011）「講演録　裁判所・裁判官に関して思うこと」『法学館憲法研究所報』5号，23-33頁。
滝井繁男（2009）『最高裁判所は変わったか――裁判官の自己検証』岩波書店。
土井真一（2007）「日本国憲法と国民の司法参加」長谷部恭男ほか編『変容する統治システム（岩波講座憲法4）』岩波書店，235-286頁。
中村愼（2004）「地方裁判所委員会の発足について」『法の支配』134号，61-71頁。
中村元弥（2004）「『天窓』は開かれたか――裁判所運営改革の到達点と課題」『自由と正義』55巻5号，33-42頁。
中山隆夫（2007）「裁判所委員会の誕生・運営にかかわって」『自由と正義』58巻8号，23-29頁。
夏樹静子（2007）「地裁委員会を振り返って」『自由と正義』58巻8号，21-22頁。
西　理（2012a）「司法行政について（上）」『判例時報』2141号，3-20頁。
西　理（2012b）「司法行政について（中）」『判例時報』2142号，46-64頁。
西　理（2012c）「司法行政について（下）」『判例時報』2143号，17-41頁。
馬場健一（2005）「裁判官制度改革の到達点と展望」『法律時報』77巻8号，51-55頁。
馬場健一（2006a）「裁判官制度改革と裁判官の独立――よりよき司法の実現に向けて」『自由と正義』57巻10号，73-80頁。
馬場健一（2006b）「裁判官の職務統制と独立保障――よき司法の実現に向けての理論モデル試論」本林徹ほか編『市民の司法をめざして――宮本康昭先生古稀記念論文集』日本評論社，301-326頁。
藤本利明（2007）「裁判所の情報公開と刑事記録の情報公開」自由人権協会（編）『市民的自由の広がり　JCLU人権と60年』新評論，243-255頁。

ダニエル・H・フット（2007）『名もない顔もない司法——日本の裁判は変わるのか』溜箭将之訳，NTT出版。
牧原 出（2006）「政治化と行政化のはざまの司法権——最高裁判所 1950-1960」『公共政策研究』6号，17-31頁。
牧原 出（2008）「『司法権の民主化』と『裁判官等質論』戦後初期の司法改革における司法観」『法学』72巻3号，355-389頁。
松森 彬（2007）「裁判所委員会の活性化のために 国民，委員，裁判所の役割」『自由と正義』58巻8号，43-49頁。
御厨 貴（2010）『後藤田正晴と矢口洪一の統率力』朝日新聞出版。
三井 誠（2010）「講演録 刑事司法と市民参加—市民訴追制度とコミュニケイティブ（Communicative）司法」『東北学院大学法学政治学研究所紀要』18号，1-40頁。
三井 誠（2012）「コミュニケイティブ（communicative）司法」『論究ジュリスト』2号，104頁。
宮本康昭（2005a）「裁判官制度改革過程の検証」『現代法学』（東京経済大学）9巻，91-129頁。
宮本康昭（2005b）「司法制度改革の史的検討序説」『現代法学』（東京経済大学）10巻，59-88頁。
宮本康昭（2007）「司法制度改革の立法過程」『現代法学』（東京経済大学）12巻，39-80頁。
柳瀬 昇（2009）『裁判員制度の立法学』日本評論社。
渡辺千原（2006）「司法改革論議における『常識』の位置」『立命館法学』310号，529-562頁。

第6章

財政制度
——実質的意味の財政憲法と"財政のかたち"——

片桐直人

1 我が国財政の現状

(1) 我が国の財政状況

　周知のように，我が国の財政は危機的な状況にあり，その持続可能性が強く疑われている。2014年度当初予算における一般会計予算は，前年度当初予算額に対して，3.3兆円増（3.5％増）の95.9兆円（対GDP比19.2％）となっている。これを歳出面からみると，最も高い割合を占めるのは，社会保険費，社会福祉費，生活保護費，保健衛生対策費，失業対策費などの社会保障関係費で30.5兆円（歳出全体の31.8％）となっており，以下，国債の元本償還及び利払いに充てられる国債費23.3兆円（24.3％），地方交付税交付金等16.1兆円（16.8％），公共事業費6.0兆円（6.2％），文教及び科学振興費5.4兆円（5.7％），防衛費4.9兆円（5.1％）と続く。

　一方，これを歳入面からみれば，租税及び印紙収入は，50.0兆円となっており，歳入全体の52.1％にしかならず，歳入の43.0％を公債で賄うという極度の公債依存体質となっている。改めていうまでもないが，このような公債依存体質は，毎年のことであり，2014年度に限ったものではない。毎年の公債発行の結果，平成26年度末では，国・地方を合わせた長期債務残高は，1010兆円（このうち，国は811兆円，普通国債残高は780兆円），対GDP比で202％にもなると見込まれている。

　このような公債依存体質は，少子高齢化に伴って社会保障関係費が増大する反面，不景気による税収が落ち込んだこと，景気対策のために政策的に減税が行われてきたことによる。

もちろん，多額の国債を発行していても，我が国のように家計が潤沢な金融資産を保有しているなどの背景があって，国債の市中消化が順調である場合には，当面，問題はないといえるかもしれない。また，財政収支の均衡が必要であるといっても，直ちに国債の発行を取りやめ，全額償還しなければならないわけではない。しかしながら，このような安定的な状況が将来も続く保証はなく，また政治的意思決定の余地が狭まることや世代間公平の観点からも，やはり問題がある（可部ほか 2014：58-59）。さらに，近年では，財政赤字が経済成長を抑制するという指摘もある（小林 2013）。

（2）財政赤字脱却と財政制度改革

　したがって，当面の我が国の財政の目標として，公債依存体質から脱却することが求められる。そのためには，結局のところ，歳出を減らすか，歳入を増やすかしかない。この点，景気回復によって税収が増えれば財政再建は容易になるという指摘もある。もちろん，景気回復ないし経済成長は財政健全化の重要な前提である。しかしながら，一定の経済成長を前提としたとしても，なお，経済成長による税収の自然増のみで財政収支の均衡化を達成しうるとは考えにくい。

　また，歳出に無駄が多いという指摘も聞かれる。たしかに，予算の非効率な使用は，歳出膨張の1つの原因である。たとえば，会計検査院による平成24年度決算検査報告で，効率性の観点から問題があると指摘された事項は3500億円に上り，また，民主党政権下で実施された事業仕分けによっても1兆円を超える無駄があぶり出されたともいわれている。しかしながら，これらの無駄の削減は，我が国の予算規模からみれば，あまりにも小さいといわざるを得ない。

　以上述べてきたことにかんがみると，財政赤字の削減のためには，景気の回復や予算使用の効率化に加えてなお，抜本的な歳出・歳入構造の転換が必要であるといえよう。我が国の財政赤字の発生と赤字体質からの脱却の困難さは，そのような抜本的な歳出・歳入構造の転換が上手くできていないことの表れであると考えられる。そうだとすれば，我が国の財政赤字の削減は，財政のあり

方を決定づけている"構造"の転換にかかっているということになる。財政の危機を受けてなされる提案の多くが，単なる歳出の削減や増税の必要性にとどまらず，制度改革の必要性にも言及するのはそのような背景がある。

2 日本国憲法と財政制度

（1）財政制度とはなにか

　もっとも，このような財政を決定づける構造という意味での財政制度には，本章で検討する財政にかかわる統治システムのみならず，金融や市場といった経済制度，人々の意識や社会構造という意味での社会制度などが含まれ得る。というのも，財政学者の神野直彦が言うように，財政は，「社会システムが分化した近代市場社会の下で，社会全体を構成する政治，経済，社会という3つのサブシステムを結びつける媒介環」としての性質があるからである（神野 2007，2009）。このような財政の性質からすれば，財政のあり方は，政治過程だけではなく，経済や社会の状況によっても規定される。神野は，このような認識のもと，シュンペーターを引きつつ，現在の財政危機を「政治システムも経済システムも危機に陥る歴史の大転換期」に出現する現象（シュンペーター型財政危機）だと指摘する。

　財政制度を統治機構のみならず，経済や社会のあり方まで含めて把握するしかたは，財政学の分野に限ったものではない。たとえば経済学者の青木昌彦も，比較制度分析という視点から，「財政の問題を考えるには，単に法文化されたルールのみでなく，そうした公のルールや政府組織の構造，世の中における情報や能力の分配などが，政府と民の双方にどのようなインセンティブを生み出すのか，どのような行動パターンを生み出すのか，結果としてどのような実効的なゲームのルールが生み出されるのか，などといったことを分析する必要」があり，さらに，そのような財政という場における制度は，社会一般や民間組織における制度と「相互に補強し合う相補的な関係にある」と指摘する（青木 2004：4-6）。加えて，公共経済学などの分野が，市場との関係で国家の役割を規定し，直接・間接の規制手法などとともに財政を考察するのも（須賀 2014），

財政を考えるにあたって統治システム以外の要素を考慮しなければならないことを裏づけている（藤谷 2011）。

（2）予算・決算制度と財政議会中心主義

他方で，財政はあくまでも「国家」の経済活動であって，立憲民主制を採用する現代国家においては，憲法がデザインする民主的な政治的意思決定過程の下で決定され，展開される必要がある。すなわち，財政は，市場や社会のあり方によって規定されると同時に，憲制適合的な政治によっても決定される。財政の政治的な決定システムの中心にあるのが，予算・決算といった制度と財政民主主義ないし財政議会中心主義の原則である。

財政議会中心主義は，近代憲法の核心の1つであり，①議会の租税同意権，②議会の支出議決権，③財政収支を統合する予算制度と予算に対する議会の議決権，④議会の決算審査権及び会計検査制度の整備をその内容とする。よく知られているように，財政議会中心主義の起源は，イギリスのマグナ・カルタ（1215年）12条による議会の課税同意権の確認に遡ることができる。ここで獲得された議会の課税同意権は，歳出同意権につながるとともに，それを確実なものとする予算・決算制度の整備へと発展していった（小嶋 1996）。

我が国においても，すでに大日本帝国憲法（明治憲法）制定前から，会計制度の整備が始められ，議会制度を確立した明治憲法では，租税法律主義を規定し（62条1項），予算の議会協賛権（64条1項）が明文化されるなど，財政議会主義が一定程度採用された。しかし，既定費（憲法上の大権に基づく既定の歳出），法律費及び義務費の廃除・削減には政府の同意を要するとされていたこと（67条），勅令による緊急財政処分がみとめられていたこと（70条），予算不成立の場合の前年度予算施行制（71条）など，例外も多かった。

日本国憲法では，財政議会中心主義の原則が強調されるとともに（83条），そのような原則の具体的な表れとして，租税法律主義（84条），予算制度（86条），決算審査と財政状況報告（90条，91条）などが定められている。これらはいずれも，明治憲法にくらべて，財政議会中心主義を強化したものとして理解されている。

(3) 日本国憲法と財政制度

　もっとも，日本国憲法が財政議会中心主義を徹底したものであるというのは，あくまでも，明治憲法との比較において把握できる特徴である。むしろ，日本国憲法の財政に関する条章は，①予算の提案権を内閣にのみ認めていることから（憲法73条5号，86条），予算編成における国会の関与がなお限定的であること，②規定が比較的簡短で，しかも国会がなすべきことが中心に扱われ，実際の財政のあり方は，財政法をはじめとした憲法附属法や政令，慣行によって形づくられていることなどに特徴を見出すことができる。

　このうち，①の点については，従来，予算の法的性質や国会による予算の全面修正の可否として議論されてきた。これらの論点は，いまなお重要ではあるものの，ここでは予算提案権を内閣が独占していることがもつ実際的な帰結を指摘しておきたい。日本国憲法では，予算について衆議院の優越が定められる一方で，政府の組織方法として，いわゆる一元型議院内閣制が採用されている。したがって，予算案を提出する内閣は，通常，衆議院における多数党がこれを担当するのであって，予算を巡って国会と内閣とが対立することは，基本的には考えにくい。このことは，日本国憲法の下では，予算不成立といった事態がおこりにくいという点で優れている反面，国会と内閣の間で，抑制と均衡という意味での権力分立原理が働きにくいという欠点があるともいえる。

(4) 実質的意味の財政法

　一方，②のような特徴は，我が国の財政制度が，日本国憲法にとどまらず，各種の附属法や政令，慣習や慣行をも含むいわば実質的意味の財政法によって規律されていることを意味する（藤谷 2011）。

　このような実質的意味の財政法には，財政運営の基本原則と予算・決算の仕組みなどを定める「財政法」，会計処理の基本原則を定める「会計法」及びその施行令である「予算，決算及び会計令」，国有財産の管理について定める「国有財産法」などが含まれるほか，近年では，「中期財政計画」などの各種の閣議決定・了解などの重要性も高まっている。

　これら実質的意味の財政法は，我が国の財政運営の内容，手続き，組織とい

った側面を規律するものである。財政社会学者の井手英策は，戦後の財政運営を，①財政と金融を総合的に活用しつつ予算全体の統制を図る大蔵省統制と，②経済成長に伴って増加する税収を，減税を通じて中間層へと分配しつつ，それによって形成された民間貯蓄を，財政投融資などを通じて公共投資に用い，それによって一定の社会福祉を実現することによって小さな政府を維持する土建国家というふたつの側面から描く（井手2012）。また，行政学の分野では，「大蔵省支配」の存在と変容が指摘されて久しい（真渕1994）。このような財政運営の実態は，官僚や政治家がそれぞれ自分たちの利益を追い求める中で勝手にでき上がるわけではなく，憲法や財政法の規定を与件としつつ，そこにおける各アクターの選択の結果として生成するのである(1)。財政赤字が構造的な問題であるとすれば，このような実質的意味の財政法についても，相当程度の見直しが必要であることは容易に想像がつくだろう。

そこで，次節以下では，実質的な意味の財政法と関連させつつ，我が国の財政制度を概観しよう。

3　国庫制度と会計制度

（1）国庫制度

国は租税や国債等によって民間部門から資金を調達し支出することによって様々な活動を行っている(2)。そのような財政活動の機能の主体としての国家をとくに「国庫」と呼ぶ。

国庫は，財政活動を通じて，現金のほか，有価証券や不動産，物品などの多様な財産を所有することになるが，このうち，国庫に属する現金を「国庫金」という。国庫金は，財政法や会計法などをはじめとした法的統制の下におかれ，

---

(1) たとえば，財政法が建設公債原則を採用していることは，結果として，土建国家を助長する側面がある。

(2) ちなみに，財政法は，国の各般の需要を充たすための支払の財源となるべき現金の収納を「収入」，国の各般の需要を充たすための現金の支払を「支出」と呼ぶ（2条1項）。

その取扱い方法や組織が制度化されている（国庫制度）。我が国の国庫制度は，国庫金を日本銀行に預金し，国庫金の取扱いを日本銀行が統一的に行うという「預金制度」と「国庫統一の原則」（会計法34条，日銀法35条）の下で運用されている。

租税や年金保険料の受入などの国庫金の受入と地方交付税や年金をはじめとした支払はその時期が様々であるために，国庫には，一定程度の余裕金が必要となる。しかしながら他方で，国庫の余裕金をいたずらに増やしてしまえば，全体として資金の効率的な使用ができなくなる。さらに，国庫金の受払いは，民間金融市場の資金残高にも大きな影響を及ぼす。これらのことから，近年，国庫金の管理について，①国庫余裕金が生じた場合には，現金不足の特別会計等に無利子で貸しつけるなどにより，政府短期証券の発行を減らし，政府全体の利子負担を軽減すること，②国庫金の受入日と支払日を合わせ，国庫余裕金の圧縮を図ること，③できるかぎり対民収支の振れ幅をおさえることなどの措置が採られている（高野 2007）。

（2）一般会計と特別会計

国の財政状況を適切に把握するためには，国家のあらゆる歳入や歳出は統一的に経理されることが望ましい。これを統一的会計の原則（単一会計主義の原則）という。財政法は，歳入歳出をすべて予算に編入することを求めており（14条），基本的には，統一的会計の原則を基調としている。もっとも，国の行政活動が広範になり複雑化してくると，単一の会計では，かえって個別の事業の状況などが不透明になる可能性もある。そこで，財政法13条は，国の会計を一般会計と特別会計に分け，後者については，法律に基づいて，①国が特定の事業を行う場合，②特定の資金を保有してその運用を行う場合，③その他特定の歳入を以て特定の歳出に充て一般の歳入歳出と区分して経理する必要がある場合に設置することを認めている。また，1つの特別会計のなかでも，さらに区分して経理する方が適切な場合には，勘定として区分することとなっている。

特別会計の財務会計処理は，原則として一般会計に準ずるが，「各特別会計

において必要がある場合に」，異なる処理を行うことができる（財政法45条）。このような処理の例として，①それぞれの特別会計の区分経理の対象となる歳入歳出を定めていること，②それぞれの特別会計の性質に応じて，借入金や公債の発行を認めること，③剰余金の処理，④特別の資金（積立金，基金）の保有などがある。

　特別会計は，戦後の我が国の財政需要の拡大などに伴い，新設と改廃が行われた結果，一時，45個も設置されていた。昭和50年代以後は，新設の抑制のほか，整理統合が進められてきたものの，平成に入ってからもなお30以上の特別会計が存在していた。特別会計が多数設置され，一般会計と特別会計や特別会計同士で複雑な金銭のやり取りが行われれば，財政状況を統一的に把握することが困難となるとともに，財政全体の効率性が損なわれる可能性もある。このような特別会計の弊害について，とくに国民の議論が高まったのが，2003年2月25日に塩川正十郎財務大臣（当時）が衆議院財務金融委員会で行った「離れですき焼き」発言である。これは，一般会計が歳出削減に向けた努力をしているなかで，特別会計では，不要不急の事業が行われたり，あるいは，効率的でない予算使用が行われたりしているのではないか，という問題提起であった。その後，特別会計の整理合理化にむけた議論が行われ，2007年には，「特別会計に関する法律」が定められて，特別会計を整理統合し，総則において各特別会計に共通するルールを定め，各特別会計で経理する事業が明記されたほか，情報開示の充実が図られた。この結果，2006年時点で31存在した特別会計は，17へと整理された。また，各特別会計が有する積立金などが「埋蔵金」と揶揄され，その効率的な使用が求められている（小池2009）。

　現在でも特別会計の見直しは続けられている。2013年には，特別会計法の改正が行われ，特別会計のさらなる廃止・統合等が進められることになっているほか，基本理念規定が創設され，経済社会情勢の変化に対応して効果的・効率的に事務・事業を実施すること，区分経理の必要性を不断に見直すこと，剰

---

(3) その後，東日本大震災復興特別会計が追加され，現在では18の特別会計が存在している。

余金の適切な処理，財務情報の国民への公開などが定められた（財務省主計局 2013）。

国の財政状況を把握するためには，一定の期間を定め，その期間内の収入・支出を算出する必要がある。そのため，財政法は，毎年4月1日から翌年3月31日の1か年を国の会計年度としている（11条）。そして，財政法は，各会計年度における経費を，その年度の歳入を以て，支弁することを原則とする（会計年度独立の原則，12条）。会計年度独立の原則が採用される趣旨は，一会計年度内における歳出と歳入を明示的に関連づけるとともに，一会計年度内における歳入の使途を明確化し，財政の健全性を確保しようとするところにある。もっとも後述するように，国の経費の内容や使用方法によっては，かえって非効率的な場合もあり，継続費や繰越明許費といった会計年度独立の原則の例外も設けられている。

（3）公会計改革

議会による事前統制や執行管理が中心となってきた公会計では，その客観性やわかりやすさから，企業会計などで採用される「発生主義」とは区別される，現金の授受の事実を重視する「現金主義」を原則として採用してきた。[4] このような現金主義に基づく会計は，一会計期間における期間損益の計算の客観性を高めるという利点がある一方で，現代の肥大した財政のもとでは，ストックとしての国の資産・負債に関する情報や当該年度に費用認識すべき行政コストが明らかにならないという欠点もある。

そこで近年では公会計改革が進められ，1998年度決算分から2002年度決算分まで，「国の貸借対照表（試算）」が作成・公表された後，2003年度決算分からは，「国の財務書類」が作成・公表されるようになっている。「国の財務書類」は，一般会計と特別会計を合算して作成される，①会計年度末における資産及び負債の状況を明らかにする「貸借対照表」，②業務実施に伴い発生した

---

[4] 発生主義は，現金の収入や支出に関係なく，経済的事象の発生または変化に基づき費用・収益の認識するものであるのに対して，現金主義は，収益を現金の収入の時点で，費用を現金の支出の時点で認識するものである。

費用を明らかにする「業務費用計算書」，③貸借対照表の資産・負債差額の増減の状況を明らかにする「資産・負債差額増減計算書」，④財政資金の流れを区分別に明らかにする「区分別収支計算書」から成る。以前から一部では財務諸表が作成されていた特別会計についても，特別会計法により，すべての特別会計について特別会計書類の作成と会計検査院による検査，国会提出が義務付けられている。さらに，独立行政法人等を連結した「省庁別連結財務書類」も作成されている。

（4）財政投融資

　財政投融資とは，国債の一種である財政投融資債の発行など，国の信用に基づき調達した資金を財源として，政策的な必要性があり，かつ，民間金融では供給が困難な資金を供給する「政府の金融仲介活動」である（財務省理財局 2014b）。

　このような財政投融資には，金融市場を補完し経済の資源配分を改善する機能，経済情勢の変化に対応して必要な資金供給を行い経済の安定化を果たす機能のほか，調達した資金の償還・利払いには貸付先からの償還・利払いによって賄われることが想定されているため，補助金などの直接的な財政政策手段よりも，租税負担が軽減されるなどのメリットがあるとされている。

　他方で，政策コストが十分に分析されないままに融資という手法が採られることから，当面の財政負担の軽減となる反面，結果として後年度の負担の増大につながりかねない，一般会計に比べて財源面での制約が少なく，結果的に安易に財投に依存する傾向があるなどの問題点も指摘されてきた（新藤 2006）（富田 2008）（高橋 2007）。

　そこで，2001 年には，「資金運用部資金法等の一部を改正する法律」が制定されたことにより，①大蔵省資金運用部の廃止と郵便貯金や年金積立金から大蔵省資金運用部への義務預託の廃止，②財投債・財投機関債の発行により，市場から資金を調達すること，③財投対象事業の見直しなどを柱とする財政投融資改革が行われた。

4　租税と国債

(1) 租税制度

　歳入の大宗を占めるのは租税である。租税とは，「国又は地方公共団体が，課税権に基づき，その経費に充てるための資金を調達する目的をもって，特別の給付に対する反対給付としてでなく，一定の要件に該当するすべての者に対して課する金銭給付」をいう（最大判平成18年3月1日民集60巻2号587頁〔旭川市国民健康保険料事件〕）。

　憲法84条は租税法律主義を定めており，課税要件のすべてと租税の賦課・徴収の手続きは，原則として法律によって規定されることが必要である。なお，財政法は，租税以外の課徴金，国の独占に属する事業における専売価格若しくは事業料金についても，法律又は国会の議決に基づいて定めることを要求している（3条）。

　我が国の租税法律として，①租税法律関係に関する基本的な事項ないし各国税に共通の事項を定める通則法（国税通則法，国税徴収法，国税犯則取締法）と②個別の国税に関する法律（所得税法，法人税法など）が定められている。また，このほかに，国税に関する特例措置を定めた租税特別措置法も存在する。

　租税には，その徴収につき，毎年の授権を必要とする1年税主義と，租税法が存在する限り毎年徴収することができる永久税主義とがある。この点，永久税主義によることが明らかにされていた明治憲法と異なり，日本国憲法では，これに相当する条文はない。が，永久税主義によることも可能であると解されており，実際，現行の税制は永久税主義を採用している。

　もっとも，我が国の税制は毎年のように見直されている。この点で重要な役割を果たすのが，政府と与党の税制調査会である。税制の変更は，それによって影響を受ける人々が多数に存在し，複雑な利害の調整を必要とする。もちろん，法律は，唯一の立法機関である国会が制定するのが憲法の建前であるが，実際には，国会だけでそのような調整を行うのは不可能である。そこで，自民党政権時代には，内閣総理大臣の諮問機関である政府税制調査会が長期的な観

点から税制の大枠を決め，細かい税率などは，自民党の税制調査会が決定するという形で利害の調整を図るというシステムが確立した。このようなシステムは，民主党政権において，与党税調と政府税調が一本化されるなどの動きもあったが，最終的には，元に戻され，第二次安倍政権になっても続いている。

（2）租税優先の原則

財政法は，国の歳出を，「公債又は借入金以外の歳入を以て，その財源としなければならない」として公債発行を原則的に禁止し，歳入においては，租税を優先すべきことを原則としている（4条1項）。しかしながら，実際には，毎年のように巨額の公債が発行されているのは，本章冒頭で概観したとおりである。

国債は，その発行目的により，①財源調達のために発行される「普通国債」，②財政融資資金の支出において運用の財源を調達するために発行される「財政投融資特別会計国債（財投債）」，③国庫の日々の資金繰りを賄うための資金を調達する目的で発行される「融通債」，④財政資金の支出に代えて国債を発行することにより，その償還期日まで支出を繰り延べる目的で発行される「交付国債」などに分類できる（財務省理財局 2014a）。

このうち，①の普通国債については，さらに発行根拠法別に，（ア）財政法4条ただし書きに基づいて，一般会計において発行される「建設国債」，（イ）いわゆる特例公債法に基づいて，一般会計において発行される「特例国債」（赤字国債），（ウ）特別会計法46条1項，47条を根拠に，各年度又は翌年度における国債の整理又は償還のために，国債整理基金特別会計において発行される「借換債」，（エ）東日本大震災からの復興のための施策を実現するために必要な財源の確保に関する特別措置法（復興財源法）69条及び特別会計法228条を根拠に，東日本大震災復興特別会計において，2011（平成23）年から2015（平成27）年度まで発行される「復興債」などに分類される。また，基礎年金の国庫負担の追加に伴い見込まれる費用の財源となる税収が入るまでのつなぎとして，財政運営に必要な財源の確保を図るための公債の発行の特例に関する法律に基づき，一般会計において，2012年度及び2013年度に発行された「年

金特例国債」も普通国債の一種である。このうち，建設国債，特例国債，借換債は主に租税収入が償還財源であるが，復興債や年金特例国債は，特定の財源が償還財源の一部として予定されているところに特徴がある。

（3）国債発行の制限

　近年，諸外国では，ドイツのように，憲法典中に，起債制限に関する規定を設けるものも多くみられる。しかし，日本国憲法には対応する規定がない。もっとも，財政法4条は，租税優先原則のもと，公債発行を①「公共事業費，出資金及び貸付金の財源について」，②「国会の議決を経た金額の範囲内で」のみ認めている。このうち，①のように公債発行を公共事業費などの投資的経費に限って認め，人件費などの経常的経費の充当には認めないという考え方を，「建設国債原則」と呼ぶ（神野 2007：229）。これは，建設国債によって充当される投資的経費が社会的生産力の拡大にも寄与するのに対し，経常的経費については，資産としての便益を残さないので，公債発行に頼るべきではない，という理解に基づくものである。

　このような建設国債原則は，国債発行の制限としては比較的厳格な考え方であるといえよう。我が国の財政法が，このような厳格な原則を採用したのは，第2次大戦前に昭和恐慌からの脱却と太平洋戦争の戦費調達を公債発行に強く依存したことを反省したからだとされる（杉村 1994）。

　もっとも，建設国債原則に問題がないわけではない。たしかに財政規律の維持の観点からは，建設国債原則は，一定の機能を有すると思われる。しかしながら，①現代ではケインジアン型のマクロ経済政策の手段として，公債発行による景気刺激策が活用されうるのであって，その意味では，投資的経費か経常費かという区分よりも，景気動向に即した形での公債発行の歯止めを考える必要がある（神野 2007：230）ことに加えて，②建設国債原則にこだわるあまり，予算編成において，投資的経費が優遇され，資源配分上，好ましくない結果を引き起こしうること，③建設国債についても，金利負担が生じ，金利負担は経常的経費として処理されなければならないから，結局のところ，建設国債の発行は経常的経費の膨張につながり，最終的には，赤字国債の発行を余儀なくさ

れること，④投資的経費と経常的経費の区分はかなり流動的であることなど（米沢 2013：146）の批判があるところである。実際，我が国においても，1975年度当初予算以後，毎年のように，財政法4条の特例として一般会計の赤字を補うためのいわゆる特例公債法が制定され，特例公債が発行されているのであって，建設国債原則は，もはやその意味と役割を失ったといえる。

　他方で，建設国債原則の意義がなくなるということは，公債発行の制度的歯止めが機能不全を起こしているということでもある。そこで，近年では，これに代わる起債制限ルールが模索されている。このような取り組みの例として，1997年に定められた財政構造改革の推進に関する特別措置法（財特法）や，政府が策定する経済財政の運営計画中に示される財政健全化目標が挙げられる。

　財特法では，財政赤字の対国内総生産比を，2005年度までに目標値にまで引き下げること，特例公債発行ゼロなどの財政健全化目標が定められ，それを達成するに必要な制度改革などが盛り込まれていたが，アジア経済危機の影響と金融不況が重なって，1998年には，効力のほとんどが停止された。

　その後は，財特法のような法律の形式で起債制限ルールを設定する試みは採られていない。けれども，同様の財政健全化目標は各政権の経済財政運営方針などの中で定められるのが通例である（杉本 2011）。たとえば，小泉政権下の2006年に経済財政諮問会議を中心に取りまとめられ，閣議決定された「経済財政運営と構造改革に関する基本方針」（いわゆる「基本方針2006」）では，2010年代半ばまでに国・地方の債務残高対GDP比を安定的に引き下げることを目指して，2011（平成23）年度の基礎的財政収支（プライマリー・バランス）の黒字化を目標として設定した。また，民主党政権下では，「財政運営戦略」（平成2010年6月22日閣議決定）で①国・地方の基礎的財政収支を遅くとも2015年度までに対2010年度で半減し，遅くとも2020年度までに黒字化すること，②国の基礎的財政収支についても同様とすること，③2021年度以後も財政健全化努力を継続すること，④2021年度において国・地方の公債残高の対GDP比を安定的に低下させることなどが盛り込まれ，また財政健全化目標の達成に資するため，経済・財政の見通しや展望を踏まえながら複数年度を視野に入れて毎年度の予算編成を行うための仕組みとして，中期財政フレームが導入され，

2011年度の新規国債発行額について，平成22年度予算の水準（44兆円）を上回らないものとするよう定められた。第2次安部政権においても，「当面の財政健全化に向けた取組等について——中期財政計画」（2013年8月8日閣議了解）が示され，「国・地方を合わせた基礎的財政収支について，2015年度までに2010年度に比べ赤字の対GDP比を半減し，2020年度までに黒字化，その後の債務残高対GDP比の安定的な引下げを目指す」ことがうたわれている。

また，国債の発行は，市場において行われるのが原則である（財政法5条。[5]）我が国では，2005年度に国債募集引受団方式（いわゆるシ団引受）が廃止され，現在では，国債市場特別参加者制度（日本版プライマリー・ディーラー制度）のもとで，主として公募入札方式に基づいて発行が行われている。

発行された国債は，当然のことながら償還されなければならない。我が国では，国債償還のために国債整理基金特別会計が設けられている。国債の償還は，主として各会計から国債整理基金に繰り入れることにより行われる。また，年金特例公債や復興債などの一部の例外を除き，建設国債及び特例公債については，借換債も含めて，60年で償還するという考え方がとられている（60年償還ルール）。

5　財政の決定と統制

（1）予算単年度主義

憲法86条は，「内閣は，毎会計年度の予算を作成し，国会に提出して，その審議を受け議決を経なければならない」と定める。これは恒常的に行われる国の財政処理を統制するために，財政処理のうちとくに計量的統制になじむもの

---

[5] 財政法5条は，公債の発行について，日本銀行が直接引き受けることを原則として禁じている。これを国債市中消化の原則と呼ぶ。これは，戦前の巨額の公債発行が日銀引受によって行われたことを反省したものだといわれる。諸外国でも国債の中央銀行直接引受は禁じられている。ただし，同条ただし書きは，特別の事由がある場合において，国会の議決を経た金額の範囲内で，例外を認めており，借換債について，日銀による引受けが行われている。

について，一定の期間を区切って，その規模を事前に制約するものである。同時に，予算は，その後一年間にどのような政策分野にどれだけの規模の資金を投じるかを調整し，それに対応する財源の見積りとともにひとつの政策パッケージに統合するという機能を持つ。

　我が国では，会計年度独立の原則が採用されるとともに，憲法 86 条が，毎会計年度の予算の作成を求めていることから，予算は 1 年の収支見積りを示すべきであると解されている。これを予算単年度主義という。しかし，予算単年度主義は，硬直的に運用すればかえって経費の無駄遣いにつながるだけでなく，健全な財政運営のためには，中期の財政見通しを踏まえた予算編成が必要とされることなどから，その弾力化の必要性が指摘されている。

　この点で，近年，注目されるのは，公債の発行制限のところでも概説した財特法や「中期財政計画」などである。これらの法律や閣議決定・了解においては，国債発行の制限に関するルールとあわせて，多年度にわたる主要経費等の量的縮減目標が設定される場合が多い。複数年度予算については様々な形態が考えられるが（碓井 2003），このような手法も，中長期的な財政見通しと整合的な形で予算の大枠を決定するという意味で，ある種の複数年度予算的な性格を有しているといえる。そこで，予算単年度主義や後述の内閣の予算提案権との関係が問題になるが，国会との関係では，財特法などは，歳出授権をするものではなく，各年度の歳出は予算によって改めて歳出授権がなされなければならないことから，また内閣との関係では，量的縮減目標はあくまでも予算編成の際に内閣が依るべき基準を定めたものにすぎないことから，ともに問題がないと考えられている（杉本 2011：74）。

　このような中長期の財政見通しを踏まえた予算編成は，確実な将来予測を必要とする。このような予測として，以前から内閣府がマクロ経済モデルによって作成している「経済見通しと経済財政運営の基本的態度」や「経済財政の中長期試算」，財務省が積み上げ型試算により作成している「後年度歳出歳入影響試算」などがある。また，社会保障分野についても，年金財政の 5 年ごとの再計算の際に積み上げ型の検証が行われるなどしている。このような将来推計を財政運営の基礎におくことは当然のことであり，諸外国でも普通に行われて

いる。もっとも，諸外国の将来推計の特徴として，①一元化，②整合化，③透明化，④第三者化といった点があるのに対し，我が国では，将来推計が様々な省庁において必要に応じて行われ分散的である，また各推計間の整合性が取れていない，推計の根拠となるデータに十分な説得性がない，第三者による推計が行われていないなどの指摘がある（田中 2011）（東京財団 2012）（東京財団 2013）。

（2）予算の種類と構成

予算は，一般会計と特別会計のほか，政府関係機関についても作成される。また財政投融資計画も予算と一体のものとして編成され，「財政融資資金の長期運用に対する特別措置に関する法律」（長期運用法）に基づき，毎年の通常国会において，特別会計予算の添付資料として国会に提出される。

財政法は，一般会計と特別会計の予算を①予算総則，②歳入歳出予算，③継続費，④繰越明許費，⑤国庫債務負担行為から構成することを定める。

このうち歳入歳出予算については，財政法23条が，①収入又は支出をそれぞれ関係のある部局等の組織の別に区分すること，②歳入については，さらに，その性質にしたがって部に大別したうえで，各部中を款項に区分すること，③歳出については，その目的にしたがって項に区分することを定めている。項はさらに「目」及び「目の細分」に区分される（財政法31条及び予決令12条）。近年では，予算の表示科目が政策の内容と結びついていないこと，政策評価との対応がとれていないことが問題とされ，2008年度予算から，表示科目のあり方が見直されている（稲田 2010）。

（3）予算案の編成過程

予算は，内閣が毎会計年度ごとに作成し国会に提出する予算案について，国会が審議・議決することで成立する。

日本国憲法が，予算案の作成・提出を内閣に委ねている趣旨は（73条5号，86条），財務の見積りを最もよく把握しうるのは，結局のところ，実施担当者であるからである。実際に予算編成の任に当たるのは，財務大臣である（財政

法 18 条以下）。予算案の具体的な作成手続きは，財政法，予算決算及び会計令（予決令）によって規律されるほか，多くの慣習・慣行から成り立っている。

予算案編成について財政法及び予決令は，①内閣総理大臣及び各省大臣は，毎会計年度，その所掌に係る歳入，歳出，継続費，繰越明許費及び国庫債務負担行為の見積りに関わる書類を作成し，これを前年度 8 月 31 日までに財務大臣に送付しなければならないこと（同 17 条 2 項，予決令 8 条 3 項），③財務大臣は，見積りを検討して必要な調整を行い，歳入，歳出，継続費，繰越明許費及び国庫債務負担行為の概算を作製し，閣議の決定をうけ，歳入予算明細書を作成すること（財政法 18 条以下），④財務大臣は，予定経費明細書に基づいて予算案を作成し，閣議決定を経なければならないこと，⑤予算案は前年度の 1 月中に国会に提出するのを常例とすること（財政法 27 条）などを定めている。

（4）予算案編成過程の変容

これらの財政法・予決令の定めによって，予算案を年度開始までに適切に編成するうえでの基本的な枠組みが形成されているが，実際の予算案編成過程は，様々な慣行，慣例が存在し，かなり複雑である。以下では，小泉政権前の平成 11 年度予算編成，小泉政権下の 2005 年度予算編成，民主党政権下の 2011 年度予算編成，第二次安倍政権下の 2014 年度予算編成を簡単に観ておこう。

まず，1999 年度当初予算の編成は以下のような概ね以下のようなスケジュールで行われた。すなわち，①いわゆる概算要求基準（シーリング）の閣議了解（1998 年 8 月 12 日），②予算編成に関する財政制度審議会会長の所見表明（8 月 12 日），③各省庁の予算要求（8 月下旬），④財政制度審議会による「平成 11 年度予算編成に関する建議」（12 月 18 日），⑤「平成 11 年度の経済見通しと経済運営の基本的態度」の閣議了解（12 月 20 日），⑥予算編成方針の閣議決定（12 月 20 日），⑦大蔵省原案の閣議決定（12 月 21 日），⑧復活折衝，⑨政府案閣議決定（12 月 25 日），⑩「平成 11 年度の経済見通しと経済運営の基本的態度」の閣議決定（1999 年 1 月 19 日），⑪政府案の国会提出（1 月 19 日）というプロセスである。

これらのうち，①の概算要求基準は，所得倍増計画の下で概算要求が急増す

ることが危惧された1962年度の予算編成から導入された。導入当初から概算要求の伸びを抑える機能が期待されていたが(大蔵省財政史室 1994：516)，財政状況が厳しくなった1982年度以後は，これをゼロないしマイナスに設定することで，概算要求の膨張を抑え，歳出の総額をコントロールするために活用された。また，④の財政制度審議会の建議は，1965年の財政法附則7条の改正により改組・強化された財政制度審議会が，1965年11月に決定した「中間報告」の中で「財政運営の基本的方向について」という一節を設けたことを嚆矢とし，以後，毎年末の総会で，「建議」を決定し大蔵大臣に提出するのが慣例となっている。他方，②の所見表明は，1977年度予算編成に当たり，7月に建議が出されたのをきっかけとして，1978年度予算編成から定着したものである。さらに，⑥の予算編成方針は，戦後まもなくの1950年度，1951年度予算については，概算査定前に閣議決定されており，概算査定の基準となるべきものであった。ところが，1952年度予算編成以後は，ときに10月中旬ごろの決定が目指されたものの，概算査定案の閣議決定とほぼ同時期に閣議決定されることが慣例化していた。

　次いで，小泉政権下の2005年度当初予算編成は，次のようなプロセスで進められた。①財政制度等審議会による「平成17年度予算編成に向けた考え方」の建議（2004年5月17日），②経済財政諮問会議による「経済財政運営と構造改革に関する基本方針（骨太の方針）2004」の取りまとめと閣議決定（6月4日），③経済財政諮問会議による「平成17年度予算の全体像」の取りまとめ（6月27日），④「平成17年度予算の概算要求に当たっての基本的な方針について（概算要求基準）」の閣議了解（6月30日），⑤各省庁の概算要求（8月下旬），⑥財政制度等審議会「平成17年度予算の編成等に関する建議」（11月19日），⑦経済財政諮問会議による「予算編成の基本方針」の取りまとめ（12月2日），⑧「予算編成の基本方針」の閣議決定（12月3日），⑨「平成17年度予算財務省原案」の閣議決定（12月20日），⑨「平成17年度予算政府案」の閣議決定（12月24日），⑩「平成17年度の経済見通しと経済財政運営の基本的態度」の閣議了解（12月27日），⑪経済財政諮問会議による「構造改革と経済財政の中期展望2004年度改定」と閣議決定（1月21日），⑫「平成17年度の経済見

通しと経済財政運営の基本的態度」の閣議決定（同日），⑬平成17年度予算案国会提出（同日）。

　この時期の予算編成の特徴を，これ以前と比較すると，経済財政諮問会議が予算編成過程に深くかかわっていることが指摘できる。経済財政諮問会議は，内閣府設置法18条を根拠に設置され，内閣総理大臣の諮問に応じて経済全般の運営の基本方針，財政運営の基本，予算編成の基本方針その他の経済財政政策に関する重要事項について調査審議することなどをその任務とする（内閣府設置法19条）。同会議は，議長及び議員10名から構成され（同法20条），内閣総理大臣を長とし，議員は，内閣官房長官，経済財政政策担当大臣などのほか，内閣総理大臣が任命する経済又は財政に関する政策について優れた識見を有する者などにより構成される。

　経済財政諮問会議は，予算編成に関する事項のみを扱っていたわけではない。しかしながら，いわゆる骨太の方針を活用しつつ，経済政策と財政政策の調整を図りながら，予算の全体像を概算要求基準設定前に提示することで，予算編成過程をコントロールしようとしたものと評価できよう。これは，財務省（大蔵省）が従来担ってきた予算の全体的な（マクロの）コントロールを官邸主導で行うことを目指したものである。

　民主党政権下での予算編成は，同じように，官邸主導による予算総額のコントローが目指されたが，決定的に異なるのは，経済財政諮問会議を活用するのではなく，財政運営ルールとそれに基づく中期財政フレームによって予算の総額を管理しながら，予算編成を行おうとした点にある。事業仕分けの実施によって，不要な事業や無駄な事業がないか検討されたことも民主党政権期の特徴である。

　すなわち，民主党が政権を獲得した直後の2009年10月23日には，「予算編成の在り方の改革について」が閣議決定され，①複数年度を視野に入れた，トップダウン型の予算編成を行うこと，②予算編成過程において，「予算編成の基本方針」を策定し，これに基づいて，マニフェストを踏まえた予算編成を行うことなどがうたわれた。そして，平成23年度当初予算編成作業前の2010年6月22日には「経済財政の中長期試算」を踏まえつつ「財政運営戦略」が閣

議決され，①財政健全化目標の設定，②歳出増・歳入減を伴う施策の新たな導入・拡充を行う際は，恒久的な歳出削減・歳入確保措置を行うこと（ペイ・アズ・ユー・ゴー原則）などの財政運営ルール，③中期財政フレームが設定されている。実際の予算編成作業は，これらのルールに基づきつつ，7月27日に「平成23年度予算の概算要求組換え基準について」が閣議決定され，12月16日に予算編成の基本方針，12月24日に予算政府案がそれぞれ閣議決定され，翌年1月24日に予算案が国会に提出された。

このような民主党政権下での予算編成過程改革は，これが定着すれば，従来の制度を抜本的に改めるものとなっていたように思われる。しかし，民主党政権による予算編成は，民主党自身の混乱や東日本大震災の発生もあって，毎年度混乱した。

民主政権の後，政権を再び担うことになった安部政権では，民主党が進めてきた予算編成改革が再び修正されることになった。第2次安倍政権下での平成26年度予算編成は，①財政制度等審議会による「財政健全化に向けた基本的な考え方」の建議（5月27日），②日本経済再生本部による「日本再興戦略」のとりまとめと閣議決定（6月14日），③経済財政諮問会議による「経済財政運営と改革の基本方針について」の取りまとめと閣議決定（同日），④行政事業レビューの実施（7月中旬），⑤経済財政諮問会議による「平成26年度予算の全体像」のとりまとめ（8月2日），⑥「中期財政計画」の閣議了解（8月8日），⑦「平成26年度予算の概算要求に当たっての基本的な方針について」の閣議了解（同日），⑧秋の行政事業レビューの実施（11月13日），⑨財政制度等審議会による「平成26年度予算の編成等に関する建議」（11月29日），⑩予算政府案の閣議決定（12月14日），⑪「平成26年度の経済見通しと経済財政運営の基本的態度について」の閣議了解（12月21日），⑫予算案国会提出（1月24日），⑬「平成26年度の経済見通しと経済財政運営の基本的態度について」の閣議決定（同日）となっている。

（5）予算案編成過程における与党議員の関与

すでに指摘したように，一元型議院内閣制を採用する日本国憲法の下では，

政府と与党は，本来，一体として活動することが予定されているのであり，その意味で，国会（とくに衆議院）の多数派と政府の対立は起こりにくい。他方で，我が国では，自民党一党支配のもと，首相が選挙と関係なく交代することや，あるいは各大臣が一年程度の短い在任期間で交代すること，閣議が空洞化していることなどの独自のスタイルが確立してきた。このような環境の下で，55年体制期の自民党政権において発達したのが，政府に対抗する形で与党が政策審議機関を組織し，閣外の与党政治家が官僚と深く結びつきながら，予算編成過程において個別の利益の獲得を目指すというインフォーマルな制度である。

　このような仕組みは，①歳出増加傾向に拍車がかかること，②全体的にメリハリの利いた予算配分ができないことなどの弊害を生みだした。先に観たシーリングの予算総額抑制手法としての活用は，歳出増額圧力を抑えるための手法でもあったが，他方で，予算総額に一律に制限をかけるにとどまり，全体の予算配分の見直しはできなかった。

　すでに観たような小泉政権下で，圧倒的な民意の支持を背景に，経済財政諮問会議がなされ，トップダウン型の予算編成が志向されたこと，あるいは，民主党政権下で，財政運営ルールが政治主導の下で決定されたことなどは，このような仕組みの弊害を打破しようとした試みでもある（曽我 2013：157-163）。

（6）予算の国会審議

　作成された予算案は，衆議院に提出される（憲法60条1項）。財政法は，この予算案の提出を前年度1月中に提出することを常例とすると定め（27条），その際には，予算案の審議に関係する参考書類を添附しなければならないとする（28条）。また，一般会計予算と併せて，特別会計予算，政府関係機関予算も提出される。

　予算案の審議方法について，憲法は特に定めるところがなく，基本的には，他の議案と同様の処理がなされる。

　予算案の議決については，いわゆる衆議院の優越が働く。すなわち，①衆議院が議決した予算案を参議院が否決した場合には，両院協議会が開催され，そ

こで成案が得られずまたは成案について両議院の可決が得られなかった場合には，衆議院の議決が国会の議決となるほか，②参議院が衆議院から予算案の送付を受けた後，30日以内に何らの議決もしない場合も，衆議院の議決が国会の議決となる（自然成立）。

他方，国会の議決形式をめぐっては，憲法学において，予算法形式説と予算法律説という学説対立がある。予算法形式説は，明治憲法が議決形式を「予算」という特別な形式としていたこと（64条）を踏襲するものである。日本国憲法においては同様の規定はないものの，①憲法上，予算編成に関しては特別の規定が置かれていること，②予算と法律との議決方法が異なっていることなどを根拠に支持されており，現行制度も基本的に予算法形式説に立っている。

（7）決算とアカウンタビリティの確保

憲法90条は，「国の収入支出の決算は，すべて毎年会計検査院がこれを検査し，内閣は，次の年度に，その検査報告とともに，これを国会に提出しなければならない」と定める。決算とは，一会計年度における国の収支支出の実績を示す確定的計数書である。財政法は，歳入歳出の決算について，財務大臣が「歳入歳出予算と同一の区分により」作製し，内閣は，歳入決算明細書，各省各庁の歳出決算報告書及び継続費決算報告書並びに国の債務に関する計算書を添附して，これを翌年度の11月30日までに会計検査院に送付しなければならないとしている（財政法38条，39条）。

会計検査院[6]は，決算検査のほか，常時検査や会計経理の監督を行うものとされ，検査は，正確性，合規性，経済性，効率性，有効性の観点から行われる（会計検査院法20条）。年度ごとの検査を効率的・効果的に実施するために，検査計画が定められ，計画に基づき，検査対象機関に対して，書面検査や実地検査を行う。検査の進行に伴って，会計経理に関し違法又は不当であると認める

---

(6) 会計検査院は，3人の検査官よりなる検査官会議と事務総局をもって組織されるが（会計検査院法2条），検査官は両議院の同意を経て内閣が任命し，その任免は天皇が認証するものと定められ（同法4条），身分保障が与えられている。また，会計検査院は，内閣に対し独立の地位を有するものとされている（同法1条）。

事項がある場合については，直ちに，本属長官又は関係者に対し当該会計経理について意見を表示し又は適宜の処置を要求し及びその後の経理について是正改善の処置をさせることができる。また，検査の結果法令，制度又は行政に関し改善を必要とする事項があると認めるときは，主務官庁その他の責任者に意見を表示し又は改善の処置を要求することができる。

会計検査院の検査は，決算検査報告として内閣を経由して国会に提出されるほか（憲法90条），国会及び内閣に対して，意見を表示し又は処置を要求した事項について，随時，国会及び内閣に報告することができる（会計検査院法30条の2）。また，1997年からは，各議院又は各議院の委員会は，審査又は調査のため必要があるときに，検査院に対し，特定の事項について検査を要請し，その報告を求めることができるようになっている（同30条の3，国会法105条）。

内閣は，会計検査院の検査を経た歳入歳出決算を，翌年度開会の常会において国会に提出するのを常例とし，歳入歳出決算には，会計検査院の検査報告の外，歳入決算明細書，各省各庁の歳出決算報告書及び継続費決算報告書並びに国の債務に関する計算書を添付することが定められている（財政法40条）。

もっとも，この決算報告は，議案として扱われずに，一種の報告案件として扱われている。すなわち，決算は，衆参両院に同時に提出され，衆参両院の議決が異なっても，これを調整しない。また，議決に至らない場合でも，再び国会に提出されず，後の会期においてこれを審議する。このような結果，とくに衆議院にみられるように，決算審査が遅れるという事態がしばしば発生している。

決算がこのような取扱いをされていることから，決算の否認には法的な効果も，政治的な効果もないといわれる（真渕 2012）。しかし，決算には，執行された予算をチェックし，以後の予算編成及び執行の適正を図るという機能があるのであって，この点で重要なのが，国会への決算提出時期の早期化と参議院の決算委員会における措置要求決議と本会議における警告議決である。前者については，2003年度決算が，2004年11月の臨時国会会期中に提出されるようになったのをきっかけとして，N－1年度の決算について，N年度のN＋1年度予算編成作業中に審査することが可能になっている。また，後者について，

参議院の決算審査においては，①決算委員会における決算審査措置要求決議と②本会議における決算の是認・否認の議決，③同じく決算における内閣に対する警告議決がそれぞれ行われる。このうち，措置要求決議と警告議決が行われたものについては，それ以後の予算編成において反映されるのが通例である。

このほか，近年の予算・決算制度においては，政策評価や行政事業レビュー[7]の結果が反映されるなど，PDCAサイクルの確立が図られている。

6 財政制度の課題と展望

(1) 財政危機と財政制度改革？

以上，多少丁寧に，我が国の財政制度と近年の動向を概観してきた。ここからも理解されるように，我が国の財政制度は，とくに2000年以後，多くの改革が実施されている。それにもかかわらず，財政赤字は減らない，というのが我が国の実情なのである。

ところで，鶴光太郎は，財政問題への対処法を，①財政赤字削減のための改革，②効率性向上のための改革，③透明性向上のための改革に分けて論じている。そして，「日本の予算制度のアジェンダの多くは，財政赤字削減のためというよりも，歳出，予算制度の効率化に関するものが多い」と指摘する（鶴2004）。このことは，前節までの叙述でも確認されよう[8]。

それでは，財政赤字の削減のためにはどのような改革が必要なのであろうか。巨額の財政赤字を前にして必要なのは，歳出を抜本的に見直し，抑制することである。その意味で，個別の歳出をどうするかというミクロの問題よりも，歳出の総額をどのように統制するかというマクロの問題が重要である。

すでにみたように，我が国の予算編成においては，与党と各省庁が深く結びつきながら個別の予算要求を突きつける一方で，これをシーリングによって拘束するというのが基本的な構図であった。このようなやり方では，歳出総額の

---

[7] 2002年度から政策評価が実施され，評価結果が概算要求段階で反映されている。また民主党政権が行った事業仕分けは，行政事業レビューとして，第2次安倍政権下でも定着している。

統制は，シーリングが担うことになる。しかし，すでにみたように，このシーリングは，全体的な予算の見直しを難しくするとともに，予算総額のコントロールという意味でも難点があった。河音（2014）は，シーリングの問題点として，このほか，当該年度しか拘束しないので，中長期的な財政状況との整合性が採られにくいことや，一般会計の当初予算にしか適用されないために，補正予算，特別会計や財政投融資などと一般会計とのやり繰りが行われることがあったことなども挙げる。

予算の全体的な見直しがなされないなかで，予算の総額が押さえつけられれば，社会の変化に応じて変化する財政ニーズに対応できなくなる（井手 2012）。加えて，補正予算，特別会計や財投を複雑にやりくりしながらの財政運営は，財政を不透明にし，国民の不信をあおる。その意味で，このようなやり方に対して批判が生じるのはやむを得ない流れであった。

問題は，それでは，どのような形でマクロの予算統制を行うべきか，という点である。この点について対応しようとしたのが，小泉政権下での経済財政諮問会議の活用や民主党政権における財政運営ルールの採用であった。これは，官邸主導の下で，今後の経済政策の展開やマクロの経済見通しを踏まえて歳入見通しを立て，予算総額や予算のメリハリをつけようとする試みであった。

田中（2013）は，財政赤字に対する処方箋として，①拘束力のある中期財政

---

(8) もっとも，効率性や透明性の向上のための改革であって，実は，財政全体のあり方に大きく影響を与えていることがあり得る。井手（2012：232, 250-251）は，「土建国家」と呼ばれる戦後の財政運営の特徴は，①財政投融資を活用しながら租税負担を低くし，②減税をつうじて中間層と中小企業経営者を取り込む一方，③公共事業によって景気を刺激しつつ，低所得層の雇用を保障し，④それによって低所得者を公的扶助の受給者から納税者に変え，⑤就労の機会を提供することで保険料を支払い可能にして社会保険の枠内に押しとどめることにあったという。そして，2001年の改革以降，財政投融資の規模が縮小すると同時に，郵政公社の資金が国債保有へと傾斜してきたという事実を指摘したうえで，このことによって財投の景気刺激・雇用保障機能が大きく傷つき，かえって社会保障の必要性を高めることになるという。このことは，一見，非効率な制度であっても，それを改める場合には，それが担ってきた機能を財政制度全体のどこで代替するかという視点が必要であることを示唆していよう。

フレームと支出ルールの整備，②将来推計と検証に関する独立機関の設立を提唱している。先にみたマクロ予算編成のあり方の見直しは，このような田中の提案にある程度沿うものとなっている。もちろん，将来推計の精度や推計実施の主体をはじめとして改善すべき点も多いが，このような仕組みそのものは，中長期的な財政赤字削減のコミットメントを確保する手法として評価されてよい。ただし，このような財政赤字削減のための法的ルールの設定は，財特法の例からも知られるように，あまりにも硬直的な運用がなされれば，経済状況や政治状況の変動に対応できなくなるし，かといって，あまりにも裁量的に運用されればルールを設定した意味がなくなる。くわえて，このようなルールは，財政を運営する政権担当者が自らの手で設定するものであって，絶えず，ルールを都合よく改めようというインセンティブが働く点にも注意しなければならない（藤谷 2008）。

　他方で，財政再建のためには，意思決定の集中化の必要があるという指摘もある（鶴 2004：51-55）（待鳥 2013）。この点については，小泉政権において，経済財政諮問会議を活用しつつ首相が十分なリーダーシップを発揮した例があるように，制度の運用によっては，意思決定の集権化も可能ではある。しかしながら，首相がどこまで強力なリーダーシップを発揮できるかは，多分にそのときの政治的環境や党内の勢力基盤による部分も大きい。その意味で，財政制度の改革は，政治的意思決定のあり方，すなわち，国民，政党，国会，内閣を含めた政治的意思決定過程をどのように構想するかという問題に還元されることになるだろう。

（2）財政再建に向けた国民的合意の確保？
　ところで，田中（2013）は，財政再建に向けた国民的なコミットメントの確保が重要であることも指摘する。しかし，これはたやすいものではない。第2節でも指摘したように，我が国の実質的意味の財政法の特徴は，これらの財政制度の多くが，法律やそれよりも下位の命令，慣習，慣行によって形成されているところにある。このことは，財政規律のあり方を含む財政制度について，状況の変化に応じて柔軟に見直すことを可能にする一方で，少しでも都合が悪

いことがおこれば，簡単に変更されてしまうということでもあり，財政再建への長期的なコミットメントを法的に確保しにくいことを意味する。この点，憲法に（ドイツのような）財政健全化条項を入れるということも考えられなくもないが，しかし，憲法で財政健全化を詳細に義務付けてしまえば，今後は，機動的な財政運営は難しくなる。

　また，このようなコミットメント確保の工夫として，井堀・土井（1998）は，「地域別年齢別選挙区」を導入するなどの選挙制度改革により，選挙の過程で時間的視野がより長期的である若年層の選好が政治過程に反映されるようにすべきであると主張する。しかし，これも，現行の憲法に適合的か疑わしいとともに，かりに憲法改正するとしても，政治過程で解決すべき課題は，財政だけに限られるものではなく，そのような選挙制度を民主制全体との関係で正当化するだけの理論的基礎が求められよう。[9]

参考文献

青木昌彦・鶴光太郎編（2004）『日本の財政改革』東洋経済新報社。
青木昌彦（2004）「なぜ財政改革か」青木昌彦・鶴光太郎編『日本の財政改革』東洋経済新報社，1-31頁。
飯尾　潤（2004）「財政過程における日本官僚制の二つの顔」『RIETI Discussion Paper Series』No. 04-J-007。
飯尾　潤（2007）『日本の統治構造』中央公論新社。
井手英策（2012）『財政赤字の淵源――寛容な社会の条件を考える』有斐閣。
井手英策編（2014）『日本財政の現代史　Ⅰ』有斐閣。
井堀利宏・土居丈朗（1998）『日本政治の経済分析』木鐸社。
稲田圭祐（2010）「予算・決算の連携強化に向けた取組-予算書・決算書の表示科目の見直しについて」『立法と調査』306号，79-89頁。
碓井光明（2003）「複数年予算・複数年度予算の許容性．自治研究」79巻3号，3-23頁。
大内　聡（2005）「我が国の国庫制度について――入門編」『ファイナンス』41巻3号，42-62頁。

（9）　むしろ，選挙成年の引き下げの方が――同じ効果はないかもしれないが――現実的である。

大蔵省財政史室（1994）『昭和財政史　昭和27―48年度　第3巻　予算（1）』東洋経済新報社．
大蔵省財政史室（1996）『昭和財政史　昭和27―48年度　第4巻　予算（2）』東洋経済新報社．
片桐正俊編著（2014）『財政学（第3版）』東洋経済新報社．
可部哲夫編著（2014）『図説　日本の財政（平成26年版）』東洋経済新報社．
キャンベル，ジョン・C.（2014）『自民党政権の予算編成』真渕勝訳，勁草書房．
小池拓自（2009）「特別会計の積立金と剰余金を巡る議論――いわゆる「埋蔵金」問題と財政の課題」『調査と情報』648号，1-11頁．
小嶋和司（1996）『日本財政制度の比較法史的研究』信山社．
小西砂千夫編（2014）『日本財政の現代史　Ⅲ』有斐閣．
小林慶一郎（2013）「日本の財政の持続性と経済成長について――サーベイ」『RIETI Discussion Paper Series』（No.13―P―004）．
財務省財務総合政策研究所財政史室編（2004）『昭和財政史　昭和49～63年度　第2巻　予算』東洋経済新報社．
財務省財務総合政策研究所財政史室編（2012）『平成財政史―平成元～12年度　第2巻　予算』東洋経済新報社．
財務省主計局（2013）『平成25年版特別会計ガイドブック』．
財務省理財局（2014a）『債務管理レポート2014』．
財務省理財局（2014b）『財政投融資レポート2014』．
新藤宗幸（2006）『財政投融資』東京大学出版会．
神野直彦（2007）『財政学（改訂版）』有斐閣．
神野直彦（2009）「財政学から憲法学へ」『法律時報』81巻5号，94-97頁．
須賀晃一（2014）「公共経済学の課題」須賀晃一編『公共経済学講義――理論から政策へ』有斐閣．
杉村章三郎（1994）『財政法（新版）』有斐閣．
杉本和行（2011）「財政と法的規律――財政規律の確保に関する法的枠組みと財政運営」『フィナンシャル・レビュー』2011年2号，65-90頁．
曽我謙悟（2013）『行政学』有斐閣．
高橋洋一（2007）『財投改革の経済学』東洋経済新報社．
高野寿也（2007）「国庫キャッシュマネジメント改革」『ファイナンス』43巻8号，9-15頁．
田中秀明（2011）『財政規律と予算制度改革――なぜ日本は財政再建に失敗しているか』日本評論社．
田中秀明（2013）『日本の財政：再建の道筋と予算制度』中央公論新社．
鶴光太郎．（2004）「日本の財政問題」青木昌彦，鶴光太郎編『日本の財政改革』東洋経済新報社，35-88頁．
東京財団（2012）『将来推計の抜本見直しを――日本の経済財政社会保障に関する将来

推計の課題と将来像』(http://www.tkfd.or.jp/files/doc/2011-05.pdf)(最終アクセス2015年1月8日)。
東京財団(2013)『政策提言 独立推計機関を国会に』(http://www.tkfd.or.jp/files/doc/2013-04.pdf)(最終アクセス2015年1月8日)。
富田俊基(2008)『財投改革の虚と実』東洋経済新報社。
半田英俊(2010)「財政改革史」笠原英彦編『日本行政史』慶應義塾大学出版会。
藤谷武史(2008)「財政赤字と国債管理──財政規律の観点から」『ジュリスト』1363号,2-9頁。
藤谷武史(2011)「財政制度をめぐる法律学と経済学の交錯──法律学の立場から」『フィナンシャル・レビュー』2011年2月号,3-24頁。
真渕 勝(1994)『大蔵省統制の政治経済学』中央公論新社。
真渕 勝(1998)『大蔵省はなぜ追いつめられたのか』中央公論新社。
真渕 勝(2012)『行政学(第2刷(補訂))』有斐閣。
待鳥聡史(2013)『財政再建と民主主義』有斐閣。
諸富徹編(2014)『日本財政の現代史 Ⅱ』有斐閣。
米沢潤一(2013)『国債膨張の戦後史──1947-2013 現場からの証言』金融財政事情研究会。

第7章

政　　党
――政党の近代化と政党制のあり方――

苅部　直・小川原正道

1　最近の研究動向と論点整理

　本章では，日本の政党の近代化と政党制のあり方について検討する。そこで，まずは近年の日本の政党に関する研究動向について，目覚ましい研究の進展がみられている55年体制の成立，戦前の二大政党制・政党内閣の成立・崩壊，現代の二大政党制・政権交代・民主党政権，政党に関する理論についての研究に焦点を当て，概要を整理しておきたい。

　まずは，55年体制の成立についての研究である。代表的な研究として，朝鮮戦争の休戦から55年体制の成立までを，財政，外交を軸に検討した中北（2002），戦後の自民党結成にいたるまでの保守党を中心にした政党組織について，党組織の編成，総裁公選などを中心に分析した小宮（2010），55年体制，およびポスト55年体制の成立と展開，集票構造や争点構造などに検討を加えた的場（2012），などが挙げられる。

　小選挙区比例代表並立制を背景とした自民党と民主党の二大政党化などに伴い，戦前の二大政党制，政党内閣についての研究もさかんになった。政党内閣・二大政党制の成立・展開期については村井（2005），奈良岡（2006），清水（2007），などがある。政党内閣および二大政党制の崩壊過程についての研究もさかんで，小林（2010），筒井（2012），若月（2014），村井（2014），などが発表されている。二大政党論・「憲政常道論」の形成と展開，また二大政党政治の崩壊までを扱った小山（2012），戦前の二大政党の生成と崩壊から現代の二大政党制への教訓を読み解こうと試みた井上（2012），などもある。

　最近の二大政党制，政権交代，および民主党政権に関する研究も，きわめて

精力的に行われている。樋渡・斉藤 (2011), 小林 (2012), 山口 (2012), 御厨 (2012), 飯尾 (2013), 伊藤・宮本 (2014), など, 成果は数多い。

　このほか, 政党に関する理論研究も進捗しており, 現代日本の政党政治を政党間競争の観点から長期的・理論的・実証的に分析した川人 (2005), 政党支持概念の歴史, 政党支持の構造分析を踏まえた上で, 政党支持の応用研究を試みた谷口 (2012), また, 不均一な選挙区定数と, それが政策にもたらす影響, 国政選挙と党首選挙における選挙区の不均一性などについて考察した上神 (2013), などが発表されている。

　こうした近年の研究動向からうかがえる主な論点とはどのようなものだろうか。たとえば, 戦前の二大政党制, あるいは政党政治はなぜ崩壊したのか, という論点がある。小山俊樹氏は, 満州事変という「軍部からの挑戦」に対して立憲政友会と立憲民政党は「指導力・統率力の欠如」などによって大連立という「構想を自ら放棄した。さらに非政党勢力との協調にも失敗することで, 政党政治は政界全体からの信認を失った」(小山 2012：357) と指摘し, 井上寿一氏は「政党政治に対する外からのクーデタ」であった満州事変や五・一五事件などの危機の沈静化に失敗した政党内閣は崩壊し, 党利党略にまみれた二大政党制は国民の支持を失っていったと述べている (井上 2012：239-242)。若月剛史氏は,「政党内閣は, ①統合の強化, ②官僚制との協調関係, のいずれをも実現することができず, 二大政党の統治能力への信頼は大きく損なわれていった」と指摘している (若月 2014：251)。では, 政党の指導力や統率力などは, どのようにして獲得できるのであろうか。原敬や加藤高明のような強力な個性, いわば偶発的な個性の出現に依存せざるを得ないのであろうか。

　二大政党制や政党政治の崩壊についてこうした課題が残るとすれば, そもそも戦前の政党政治から学びうるものとは, いかなる点であろう。井上寿一氏は,「戦前の政党政治から何を学ぶべきか」と題して, 第一に, 二大政党制よりも連立政権が重要であり, 二大政党制の確立を急ぐより連立政権の再編を試みるべきだとし, 第2に, 国民と痛みを分かち合える政治指導者の存在が重要であり, 第3に, 政治参加に対する国民の責任感覚の回復が必要である, としている (井上 2012：245-246)。第1の点は, すでにドット (1977) が『連合政権考

証』において，長期政権の八割が多党制議会のもとでうまれたことを示しており，日本でもそれが裏付けられたことを示唆している。第二点目は，すでに先述した指導者の個性への依存の問題に連結している。第三点目は，そもそも，「回復」すべき責任感覚なるものが日本に存在していたのか，ということが問われるべきであろう。

2　歴史的背景

（1）政党概念の形成と展開

　そもそも日本では，どのようにして「政党」概念が生まれてきたのであろうか。『日本国語大辞典』によると，「党」とは「郷里や利害，主義主張，信仰，学問などで，共通するところのある人々が集団をつくること。また，その集団。なかま。ともがら」を意味し，十七箇条憲法，太平記など，7世紀以降用いられているが（日本国語大辞典第二版編集委員会・小学館国語辞典編集部編 2001b：890），中でも「徒党」，すなわち「仲間，団体，一味などを組むこと。また，その仲間・団体・一味。ある事をなすために集まった仲間。同類。連中」といった意味での用法が，正法眼蔵，史記抄，信長記など13世紀以降みられるようになった（日本国語大辞典第二版編集委員会・小学館国語辞典編集部編 2001b：1277）。こうした「徒党」に対するマイナス・イメージから，江戸時代においては政治的意図をもつ集団として，「徒党」の結成が禁止された。一方で，儒教には「朋党」という概念が存在し，朋とは徳義による人間関係を差し，党とは「小人」に対応した行動様式を意味し，両者は相異なる文脈にあったが，これが「政党」理解の基盤となったといわれている。また，「公党」「私党」という観念も，「政党」理解の成立を支え，日本ではじめて結成された政党として知られている「愛国公党」は，「公党」や「愛国」をあえて称することで「私党」的なイメージを回避し，「公的」性格を強調しようとしたものであった（山田 2011：7-17）。

　この愛国公党から出発し，近代化を進めた日本の政党史と政党イメージを概観しておきたい。明治六年の政変後，民選議院設立を要求することを掲げて愛

国公党が組織され，下野した元参議などが1874年に民選議院設立建白書を提出した。これ以降，士族授産事業や教育事業から出発して，政治活動や自由民権運動に発展していく士族結社や豪農豪商結社が次々と結成され，立志社を中心とする愛国社再興，さらに国会期成同盟を経て，1881年に自由党が設立された。翌年には立憲改進党と立憲帝政党が誕生する。

　こうして政党が発展するにしたがって，「政党」という用語も定着し，そのイメージも変容していく。福地源一郎は1876年，「政党」間の軋轢によって公的利益が得られるとして，「政党」は国政に害のある存在ではないと強調し，翌年には統計学者の杉亨二が，「政論党」と「徒党」を分け，前者は国政の原則を説く存在であって，自己利益のために国家を使う「徒党」とは異なるとした。明治10年代前半においては，民権派内部でも「政党」理解は十分なものではなかったが，福沢諭吉のように政党内閣の樹立を説く論者もあらわれてくる（山田 2011：20-40）。福沢の場合，1881年刊行の『時事小言』において，日本でも「天下に人物決して乏しからず。早く政体を改革して立憲国会の政府と為し，三藩とも云わず薩長とも云わず，唯衆庶の望を属する人物を選挙して之に国事を托し……その主義相異なれば政党これに由て相分れん，政党爰に分るれば，上は天皇陛下を戴き下は三千余万の人民に対して，公明正大，白昼に前後を争い，その一進一退は兵器に拠らず腕力を藉らず，唯天下人心の向背に任ずるのみにして，恰も争うて戦わず競うて乱れざるものなれば，競争活溌の間に安寧の大義を存すべし」として，人物を選挙で選んで国事を託し，その人物が主義の相違によって政党に分かれ，武力を排した競争をするところに「安寧の大義」が存すると述べた（岩谷・西川編 2003：46-47）。翌年刊行の『帝室論』でも，「抑も政党なるものは，各自に主義を異にして，自由改進と云い，保守々旧と称して，互に論鋒を争うと雖ども，結局政権の受授を争うて，己れ自から権柄を執らんとする者に過ぎず」と，政党は主義を異にして政権の授受を争う存在であると述べている（坂本編 2002：170）。福沢は，こうした政党間での政権交代を行う二大政党制，議院内閣制，政党内閣制の樹立の必要性を説いたわけである。

(2) 政党内閣の樹立と政党不信

　こうした政党草創期を経て，政党自体が発展し，やがて政党内閣が結成される時代が到来する。自由党が解党し，大同団結運動を経て立憲自由党（のち，自由党）が結成され，初期議会の時期が到来すると，1898 年に最初の政党内閣である隈板内閣が結成され，2 年後には伊藤博文が立憲政友会を結成し，やがて戦前の二大政党制時代が到来した。帝国議会が発足すると，藩閥政府であっても，結局のところ，法律も予算も議会，とりわけ衆議院多数派の賛同を得られなければ成立させられない。藩閥内閣と相互に提携しうる政党を結成し，それを味方として内閣を組織することを考えた（伊藤 2009：293-298）伊藤博文は，1892 年に「博文自ラ職（枢密院議長……引用者）ヲ辞シテ民間ニ下リ，大成会（第一議会以来ノ政府党）ヲ基礎トシテ，天皇主権ノ大義を標榜スル一大政党ヲ組織シ，自由民権主義ノ党派ヲ圧倒シテ内閣ヲ援クルノ外ナシ」と天皇に上奏したもののも挫折し（春畝公追頌会編 1940a：822-835），1898 年にも自由党・改進党合同の情報を受けて，既成政党が専横を逞しくして国政を紊乱するのではないかとして新党結成を決意し，山県有朋の反対を受けて首相を辞職，後継に憲政党の大隈重信と板垣退助を推薦して隈板内閣が成立した（春畝公追頌会編 1940b：369-393）。伊藤のなかで，既成政党に対する不信感より，政党内閣の必要性への認識が上回った結果としての，隈板内閣の樹立であった。

　とはいえ，既成政党に対する不信感を根強く持っていたのは伊藤だけでなく，たとえば歴史家の勝田孫弥は 1890 年の『帝国議会要論』で，「真正の政党」の条件として，政治的主義を持ち，国益を目的とし，道理を重んじることの三要素を挙げ，「東洋ノ歴史」上，三要素のうち一つさえ具備した政党はなく，単なる「徒党」というべきであるとして，人民の政治思想が成熟して政党が設立されてきているものの，「知識浅薄」で「英雄崇拝の風習」に陥っているとし，政党内閣は望むべくして実現は難しいとの見解を示している（勝田 1890：142-148）。

　こうした政党に対するマイナス・イメージは，政党内閣の瓦解期にもみられた。五・一五事件によって立憲政友会の犬養毅首相が暗殺された際，元老・西園寺公望は当初，政友会の鈴木喜三郎を首相に推すつもりだったが，陸軍が平

沼騏一郎を立てて政党内閣に反対し，平沼を嫌う西園寺は結局，海軍の長老・斎藤実を選択することとなった。これによって戦前の政党内閣と二大政党制は終わりを告げるわけだが，当時，政党をめぐるマイナス・イメージが拡大していたのも事実であった。徳富蘇峰は1931年の『現代日本と世界の動き』において，「事実政党政治は単年月であつたが，其の闘争が政治の良き方向への道を，どの位阻害して居る乎は，皆様よく御承知の事であります……（頻繁な地方長官の交代は……引用者）正しく政党政治の罪悪と云はなければなりませぬ」と，政党政治による闘争などによって，そのイメージがきわめて悪化していたことを示している（徳富 1931：271-273）。翌年，ジャーナリストの佐々弘雄は『政局危機の動向』で「政党冗費の節約，合理化の必要，強力集中の要求は，政党の側からではなしに，政党の側に向つて今投げかけられてゐるのだ。主として中間層から発せられる「政党浄化」のスローガンの下には，かやうな内容がこめられてゐるのだ」と述べている（佐々 1932：97）。政党内閣は国民から不信感を突きつけられる中で，首相の椅子から遠ざかることとなった。

3　敗戦後の政党再編と政党法

（1）敗戦後の政党再編と政党の腐敗イメージ

　敗戦後，日本の政党は再編成期を迎える。日本社会党，日本自由党，日本進歩党などが結成され，吉田茂自由党政権が誕生し，さらに社会党政権を経て，自民党・日本社会党が結成されて55年体制が構築されていく。戦後第一回目の衆議院議員選挙の結果は，第一党が143議席を獲得した日本自由党で，第二党には二党が並んだ。いずれも94議席を得た日本進歩党と日本社会党である。日本共産党は5議席に止まっている（黒澤 2011：176-194）。『朝日新聞』（1946年4月13日付朝刊社説）はこの選挙結果について，「この総選挙の結果として得られた各党各派の当選者数，得票数などは，日本の「現状」から析出されたものといふことができる」とした上で，自由党や進歩党など，戦前からの政治勢力への投票が多かった点について，「現実がひととびには変はるものではないことを示してゐる」とし，「保守勢力の地盤がなほ大きいと，にもかゝはらず，

これを打ち破らんとする民主戦線結成の要望が，高く盛り上がってゐるといふことである」と論じた。

　55年体制が成立して政党政治の安定期を迎えると，1993年まで，事実上は2009年までほぼ自民党の一党優位政党制が継続した。この間の政党史で特筆すべきは，自民党の腐敗イメージが定着し，自浄効果が不発に終わりながらも，自民党が選挙に勝ち続けたことである。自民党の腐敗の温床としてよく指摘されてきたのは，派閥，派閥均衡人事，政治献金の個人集約などで，これに汚職，スキャンダルなどが加わって，マイナス・イメージが加速された。池田勇人・佐藤栄作内閣時代の「黄金期」の自民党でさえ，党内の権力闘争，財政問題や派閥対立は深刻で，党に対するマイナス・イメージを生んでいたが，それを経済成長，冷戦構造と日米同盟の安定化，派閥均衡人事などの指導者の巧みな指導によって補完して一党優位政党制を維持していた（武田 2011：248-282）。とはいえ，自民党の腐敗イメージは根深く，『読売新聞』（1976年4月14日付朝刊）の1976年3月の全国世論調査で「あなたは『自民党』と聞くと，どんな言葉を思い浮かべますか」という式の質問を投げかけ，連想する言葉を答えてもらったところ，回答者の4人に1人以上が「金・金脈」「ロッキード・わいろ・汚職・黒い霧」の印象を抱き，さらにまた「堕落・不正・きたない・ずるい・裏切られた」など，ロッキード事件と関連したマイナス・イメージが存在し，「与党・政権・自由・安心・好き」などのプラスイメージは少なかった。

（2）政党法と与党事前審査

　こうしたイメージを抱かれてきた自民党は，後述する通り，政策決定過程において大きな位置を占めているにもかかわらず，日本国憲法は政党についての規定を持たず，本格的な政党法も存在しない。そこから，政党についての法制化を進める動きもみられてきた。手島孝氏は，「政党がこのように国家意思の形成および決定に実質上主導的立場を占める，換言すれば政治の動力学に主役をつとめる現代国家を「政党国家」と呼ぶ」とした上で，各国における政党の活動に対する法的規制・保護の事例を紹介しているが，「政党を法律の対象とすることは近年必ずしも稀ではなくなったとはいえ，しかしそれは偶発的であ

り，多くは政党の本質に対して周辺的である」と指摘している（手島 1985：1-24）。日本でも，終戦直後，GHQ と内務省の間で政党法案が検討され，衆議院に特別委員会が設けられて政党法・選挙法について議論されることとなったが，大量の政党が乱立していた当時，政党法でこれを規制するのは憲法違反だといった声が上がり，その代替として制定されたのが政治資金規正法であった（大石 1998：14-15）。その後も，政党法をめぐる議論はくりかえし提起されたものの，具体的な動きにはならず，一方で政治資金の規正を中心とした法的整備が進められ，1975 年の政治資金規正法の大幅改正，1994 年の政治改革関連法による選挙・政治資金両面での政党中心の仕組みの整備，1999 年の政治資金規正法の改正などによって，法的環境が整えられてきた（川崎 2010：88-89）。90 年代に政治改革が大きな争点となった際も，本格的な政党法は今後の課題とされ，もっぱら選挙制度改革，政治資金規正改革，そして政党への公的助成が論点となった（加藤 1994：175）。

　いずれにせよ，腐敗の問題とともに，「政党国家」といわれるまでに政策決定過程で政党の占める役割が大きくなったからこその，政党の法制化であったといえよう。よく知られているように，55 年体制下では，各官庁で法案などが作成されると，該当の自民党政務調査会部会で審議され，さらに政調審議会，総務会を経て党議拘束がかけられ，閣議決定をされて国会に提出された。この与党事前審査制とよばれる慣例では，法案の可否を握る自民党の意志は国会提出前に決まっているわけであり，国会審議の空洞化の原因として問題視されてきたものである。民主党政権となって政調会は廃止され，政策決定は内閣に一元化されることになったものの，政府に入っていない議員から不満の声が挙がり，政調会が復活したことは，記憶にあたらしい。2012 年に自民党・公明党連立政権になってから，自民党では，基本的に公明党との与党間調整を図りながらも事前審査手続きがとられており，高市早苗・自民党政調会長（当時）は 2014 年 4 月，「自民党政調会の各機関はフル稼働状態」だとして，政調審議会や与党政策責任者会議でも「閣議決定に向けた各法律案や計画案の審査，新規の与党協議機関の設置などを進めました」などとして，各部会や審議会の活動の模様などを記している（高市 2014）。

第7章　政　党

　本格的政党法が存在せず，かつ与党内部で実質的法案審議が進められている以上，国民主権の立場からすれば，ある程度の強制力を持った審議過程の可視化を求めるのは当然であろう。同時に，自民党自身にも，自浄能力の発揮が期待される。自民党はその「党則」において，党員が「党の規律をみだす行為」「党員たる品位をけがす行為」「党議にそむく行為」があった場合は，「党規律規約の定めるところにより，処分を受けるものとする」とし，さらに党所属の国会議員が「党規律規約に規定する行為」をしたときも処分の対象となる，と規定している（自民党ホームページ　https://www.jimin.jp/aboutus/pdf/organization.pdf#sec1-32, accessed June 14 2014）。すなわち，党議拘束に違反すれば党の処分を受けることになるが，その党議が国会の議決を左右する以上，自民党が規律を維持するのはもとより，その判断過程の可視化，過失の際の処分は，強く求められているといわなければならない。

4　「腐敗」と政党政治

（1）汚れた政党？

　腐敗は，日本近代史にかぎらず，政党というもの一般につきものの現象ではある。デモクラシーの制度のもとで政党が政府を支え，権力の執行に政党が大きな影響力を及ぼすようになれば，政党政治の回路を通じてみずからの利益を実現させようと考える人々が，政党に群がってくるのはあたりまえである。そうした人々は，自分の属する企業や地域の利益になるような政策を求めて，政党に対して要求を行なう。そして利益の実現，もしくはその見込みをえられることと引き替えに，選挙のさいにはその政党に投票するのである。この過程に金品の授受がともない，特定の支持者に便宜を図っていたことが明るみに出れば，腐敗の問題が発生する。本節ではこの腐敗の問題を入り口として，日本の政党のあり方を改めてふりかえってみよう。

　政党の腐敗は，厳密に言えば戦後になってはじまったことではない。第2節がふれた立憲政友会の成立は，「一九〇〇年体制」（坂野潤治の命名による）とも言うべき，藩閥官僚と議会第一党との協調体制を生み出した。長州閥出身の桂

太郎と，第一党，立憲政友会の党首であった西園寺公望とが交代で首相となり，政権を担当した桂園時代の政権構成に，その体制の特徴がよく現れている。この「一九〇〇年体制」のもとで，政友会を実質上主導した星亨と，その後継者である原敬は，鉄道の敷設などの「積極政策」を通じて，各地方の利益を保障し，それとひきかえに農村の地主を中心とする支持者から票を集めていた。これが，衆議院において多数を占める大政党となることを可能にし，藩閥官僚の側も法案や予算について議会の承認を得るために，政友会と協調して，ともに国家を運営する体制を作りあげたのである。

したがって近代日本の政治史において腐敗の問題は，こうして政党が政治権力の運用に参与するようになったときから，すでに始まっていたと言ってよい。桂園時代が終わったのち，薩摩閥の官僚勢力を基盤に第1次山本権兵衛内閣（1913-1914年）が成立したが，この内閣は政友会との提携を約束した上で発足した，実質上の連立内閣であった。この内閣のもとで，ドイツのシーメンス＝シュッケルト社が，艦船の購入をめぐって日本海軍の将校にリベートを贈っていたことが発覚した，シーメンス事件が起こる。そのとき野党であった立憲同志会は内閣と政友会とを激しく攻撃し，三万人もの民衆が議会を包囲する事態になる。そのとき民衆の激しい怒りは海軍だけでなく，政友会の腐敗ぶりにも向いていた（坂野 2010）。

政友会が藩閥政府に接近し，やがて両者の協調体制としての「一九〇〇年体制」を作りあげたことは，人々から選出された勢力が権力を握るようになったという面から見れば，日本の政治の運用がデモクラシーに近づいてゆくための，一つの段階を画する動きだったと言えるだろう。しかし他面，先に第2節でふれたとおり近代日本の出発点において政党は，部分的な利害の権化にすぎない「徒党」と見なされがちだった。大政党の主導によって，日本の政治がデモクラシーに近づいていったことは，同時に腐敗が起こることをも容易にし，政党のそうした悪い印象を強める結果ももたらしたのである。昭和初期に政党内閣制が成立するのと並行して，政党の腐敗に対する不満が社会で高まったのも，一面では当然のなりゆきであった。

(2) 政党間競争の意味

　政友会のこうした利益誘導型の政治を体系化し，帝国憲法のもとでの政治体制において，強い権力をふるうことを可能にしたのは，原敬であった。原は衆議院において勢力を確保するだけでなく，貴族院においても政友会支持者を増やす分断工作をとり，衆議院の優位を確立させた。また，政権与党として，多くの鉄道を各地に建設し，その利権供与を通じて，選挙での支持基盤を全国に固めたのである。1918（大正7）年，米騒動をきっかけに，原は首相に指名されて政党内閣を発足させ，二年後の総選挙で大勝し，衆議院での絶対多数を確保する。帝国憲法のもとで，もっとも政党の権力が拡大した時代と言ってよい（三谷 1995）。

　しかし原は，政友会の競争相手としてもう一つの政党が育ち，二大政党の交代によって政治の刷新が進むような状況を，むしろ拒否する態度をとった。原にとって政党政治とは，藩閥と提携しながら，強大な政友会が権力を握るものでなくてはならなかったのである。この構想に対して，同志会・憲政会の系譜が，政権交代制と普通選挙制の実現をめざして対抗するのが，大正期の政党政治の基調となる。昭和期に入って普通選挙が実現すると，これに社会民主主義政党（無産政党）が加わることになる。

　戦前の政党政治は「憲政の常道」，すなわち二大政党の政権交代の慣行の印象によって語られがちである。1924（大正13）年から1932（昭和7）年に至るまで，政友会と憲政会・民政党とが，交互に政党内閣を組織し，政権を担当した。だがその背景においては，第一党による政権独占の永続化を打破し，複数の政党どうしの競争を確保しようとする動きが，常に渦巻いていたことにも注意すべきだろう。表面上は無節操な政党再編の繰り返しや，相互批判の泥仕合といった弊害も生まれたとはいえ，そうした複数政党による競合が生き続けることで，議会制デモクラシーは「リベラル」デモクラシーたりえるのである。

5　戦後の「包括政党」とその後

（1）「55年体制」の成立

　1945（昭和20）年，大東亜戦争の終結とそれに続く戦後改革は，戦時下で大政翼賛会に合流していた政党勢力を復活させた。そして，無産政党系から日本社会党，政友会の鳩山一郎を中心に日本自由党がそれぞれ結成され，民政党系の流れをくむ日本進歩党・日本協同党が発足するといったように，戦前からの党派の人脈が継承されていた。議会第一党による権力の独占を打破し，複数政党のあいだの競争を活性化させてゆくことが「大正デモクラシー」の重要な特質であったとするならば，戦後しばらくのあいだ，日本の政党政治は「大正デモクラシー」の復活もしくは延長といった側面をもっていたと呼ぶこともできるだろう。

　いわゆる「55年体制」の成立は，冷戦という新たな国際的条件のもとで，そうした戦前からの延長という性質を，日本の政党政治から消し去るに至った。1955（昭和30）年の選挙で，左右両派に分裂していた社会党が躍進し，左派の優勢のもとで再統一に進む。国際社会での冷戦の厳しい緊張のなかで，社会主義勢力の伸張は，大きな危機感をもたらした。その結果，日本民主党と自由党の両者が合体して自由民主党の結成を見る。単一の巨大な保守政党としての自民党と，議会の三分の一ほどを占める社会党とが対峙する，「55年体制」の始まりである。しかしこれは「一ヶ二分ノ一大政党制」（岡 1958）とも呼ばれたように，決して二大政党の政権交代制ではなく，自民党が常に政権を握り，他の政党はつねに野党にとどまらざるをえない体制であった（待鳥 2015）。

（2）利益政治の終焉へ？

　しかも，この体制の継続は，政治の質そのものの変容をもたらした。1960（昭和35）年の，日米安全保障条約の改定をめぐる騒乱のあとに成立した池田勇人内閣は，憲法改正問題や防衛問題などの争点を表面化させることを避け，所得倍増計画の提唱などを通じ，国民のはば広い層に経済上の利益を分配する

ことで，統合を図ろうとした。この方式は高度経済成長による一国全体の財貨の拡大を背景として，成功と定着を見せ，後継の佐藤栄作内閣，さらに田中角栄内閣によって一種の爛熟を見る。北岡伸一によれば，この 1960 年を画期として，日本の政治は，利益を超えた公共の規範をめぐって競うことを事実上放棄し，ひたすら利益の分配と調整のみに努める「私益政治」の道をつき進むようになってゆく。この過程で自民党政権は法案の事前審査などを通じ，党の政務調査会の各部会と，各省庁とのあいだの緊密な融合のもとで，社会における幅ひろい利益を実現する包括政党（catch-all party）へと変貌を遂げたのである。政治腐敗が広範化し深化したことは言うまでもない（北岡 1990）。

　だが，包括政党を支える利益誘導型の政治は，政府財政のパイを拡大し続ける経済成長という条件が失なわれれば，足下から崩れてゆく。多様な利益要求をのみこんでゆく装置として重要だったのは，中選挙区制を前提とした自民党内の派閥間競争であった。その派閥が，リクルート事件（1988 年）という巨大な政治腐敗の発覚によって力を失っていったことは，利益誘導型の政治と派閥政治とが密接に結びついていたことを鋭く象徴していると言えるだろう。1990 年代以降になると，選挙制度改革と内閣機能の強化を通じて，「大統領制的首相」と言われるほどに，首相と首相官邸への権力集中が進んでゆく。その結果，与党議員が政策の立案や決定にじかに参与できる機会は大きく狭まり，官邸と与党とのあいだで「官高党低」とも呼ぶべき状態が生じている（待鳥 2012，御厨 2015）。

　この変化のなかで，利益誘導に代わる統合手段として，ナショナリスティックな理念による統合を志向する政党へと，自民党が変容しつつあると危惧する声がある（中北 2014）。それが危険な道へむかわないように監視し制御することが，今後，日本のリベラル・デモクラシーを健全に保つためには重要になるだろう。そのさいに，政党間競争の活性化を求め続けた，戦前の政党政治の歴史をふりかえることは，多くの示唆をもたらすにちがいない。

参考文献

飯尾 潤編（2013）『政権交代と政党政治』中央公論新社。
伊藤光利・宮本太郎編（2014）『民主党政権の挑戦と挫折——その経験から何を学ぶか』日本経済評論社。
伊藤之雄（2009）『伊藤博文——近代日本を創った男』講談社。
井上寿一（2012）『政友会と民政党——戦前の二大政党制に何を学ぶか』中央公論新社。
岩谷十郎・西川俊作編（2003）『福沢諭吉著作集』第 8 巻，慶應義塾大学出版会。
上神貴佳（2013）『政党政治と不均一な選挙制度——国政・地方政治・党首選出過程』東京大学出版会。
大石 眞（1998）「政党法の試みと挫折」『法学教室』210 号。
大石 眞（2008）『憲法秩序への展望』有斐閣。
岡 義達（1958）「政党と政党政治」岡義武編『現代日本の政治過程』岩波書店。
勝田孫弥（1890）『帝国議会要論』政治学講習会。
加藤一彦（1994）「戦後政党法案の軌跡と今日の動向—— 2 完」『東京経大学会誌』186 号。
川崎政司（2010）「政党と政治資金制度——政党法制やその統制のあり方を含めて」『比較憲法学研究』第 22 号。
川人貞史（2005）『日本の国会制度と政党政治』東京大学出版会。
北岡伸一（1990）「包括政党の合理化——七〇年代の自民党」同『国際化時代の政治指導』中央公論社。
黒澤 良（2011）「政党政治の凋落と再生」季武嘉也・武田知己編『日本政党史』吉川弘文館。
小林道彦（2010）『政党内閣の崩壊と満州事変——1918〜1932』ミネルヴァ書房。
小林良彰（2012）『政権交代——民主党政権とは何であったのか』中央公論新社。
小宮 京（2010）『自由民主党の誕生——総裁公選と組織政党論』木鐸社。
小山俊樹（2012）『憲政常道と政党政治——近代日本二大政党制の構想と挫折』思文閣出版。
坂本多加雄編（2002）『福沢諭吉著作集』第 9 巻，慶應義塾大学出版会。
佐々弘雄（1932）『政局危機の動向』千倉書房。
清水唯一朗（2007）『政党と官僚の近代——日本における立憲統治構造の相克』藤原書店。
杉 亨二『国政党派論』（1877 年）杉亨二。
春畝公追頌会編（1940a）『伊藤博文伝』中巻，統正社。
春畝公追頌会編（1940b）『伊藤博文伝』下巻，統正社。
武田知己（2011）「「55 年体制」の変貌と危機」季武嘉也・武田知己編『日本政党史』吉川弘文館。
谷口将紀（2012）『政党支持の理論』岩波書店。
筒井清忠（2012）『昭和戦前期の政党政治——二大政党制はなぜ挫折したのか』筑摩書

房。
手島 孝（1985）『憲法学の開拓線――政党＝行政国家の法理を求めて』三省堂。
徳富蘇峰（1931）『現代日本と世界の動き』民友社。
ドット，ローレンス・C（1977）『連合政権考証――政党政治の数量分析』岡沢憲芙訳，政治広報センター。
中北浩爾（2002）『一九五五年体制の成立』東京大学出版会。
中北浩爾（2014）『自民党政治の変容』NHK出版。
奈良岡聰智（2006）『加藤高明と政党政治――二大政党制への道』山川出版社。
日本国語大辞典第二版編集委員会・小学館国語辞典編集部編（2001a）『日本国語大辞典』（第2版）7巻，小学館。
日本国語大辞典第二版編集委員会・小学館国語辞典編集部編（2001b）『日本国語大辞典』（第2版）9巻，小学館。
坂野潤治（2010）『明治国家の終焉――一九〇〇年体制の崩壊』ちくま学芸文庫。
樋渡展洋・斉藤淳編（2011）『政党政治の混迷と政権交代』東京大学出版会。
升味準之輔（1965～1980）『日本政党史論』第1巻～7巻，東京大学出版会。
待鳥聡史（2012）『首相政治の制度分析――現代日本政治の権力基盤形成』千倉書房。
待鳥聡史（2015）『シリーズ日本の政治6　政党システムと政党組織』東京大学出版会。
的場敏博（2012）『戦後日本政党政治史論』ミネルヴァ書房。
丸山 健（1988）「政党法制化の動向」和田英夫教授古稀記念論集刊行会編『戦後憲法学の展開』日本評論社。
御厨 貴編（2012）『「政治主導」の教訓――政権交代は何をもたらしたのか』勁草書房。
御厨 貴（2015）『安倍政権は本当に強いのか』PHP研究所。
三谷太一郎（1995）『新版　大正デモクラシー論』東京大学出版会。
村井良太（2005）『政党内閣制の成立――1918～27年』有斐閣。
村井良太（2014）『政党内閣制の展開と崩壊―1927～36年』有斐閣。
山口二郎（2012）『政権交代とは何だったのか』岩波書店。
山田央子（2011）「明治前半期における政党の誕生」季武嘉也・武田知己編『日本政党史』吉川弘文館。
若月剛史（2014）『戦前日本の政党内閣と官僚制』東京大学出版会。
『朝日新聞』1946年4月13日付朝刊社説。
『日本経済新聞』2012年12月28日付朝刊。
『読売新聞』1976年4月14日付朝刊。
自民党ホームページ（https://www.jimin.jp/aboutus/pdf/organization.pdf#sec1-32, accessed June 14 2014）。
高市早苗（2014）「今月前半の政調会」高市早苗ホームページ（https://www.sanae.gr.jp/column_details672.html, accessed June 14 2014）。

第8章

選挙制度
——分かりやすい選挙へ向けて——

岩渕美克

1 選挙制度改革の経緯

　2013年3月25日，広島高裁は，訴えのあった前年12月16日に実施された第46回衆議院議員選挙における広島県第1区，第2区の選挙に関し，違憲であり，一定の条件を充たせなければ選挙は無効であると判断した。これまでも，違憲，違憲状態の判決は出されていたものの，この判決の特徴は選挙無効に言及したことにある。ただし無効になる条件として，衆院選の選挙区画定審議会が開かれた昨年の11月27日から1年が経過する11月26日までに選挙制度の抜本的改正が行われ是正されない限り選挙を無効とするという期限つきの無効判決であった。今までは，違憲ないしは違憲状態ではあるが，選挙の無効は却下するという事情判決が出されてきたが，戦後初めて猶予期限つきとはいえ選挙無効の判決が出されたことは，大変重く受け止められた。しかも翌3月26日には，広島高裁岡山支部において，同選挙の岡山県第2区の選挙を無効とする判決が出された。これら高裁の判決が確定されれば，少なくとも広島第1区，第2区，岡山第2区の選挙はやり直さなくてはならないという異例の事態となる。結局は最高裁で従来通りの事情判決によって選挙無効の判決は覆されることになったが，高裁とはいえこの司法判断は重く受け止められた。選挙制度改革がにわかに現実味を帯びてきたのである。

　このようになった原因は，政治の側にある。2009年3月に行われた第45回衆議院議員選挙に関して提起された訴訟において，2011年3月23日最高裁は選挙区の最大格差が2倍を超えている状況を違憲状態であるとして，その原因とされる1人別枠方式の撤廃を含む，定数是正を求めた。選挙区間の最大格差

を 2 倍未満に抑えるように，選挙区割り及び定数を調整しなくてはならないようになったのである。これを受けて選挙区是正が議論されるようになるが，議席に直結する問題であるので，各党の思惑も絡みなかなか法改正は進まなかった。ようやく 2012 年 11 月 16 日に 1 人別枠方式の規定の削除と 0 増 5 減の選挙定数是正を定めた法改正が成立した。ただし，現状の選挙区の調整で処理したために，事実上，1 人別枠方式は温存されたままであった。

　しかしながら第 46 回衆院選は選挙の公示までに 0 増 5 減の選挙区画の確定ができなかったために，違憲状態とされた 2009 年選挙と同様の選挙区で行われることになった。ここにも政治の事情が入り込んでいる。2009 年衆院選では民主党が勝利し，初めて本格的な政権交代が行われ民主党政権が誕生した。しかしながら，ほぼ大臣経験のない議員で組織されている民主党政権はあまりにも準備不足であった。鳩山由紀夫首相，小沢一郎幹事長の内閣と党の 2 大指導者で臨んだ民主党政権であったが，両者の政治資金をめぐる疑惑や閣僚の問題発言などが相次ぎ，徐々に有権者の支持を失っていった。菅直人首相にかわった 2011 年 3 月におこった東日本大震災は，ただでさえ未曾有の出来事で，その対応の不手際さが際立ち，いよいよ国民の失望感は高くなり，支持率も大きく低下した。選挙を経ない 3 人目の首相である野田佳彦になり，早くも解散総選挙のことが話題になり始めた。そしてついに野田首相は，攻勢を強めていた野党自由民主党総裁の安倍晋三との党首討論において，衆院の議員定数削減法案への賛成を条件に解散を約束することになった。政治とカネの問題から，身を切る改革として，国会議員の定数を削減することが必要であると共に自らの毅然とした態度を示すものと考えていたようである。この発言に安倍総裁が同意したため，衆院を解散し総選挙が行われることになったのである。噂されてはいたものの，任期満了まで粘るのではないかともいわれていたなかでの唐突とも思える解散であった。選挙区割りの手続きは日数がかかることもあり，選挙区定数の是正作業が間に合わず，違憲状態の判決を受けたままでの選挙に

---

(1) この他の具体的な解散の条件は，特例公債法案，社会保障制度改革を議論する国民会議の早期設置の 3 点セットであった。

なったのである。

　このように広島高裁の判決はいわば当然の帰結であった。最高裁でも無効判決が出される可能性も議論されたが，0増5減の法改正がすでになされていることなどから事情判決に落ち着いたようである。しかしながら人口移動や少子化による人口減などがますます生じるようになることを考えると，選挙区内の有権者の数が安定することは考えにくい。選挙のたびごとに，常に選挙区定数の是正などを行わなくては違憲判決が今後とも続いていく可能性が高い。そうであるとすれば，格差によっては選挙無効の判断が最高裁でなされるのも決してない話ではない。この高裁判決は，事情判決でいわば高をくくっていた政治に司法が下した最後通牒に近いものである。

　より状況が複雑なのは参議院議員選挙である。一票の格差に関しては比例代表では関係ないが，都道府県単位で行われる小選挙区ではその格差が衆院選の小選挙区よりも開く傾向にある。また，6年任期のうち3年で半数を改選するために，選挙区の定数は偶数にならざるを得ず，その意味でも格差が生じやすいことになる。したがって，衆院選に比べて最大格差もやや緩やかにとらえられてきた。衆院の2〜3倍の格差を5〜6倍が目安であるとされてきた。しかしこれもクリアできずに違憲状態の判決を受けて，これまでもたびたび定数の是正がなされてきた経緯がある。

　最近では，2007年7月29日に行われた第22回参議院議員選挙の最高裁判決（2009年9月30日）で最大格差4.86倍の状態を合憲としながらも，制度見直しの検討を求めたこともある。また，2010年に行われた第23回参院選における最大格差5倍の状況を，最高裁は違憲状態と判断（2012年10月17日），これを受けて4増4減の定数是正を行った（2012年11月16日）。この中で最高裁は，「都道府県単位の選挙区を維持しながら投票価値の平等の実現を図ることはもはや著しく困難な状況」であるとして，これまでの都道府県単位の選挙区選挙の方法に疑問を呈した。また，これまでは衆参で憲法判断の基準が異なっていることを，参院選でも衆院選と同様の一票の価値があるべきとの判断をしている。この判断に従えば，今までの参院選は違憲ということになる。前述の第23回参院選においても，広島高裁岡山支部は違憲であり選挙無効の判決を

下した。参院選では初の選挙無効判決である。参議院選挙でも，抜本的な選挙制度改革が余儀なくされたのである。

　1970年代以降何度となく国政選挙において，一票の格差に関する違憲ないしは違憲状態とする司法判断が下されてきた。しかしながら，そうした判決も事情判決によって議員の身分は守られてきたので，国会議員が抜本的な選挙制度改革を行う誘因にはなってこなかった。せいぜい議員定数を最小限に変更することにより違憲状態から一時的に脱することで解決を図ってきたのである。[2] しかしながら，今回の司法判断は今までとはやや異なる。衆参ともに選挙無効の可能性が生じることになり，かつ参院選では都道府県を選挙区の基礎単位とする今までの原則を否定する内容の意見が付されたからである。後述するが，今までの選挙制度を大きく変更する契機は，司法判断ではなく，政治的な要因によるものである場合が多い。政治的要因による改革は，必ずしも本質的なものではなく表面的なものである場合が少なくなく，その意味で「国民の代表を選ぶ」国政選挙が直接，民意や論理的な，あるいは目的に沿った形で行われないばかりか，時の為政者の都合によって行われてきたといえる。そこで本章では，こうした理論的な問題点を踏まえて，あるべき選挙制度改革について提言していきたい。

2　日本における選挙制度の歴史

（1）衆議院議員選挙

　まず戦後日本の選挙制度を概観し，現制度の問題点について整理してみよう。前史としての衆議院議員選挙法は1889年に制定され，2度の大幅な改正を経て1925年の普通選挙法に至る。衆院選にはもともと中選挙区制が採用されていた。戦後に入り，まず1945年に衆院選挙法が改正されている。この改正は，9月に議会制度調査特別委員会を設け，翌月に「衆議院議員選挙法改正要綱」

---

[2]　1994年には8増8減，2000年には非拘束名簿式に改正した際に比例代表で4減，選挙区で6減，2006年には4増4減，2012年にも4増4減と何度も改正してきた。

を議決し，大選挙区制限連記制に改正された。戦後の民主化の過程で制度変更がなされたが，杣（1986：203）は，「この改正要綱は技術的な細目にとどまり，政治民主化の圧力をほとんど反映していない」として，本質的な改正ではないと評価している。この改正によって行われた1946年4月の戦後第一回の衆院選では，候補者が乱立し，小党分立の結果を招いた。選挙後には，都道府県選挙主管課長会議の場において制限連記制の批判や候補者の乱立防止のための改正意見が出された。これを都がまとめて内務省に上申することになった。杣（1986：242）は，「この方式が革新勢力とくに共産党の衆議院進出，および婦人議員の大量進出という重要な結果を招いたことは明らかであった」とし，大選挙区制限連記制の特徴としている。保守勢力からすると，問題点ということになる。

　この選挙によって大選挙区制の問題点が露呈することになり，新憲法の公布も相まって，中選挙区単記制に復帰しようとする動きが活発化した。この動きには，新憲法の下で事実上，新たに設置された参議院における議員選挙で全国区・地方区といった大・中・小選挙区が混在する選挙制度が採用されることと無縁ではない。植原悦二郎内相は，「衆議院選挙法改正については，二大政党主義による政党政治の安定確立という建前より，小選挙区単記制が最も理想的だと思う。小党分裂は民主主義の発展を阻害する。しかしこのような一足飛びの態勢は直ちには困難だから，まずは中選挙区単記制をとりたい」とした（朝日新聞1947年2月2日）。したがって，革新勢力への対抗策という政治的事情によって中選挙区制は採用されたのである。もちろん，こうした改正及び改正理由は，マッカーサーなどのGHQの承認も得られることになった。1947年3月に法改正が行われ，中選挙区制が復活したのである。

　このように，中選挙区単記制への復帰も，政治的な思惑によるものであった。もともと戦前に中選挙区制が採用された際も，「三つの連立与党の間で大選挙区制と小選挙区制で意見が分かれ，妥協から中間的な中選挙区制になったのであった」（加藤 1998：17）。そこには，制度に関する検討や理論的な議論などはみられない。

　この中選挙区制のもとで55年体制と呼ばれる自民党を中心とする政治体制

が登場し,40年近く一党優位政党制に分類される世界的にも例をあまりみない状況が続くのである。派閥の連合体といわれる自民党にあっては,各派閥の領袖にとって自派閥の勢力を伸ばすことが党内での権力を握る上での重要なファクターであった。それゆえに各派閥ができるだけ多くの公認候補を立候補させるためには,中選挙区制のもとで一選挙区に複数の自民党候補者を立てることになる。したがって,候補者にしてみると選挙戦は野党との戦いばかりでなく,党内の争いになることも少なくなかった。党議拘束が厳格な日本の政党のもとでは,党内の争いが政策争いになるはずもなく,候補者の個人的な人気や利益誘導,有権者へのアプローチやこまめな選挙運動が必要となった。必然的にカネのかかる選挙との批判がしばしば聞かれるようになる。

　こうした中選挙区制の批判に応えて,政治改革が行われた。政治改革論議が起こった契機は,1988年に起こったリクルート事件である。当時,このリクルート事件は有権者の耳目を集め,メディアをはじめとする厳しい指摘を政府・与党は受けることになる。政治不信が高まり政権運営にも影響が出るようになり,カネのかかる政治を是正するための政治改革を与党主導で行う必要があった。竹下登首相の下,自民党総務会に後藤田正晴選挙制度調査会長を委員長とする「政治改革委員会」を正式に設置することを決定した。ここでの議論を経て,民間の有識者を交えた首相の私的諮問機関である「政治改革に関する有識者会議」を設置し,提言をまとめることになった。そのなかの中長期的に改革すべき事項として,衆参両院の定数の在り方,選挙区・選挙制度が挙げられ,政治改革のなかに選挙制度改革が含まれることになったのである。

　中選挙区制のもとで,カネのかかる選挙が政治家の汚職や不透明なカネの流れの温床であると考えられたため,選挙制度改革,政治資金に関する論議が政治改革の中心の1つになっていった。これらの問題については有識者の意見が重要との判断から,従来の選挙制度審議会を通じて議論することになった。リクルート事件による政治不信を契機として退陣を余儀なくされた竹下内閣の後を受けた宇野宗佑首相のもとに,第八次選挙制度審議会が発足したのである。

---

(3) イタリアの政治学者サルトーリの分類で,他にインドが該当するとされる。

第一委員会は選挙制度,第二委員会は政治資金制度の在り方について審議するものであった。この第八次委員会で,選挙制度の大幅な改正が行われたのである。

第一委員会の堀江湛委員長は以下の趣旨のことを述べている(田中 1997：45)。中選挙区制は政策本位の選挙にならず個人本位でカネのかかる選挙あるいは派閥選挙になる,政権交代が起こりにくいため政治に緊張感が欠け政治腐敗の原因になるなどの弊害を指摘する意見が大勢を占めた。衆院の選挙制度の基本的な在り方としては政策本位,政党本位の選挙が行われること,政権交代の可能性が重要であること,議院内閣制の下で内閣を形成する政党について選挙の結果によって国民が直接端的に示されることが必要である,多様な民意が国政に適正に反映されることが必要であるなどの意見が出され,小選挙区制,比例代表制,両者を組み合わせる方式の3つのタイプについて議論したと報告している。

この結果,政権交代が可能な小選挙区制を基本に,少数勢力も議席を獲得し得る比例代表制を組み合わせる並立制が適当であるなどの意見を受けて,小選挙区比例代表並立制を採用することを答申することになった。

1994年,いわゆる政治改革関連4法案の一部として審議され,答申通り小選挙区比例代表並立制が採用されることになった[4]。ただし政治資金,選挙制度は議員の身分に深くかかる問題であるため,議決は簡単にはいかなかったようである。新聞報道によると,自民党で反対した議員は衆議院で3人,参議院で1人,このほかに欠席した議員が病欠などを含めて15人(うち参議員1人),また社会党で反対した議員は衆議院で6人,参議院で17人,このほかに欠席した議員は衆議院で2人,参議院で3人であったとされている(田中 1997：316)。

前述した第8次選挙制度審議会第一委員長であった堀江湛は,読売新聞のインタビュー(2013年1月31日)に答えて,「不十分とはいえ,かつての政治体

---

(4) この他に,衆議院議員選挙区画定審議会設置法,政治資金規正法の改正,政党助成法をいう。小選挙区比例代表並立制と政党交付金の導入を柱とした政治改革法案である。

制を変えたという意味ではそれなりの役割を果たしたと思います。(略) もともと私は単純小選挙区制の方がいいと思っていましたが，そうすると現職議員の反発が強くなる恐れがありました。公然とは言いませんでしたが，比例選で救うことも考えて並立制を主張しました。」と述べている。選挙制度改革はやはり政治的な配慮が必要となってくるのであろう。いかに政治的な部分を少なくして，原理原則にのっとった形の改革を図るかが重要となる。

(2) 参議院議員選挙

　新憲法制定とともに創設された参議院は貴族議員の改革という位置づけであった。政府の構想は貴族院を残したままの改革であったものが，GHQから1院制を提示されたためにあわてて2院制維持を求めて折衝をしたものであった。政府はこの第二院には衆議院を抑制する保守的・安定的役割を期待したために，一部議員の任命制，推薦制，職能代表制などを考えていた。しかしながらGHQの民主的原則に対する強い要求の前に，この期待は達成されないものになった。結局，憲法改正案の衆院通過の際に，参議院は衆議院と重複する機関とならないよう留意し，社会の各部門・各領域の知識経験のある者が議員となりうるよう考慮すべきであるとしたのであった。貴族院がこの付帯決議つきの参議院条項を承認したことで，参議院が誕生したことになる（杣 1986：226）。

　参議院議員選挙法案によって，地方区と全国区による選挙制度が確定した。地方区は衆院の選挙区と同じになるので，両院の違いを出すために衆院の選挙区を変更する必要性が生じたのであった。前述したように，衆議院選挙が中選挙区制を再採用するようになる経緯と関連するのである。全国区は職能代表制の部分が期待されたものであったが，一方で労働組合などの革新勢力の進出も予想されていた。

　第一回選挙は，半数改選ができないために参議院議員全員を選出する選挙が行われた。選挙区では第一位のものを6年任期，第二位のものを3年任期とした。その結果，学識経験者を含む多数の無所属議員，全国区57名，地方区54名の誕生を見た。それら無所属議員らが集まって形成された緑風会は，参議院の特性を生かしたものであった。その意味で，当初参議院の特色を考慮した選

挙戦が展開され，また院としてもその機能を果たし得る状況であった。

　しかしながら参議院も，選挙を経るごとに徐々に政党化の方向に進み，衆議院のカーボンコピーとまでいわれるような状態になった。こうした事態に参議院でもさまざまな議論や改革が試されたが，どれも効果的なものには成り得なかった。とりわけ全国区は銭酷区と揶揄されるように，選挙区が広いために選挙資金も多額に上った。それゆえに労働組合などの大組織や政党を中心に選挙戦が戦われるようになった。まして個人で立候補するには，よほど資金が潤沢であるか，一部のタレントたちのようにすでに知名度の高い候補者に限られることになった。また，保守派が当初懸念していた革新勢力の台頭も見られた。1989年に行われた参院選は，日本で初めての女性党首である土井たか子のもと，いわゆるマドンナブームと呼ばれる女性の躍進によって46議席を獲得し，非改選議員を合わせても自民党を過半数割れに追い込むほどであった。こうした大選挙区を中心としたカネのかかる選挙に対する批判は強まることになる。

　衆議院と異なる有識者や職能の代表といった参議院の特色を生かしつつ全国区の問題点を克服することは難しく，解決のためには選挙制度を改革しなくてはならなかった。1982年に，前者を捨てて後者のみに力点を置いた形で全国区に比例代表制を導入し，しかも拘束名簿式を採用した。政党が事前に提出した名簿順に当選者が決定されるので，いかに上位で名簿に記載されるのかが候補者にとっては重要となった。ともあれこの制度で参議院も完全に政党化することになった。なお候補者を立てることのできる政党は，後にいう政党助成法の政党要件を充たしているか，当該選挙で選挙区・比例代表を通じて10人以上の候補者を立てることを求めることになった。その意味では，立候補の自由が一部制限されることになる。

　この制度変更について前田（2002：93）は，「参議院選挙は，国民に有権者を

---

(5) 参議院議長であった斎藤十朗は，参院での党議拘束の緩和などの革新的な改革を提言し，参院の独自色を発揮しようとしたが，賛成を得られずに改革は成し遂げられなかった。参議院選挙改革に関しては，以下の論文を参照されたい。
　　前田英昭（1998）「幻の参議院選挙制度改革案」飯塚繁太郎ほか編『民意・政党・選挙』新評論，183-207頁。

選ばせるという思想とともに，国民が民意を反映させるために代表を選ぶのだという思想が混在している，代表制に完全なものはないから，選挙制度を変えれば，衆議院に代表されない民意を参議院に代表させ，衆議院を補完させることによって，衆参両院が一体となって国会を真の代表機関とすることができる」とし，改正の理由として参院自民党政策審議会の意見の①政党本位の選挙制度によって候補者選択の困難性を解消する，②政党が選挙運動の主体になることにより個人に膨大な資金を必要とする選挙でなくなる，③全国的に有為な人材を名簿に登載することにより，参議院の機能発揮にふさわしい人物を容易に参議院に送ることが可能となる，の３点を挙げて，党外からも参議院にふさわしい識見豊かな人物を得るのに好都合である，と評価している。

一方，野中（2001：88）は，「今回の改正は，膨大な費用の掛かる選挙制度を改めるという点にもっぱら主眼を置いたものであり，参議院の特性を生かすための選挙制度はどのようなものであるべきかという視点は二の次になっているか，あるいは欠落してしまっている。いわば現象的な問題の一部（それが重要であることを否定する気はいささかもないが）だけに心を奪われて，より本質的な問題（参議院の理念に照らしてこの選挙制度はどのようにあるべきかという問題）を十分に考慮していない」と，評価も分かれている。

2000年に自民党の名簿上位者に政治資金疑惑が生じるなどしたために，政党が実質的に当選者の優先順位を付すことができる拘束名簿式への疑念が高まり，個人名を書くことができる非拘束名簿式へと改正された。政治不信，政党不信が高まるなかで，政党名を書くよりは，日ごろ接触のある候補者の名前の方が書きやすいために，制度を改正しようとしているとの批判があった。制度の成立に向けて与野党を斡旋しようとした斉藤十郎参院議長が不調に終わったことから辞任するなどの騒動があったが，井上裕新参院議長のもとで成立した。この変更も，政治的要因による政治的な決断であったといってよいだろう。

3 選挙制度論

(1) 民主的選挙の基本原理, 基本原則

それでは, 選挙制度改革について議論する前に, 選挙制度及び選挙法に関する理論的な問題についてみておこう。

民主的な選挙を行ううえで大前提となる基本原理がある。まずは近代の選挙法は, 個人・人格代表主義であり, 中世の団体・職能代表主義と異なる。中世の等族会議などの職能代表は等族団体そのものに参政権が認められ, 代表者は等族団体の利益を代表するものであるから代表者と選挙人の内部関係は強制的委任の関係に立つことになる。しかしながら近代の国会の選挙は, 国民個人を国家の政治的構成単位として参政権を認めているので, 代表者は国民全体の代表者としてもっぱら国会の機関を構成するのであって, 代表者と選挙人の内部関係は強制的委任の関係に立つものではない。(林田 1958：17) したがって, 地域代表といえども, 国会議員は地域を代表するものではなく, 参議院議員が職能代表の意味合いが強いからといって, 職能の代表というわけではない。こうした点がよく議論されるところである。団体や地域が事実上の選出母体であるとしても, これらに対する強制的委任関係があるものではないので, 一部の国民や団体の利益代表ではないのである。

この選挙法を支配する個人・人格代表の基本原理に属するものとして, 普通, 平等, 直接, 秘密の4原則を挙げることができる (林田 1958：23-31)。

普通選挙は, 制限選挙に対するもので, 社会的身分や財産, 教養などによって資格が制限されることなく, すべての成年者に選挙権, 被選挙権を認めるという原則である。日本では, 普通選挙成立前には, 性別や財産による選挙権の制限がかけられる制限選挙であったことが知られている。

平等選挙は, 選挙人の投票の価値をすべて平等に扱う原則である。これに対するものとして, 選挙人の投票の価値に等級が付せられる等級選挙がある。教育, 財産, 年齢などにより一人一票制ではなく, 人によっては一人二票, 三票というように配分するものである。したがって等しくすべての有権者に二票の

投票権を与えるような場合には，平等選挙の原則に反しない。一票の価値が平等ということは，当然，選挙区が異なったとしても同じ票数を得た候補者は代表として選出されるべきであり，一票の格差というものがあってはならない。憲法上は，法の下の平等に反するとして違憲と判断される一票の格差は，平等選挙の原則にも違反しているということになる。

　直接選挙は，議員の選挙が有権者によって直接行われることをいう。アメリカの大統領選挙のように選挙人を選出し，その選挙人の投票によって大統領を選出するような間接選挙に対するものである。ただし，アメリカの大統領選挙の場合，選挙人が投票する候補者を先に公表していることから，民主的と解されているが，正確にはこの原則には抵触をしている。なお，議院内閣制も直接には行政権を持つ内閣総理大臣を選出できないので間接選挙ということになる。このように有権者の意見が行政権の長の選出に直接的に反映されることを求めて，日本でも地方自治と同様に内閣の行政権者に対する直接公選制が話題になることがある。

　秘密選挙は，公開選挙に対するものである。公開選挙は選挙人が投票した候補者名を他人がうかがい知ることが出きる状態で選挙を行うことで，一般に自由な投票を阻害する原因となるといわれる。たとえば，投票の自由を侵すことになる投票の強制や金銭による票の売買が生じる可能性が高まる。投票結果をチェックすることができるようになるからであり，記名投票などがこれに該当する。こうした事態を防ぐために，投票した結果は，何人にも知られないようにすることが重要となる。投票の自由を保障するための原則であるともいえる。

（2）選挙制度の構成要素

　それでは具体的に，選挙制度を考える場合に必要となる主な構成要素についてみていこう。一般に選挙制度改革というと，代表制に関連する選挙区や投票方法についての議論ばかりが取り上げられる傾向にあるが，選挙自体はもう少し広範囲に捉えなくてはならない。それらには，代表制・選挙区，議員定数，投票方法，選挙権，被選挙権，公示日と公示期間，選挙運動，政治資金（選挙資金）などの要素が考えられる。

代表制は，選出する議員を少数者の代表か，多数者の代表かを規定するものである。少数者の代表にも議席を与えるためには1つの選挙区から複数の代表を選出すればよい。したがって，少数代表は大選挙区制になる。結果として1選挙区から複数の代表が選出されることになる中選挙区も，大選挙区制に分類される。政党政治を前提とすると，大選挙区制は，同一政党間での競争になることもあるので政策論争が盛り上がらない，少数の代表が多くなるので政党が乱立することで連立政権が生じやすいので，政権が安定しないなどの問題点などが指摘されている。

比例代表は，1選挙区から複数の代表を選ぶ際に，原則として政党の得票に応じて代表者を選出する方法である。大選挙区制の一種ということになる。政党単位で得票数がまとめられることで，個人の余剰票が同一政党の他の候補者にまわされることになるので，民意が議席数に反映されることになる。その結果，小政党であっても票がまとめられることで議席が与えられることにもなり，議席を独占する政党が出現する可能性は低い。したがって，大選挙区制のなかでも単独政党で過半数を獲得することが出来ないために連立政権が起こりやすく，政権の安定性が損なわれる恐れが高くなるなどの問題点がある。

選挙区から最大得票の一人だけを選出するのであれば小選挙区制ということになる。一票でも多く得票したもの一人だけに議席が与えられるので，落選者に投ぜられた死票が多くなる。投票率とも関係するが，選挙区全体の過半数以下の支持しか受けていない候補者が代表に選出されることもありうる。選挙では，多くの場合，当選のための最低得票率が設定されていなければ，絶対得票率がいくら低くとも当選することができることになる。

議員定数は，現在では身を切る改革で削減の方向にある。それではいったい何人の定員が適切なのであろうか。直接民主制が最も良い民主主義体制であるとすれば，議員は多い方が好ましいことはわかる。国家の規模が大きくなったために，代表による代議制民主主義になっているので，できるだけ数が多い方が民意を反映できることになる。理論的に最適地というのはない。それぞれの事情によって，たとえば多民族国家であれば，単一民族国家よりも代表の数は多い必要があるだろうし，人口によっても割合が異なってくる。しかし，議員

は代表であるのだから，昨今の財政的事情による定数削減は適切ではない。日本の場合，議員を10人減らすよりも議員歳費20％を減らした方が財政的には潤うことになる。「身を切る」という表現で定数を減らすよりは全体をスリム化した方が有効である。さまざまな代表から選出されることが保証されるべきである。

　投票方法は，原則として一人一票ではあるが，すべての人が二票持つような場合には平等選挙の原則に抵触しないので，こうした投票方法についても考慮しなくてはならない。日本でも，現在，衆院選では小選挙区と比例代表，参院選では地方区と比例代表の一人二票の権利が与えられている。フランスの大統領選挙は，最初の投票で過半数を獲得した候補者がいない場合は上位2名による決選投票が行われるので，一人二票制に該当する。また，今後の課題としては，現在は自書式であるが，最高裁判所裁判官の国民投票のような名簿に印をつけるような方法，アメリカで一時問題になったが候補者名に穴をあけるような方法もある。あるいはインターネットを利用した投票あるいはパソコンなどを利用した投票なども今後議論されるべきであろう。現在では，集計が正確になり，迅速になるなどの利点もあるが，誰に投票したのかを再現する方法がないという，いわゆるブラックボックスの問題があり採用に至ってはいない。

　選挙権も，2015年の公選法改正によって70年ぶりに変更され，20歳から18歳に引き下げられた。多くの国で18歳以上に選挙権が認められていることから，今までも議論はなされてきた。前年に憲法改正の際などの国民投票法が改正され，投票権が18歳以上に引き下げられたことを受けて，この流れが促進したものである。若者の政治的関心の低さや20歳代の投票率の低さなどがたびたび指摘されている中で，若者の政治関心を喚起させる狙いがあるものとされている。18歳選挙権は，2016年参院選から適用されることになるが，こうした引き下げの結果，新たに有権者になる約240万人の若者に対する主権者教育や18歳には高校3年生が含まれることから，高等学校での教育についても議論されている。

　同様に在外邦人に対する選挙権の制限の違憲判決（2005年9月15日　最高裁）を受けて，在外邦人に選挙権が認められるようになった。にもかかわらず，こ

うした在外邦人に対する選挙情報は十分保障されておらず、そうした意味でも時と場所を選ばない選挙運動が可能なインターネットによる選挙運動が緩和される必要があったが、これもようやく2013年にインターネットによる選挙運動を一部認める公選法の改正によって可能となった。

　被選挙権についても、現在は年齢だけであると思われがちだが、立候補するに際しては供託金の問題などがある。政治学的にはあまり問題にされない供託金であるが、憲法学的には議論のあるところである。すなわち、供託金の存在そのものが立候補の自由を奪っているのではないかということである。その場合、供託金の金額であるとか、没収される得票割合であるとかが合理的であるかどうかの判断が必要である。これらも慎重に判断しなくてはならない。供託金については、一部公営選挙であるため、売名行為による立候補などを防ぐ効果のほか、公営選挙の負担金であるなどの解釈もあるので、制度そのものの効果についても慎重に検討しなくてはならない。

　公示期間も、選挙の騒音などによる環境問題などから短縮する傾向にある。現在は、各種の選挙ごとに設定されているが、それを見る限り選挙区の広さを考慮して決定されているようである。すなわち選挙区が広いほど選挙運動を通じたマニフェストなどの訴えが周知するのに時間がかかるので期間が長くなる。参議院選挙と都道府県の知事選挙が17日間と最も長く、町村議会議員選挙と町村長選挙が5日間と最も短い。政令指定都市以外の市議会、市長選挙も7日間である。この期間だけで選挙に対する関心が高められるだろうか。こうした公示期間の短さは地方選挙の低得票率とも無縁ではあるまい。これらについても合理的であるかどうかの判断が必要である。たとえば参院選挙の選挙区と比例代表は同じ公示期間である。その場合、比例代表部分での選挙期間は十分であるとはいえないだろう。選挙区の選挙運動が比例代表の運動を兼ねるといっても、すべての政党が参院選のすべての地方区に候補者を立てているとは限らないからである。すべての選挙区で立てるべきだということであれば、前述した供託金制度の金額が小政党には大きな負担となり、大政党に有利な制度ということになる。現在はインターネットによる選挙運動が解禁されたので、こうした選挙情報の不足の問題は緩和されたが、それでも検討の余地は残っている。

日本の選挙運動は諸外国に比べると厳しく制限されている。戸別訪問の禁止やマス・メディアの利用の制限などがよく話題になる。政治学的には，同じ制限の中で競争しているのであれば公正であるとの判断も可能である。しかしながら一方で，こうした選挙運動の制限も，自由な選挙に対する制限にあたると考えると法的には問題になる。前述した公示期間とも関係するのであるが，選挙情報がすべての有権者に均等に届く条件が確保されているかどうかについて考えなくてはならない。概して選挙運動の問題は候補者の問題としてとらえられがちであるが，有権者が投票に際して必要最低限の選挙情報を得ることが出来るかどうかも重要な検討課題となる。

　政治資金，選挙資金の問題は常に議題に上る問題である。公職選挙法に規定されている選挙資金は実態の金額とかけ離れているといわれている。多くの候補者が法を犯しているからといって，実態に合わせる必要はないが，だからといって名目だけの選挙資金の上限を規定することも無意味である。法律は努力目標ではない。カネのかかる選挙の実態については今後とも監視していくことが必要である。可能な限りオープンにしていくことが重要である。

　この他にも補欠選挙や連座制など，選挙制度改革に関して議論しなくてはならないものは少なくない。総合的な判断が必要となる。

4　選挙制度改革に向けて

（1）現在の選挙制度と課題

　現行の衆参両院の選挙制度の共通の問題点は，両院の選挙制度が似通っていることにある。衆院は小選挙区と11ブロックの比例代表，参院は選挙区と全国1区の比例代表で，選挙区の小さな順番に並べると，小選挙区，都道府県の選挙区，全国を11ブロックに分けた比例代表，全国1区の比例代表となる。地域代表であることはかまわないが，これでは衆院と参院の代表の違いが明確ではない。したがって，それぞれの選挙で誰に投票したらいいのかがわかりにくくなっている。投票基準が明確ではないと，顔見知りであるとかイメージであるとか，必ずしも政治家としての能力とは別の要素で選ばれることになる。

好ましいことではないことは自明である。

　必ずしも選挙制度だけの問題ではないが，近年，国会議員から地方自治体の長への転出が多くなっている。任期途中で転出するので，比例代表を除いては，補欠選挙になる。補欠選挙そのものは必要なものであるが，補欠選挙のコストも国政選挙なので国税が使用される。必要のないコストが議員の身勝手な行動によって支出されるのである。以前は，健康上の理由によって補欠選挙が行われたものがほとんどであったが，平成以降はこのような転出による辞職が増加している[6]。行動そのものを制限することはできないが，せめて立候補の際に自己都合などで辞職しない旨を明言するなどの措置が必要だろう。公約に違反した場合には，公認した政党の責任についても問われるべきである。また，有権者もそのことを念頭において投票すべきなのである。

　衆議院議員選挙は，2014 年の格差是正によって 295 の小選挙区と 11 ブロックから比例代表で選ばれる 180 名の 475 名の定員となっている。1 つの問題は，やはりわかりづらいということである。小選挙区とブロックではどのように 2 票を使い分ければいいのかがわかりにくい。同一の選び方でいいのであれば，1 票の行使で充分である。使い分けるからには異なる視点で選ぶべきであるが，それがほとんど説明されていない。その問題点をより鮮明にしているのが，重複立候補の問題である。小選挙区で落選した候補が比例代表で復活するのはいかにもわかりにくい。支持されていない候補者が別の理由で代表になっているのは，選挙する意味を疑わざるを得なくなる。よりシンプルに，誰を選ぶべきかをわかりやすくすべきである。

　参議院議員選挙は，都道府県単位の選挙区選挙で選ばれる 142 名と全国 1 区の比例代表から選ばれる 100 名の 242 名が定員である。これらを 6 年任期のうち 3 年ごとに半数が改選されるので，選挙区 71 名と比例代表 50 名が一度の選挙で選出されることになる。都道府県を選挙区単位とすること，半数改選であるので選挙区の定員は偶数になることから，選挙区間の格差は必然的に広がり

---

(6) 補欠選挙が行われる原因に関しては，以下の論文を参照されたい。
　岩渕美克（2013）「補欠選挙の研究」日本大学法学会『政経研究』第 49 巻第 3 号 771-793 頁

やすい要素を持っている。つまり制度の要請で，違憲となっているのである。

　大きな問題は，やはり比例代表を採用したことである。それ以前に，参院の政党化が問題視されていたのに対し，完全に政党化した。日本では，同一政党が衆参に候補者を出している。したがって，2院制であるにもかかわらず，「ねじれ」というような表現を使わなくてはならない状況が生まれるのである。政党所属者の立候補を制限することはできないが，政党所属者しか立候補できないのであれば，立候補の自由は大きく損なわれることになるともいえる。とりわけ日本では政党の党議拘束が厳しい。したがって，選挙が終了した時点で，政府提出法案の成否がわかる。すなわち，必然的に審議が形骸化する仕組みになっているのである。2院制では，異なる視点で2度審議するので慎重な審議になる。同一政党の同じ視点で2度審議しても，実質的な審議は1度と同じであり，1院制にした方が経済的で効率的である。この結果，衆院に落選した候補者が政党から公認されて，参院選に立候補して当選することも少なくない。これも選挙を経ている，すなわち有権者が選んでいるから正当なのではあるが，いかにも同じ視点でしか審議されていないことのあかしである。したがって，参院の政党化の流れはできるだけ阻まなくてはならないのである。

（2）選挙制度改革に関する視座

　日本の選挙制度の原則は，①地域代表であること②選挙区の最小単位が行政区画であることの2点である。

　この原則を前提として考えなくてはならないが，これに加えてシンプルな制度にすることをつけ加えたい。どのような人に投票すべきかを考慮していくと，複雑で分かりにくい制度は，投票率を低下させる効果を持つのではないか。誰にでもわかりやすいことが需要である。この3つの原則を前提に，どのような選挙制度改革が行われるべきかを考えてみよう。

　まず，今までみてきたことからわかるように，衆議院と参議院は異なる代表から組織されるべきである。したがって，初めに両院の性格付けを決定し，それに従った選挙制度を採用すべきである。これまでは選挙制度は衆議院と参議院と別々に，ほぼ無関係に改正されてきた。その結果，両者の選挙制度が非常

に似通ってきてしまった。前述したように，これでは異なる代表とはならない。以上のことから2院同時に改革すべきである。

　代表は，少数代表か，多数代表しかない。それに従って，選挙区制も大選挙区，小選挙区しかなく，強いてあげると大選挙区の変形である比例代表の3パターンしかないのである。これら3制度とこの組み合わせで選挙制度が決められてきた。したがって，それほど複雑な問題ではないはずである。衆参で異なる代表で構成するのであれば，どちらかが多数代表制であればもう一方は少数代表制を採用すればよい。

　基本的には，衆院には多数代表制を参院には少数代表制を採用することである。これを原則として具体的にどのような選挙区制を採用するかという話になる。多数代表の衆院は，小選挙区制を採用すればよい。またこれまでの選挙区画などを参考にすれば，295ないしは300の小選挙区制に落ち着くことになる。現状から比例代表部分を削ることになるが，現行の制度では投票する側からすると小選挙区と比例代表で衆議院はどのような代表が好ましいかを理解することは難しい。前述したように，この制度を答申した堀江委員長も比例代表は現職を救うために採用したことを認めている。その結果，選ぶ側の投票は複雑になっていることは否めない。

　衆院の選挙制度改正は，衆院議長の諮問機関である「衆院選挙制度に関する調査会」（座長　佐々木毅元東京大学総長）の答申が出されたところである（2016年1月14日）。内容は，小選挙区比例代表並立制などは残したままで，小選挙区を「7増13減」して6減少させ，比例代表を4減らすことで，議員定数を10削減する内容である。この結果，2010年の国勢調査を基に，小選挙区をアダムズ方式で配分すると選挙区間の格差は1.62にまで減少することになる。しかしながらこの結果，都心部の議席が増加し，地方の議席が減少することから，地方出身の議員からの反対は大きく，自民党内でも議論の収束が難しくなった。このように，やはり政治的な思惑がみえ隠れするのである。また，小選挙区比例代表制は維持されることから，抜本的な改革というには疑問が残され，司法の要請に十分に答えているかどうかは疑わしい。

　2015年7月ようやく参議院の選挙制度が改正された。来年7月に予定され

ている参院選挙から導入される新制度は，10増10減という改革に加えて，島根県と鳥取県，徳島県と高知県の選挙区が合区されて，各々定数2の2選挙区にまとめられるという，都道府県の枠組みを超えた選挙区が誕生したことに特色がある。しかしながら，これら改革では最高裁の要請である抜本的改革ということはできず，またこの改革によって選挙区間の最大較差は前回の4.77倍から2.97倍に縮小はされたものの2倍未満にはならず，その意味ではまだまだ一票の格差が解消したとはいい難い。

こうした改正に際しても，与党からも都道府県の枠組みを超えた改正について異論が数々提起された。合区される県の知事をはじめとして対象区出身の国会議員からも都道府県代表としての機能が果たせなくなるとの意見が提出されたのである。参議院に都道府県代表としての機能が予定されているというのは，今までの1人別枠方式に近い発想によるもので，これは最高裁によって否定されているものである。したがって，こうした過去の，しかも慣例でしかない都道府県代表という発想は根拠のない意見であるといわざるを得ない。憲法を改正して，アメリカ合衆国のように上院（参議院）は州（都道府県）の代表とするのであれば議論にもなるが，現行憲法の下で，代表制の概念からしてもこうした発想は同意することはできない。高知県の尾崎正直知事が主張するように，憲法を含めた議論をして参院制度の見直しを図ってほしいというのであれば必要な議論であることは間違いない（2015年8月1日 朝日新聞朝刊 高知全県1地方面）。

今後の人口の流動などを考えると，このままでもかなり不安である。したがって，全国大選挙区制だけにした方がシンプルであるし，衆院との違いも明らかになる。参議院の設立趣旨である，職能代表や学識経験者なども選出されやすくなるのではないか。参議院の政党化は，本来の趣旨に合わないのでできるだけ避けるべきである。したがって，政党化を防ぐ意味でも，比例代表ではなく，無所属の立候補者が見込まれる大選挙区制にすべきである。この制度のもとでは，以前と同じようにカネのかかる選挙になることが懸念されるが，わかりやすく代表を選べるようになればそれほど多額なお金をかけなくとも選挙戦は展開できるはずである。

どちらにせよ，「正当に選挙され」ることが，衆参ともに重要となる両院の

性格を明記した上で，衆参同時の改革によって両院の違いを明らかにする。その上で各院にふさわしい代表を選ぶようにする必要がある。

参考文献
朝日新聞。
岩崎正洋編（2013）『選挙と民主主義』吉田書店。
岩渕美克（2013）「補欠選挙の研究」日本大学法学会『政経研究』第49巻第3号，771-793頁。
飯塚繁太郎ほか編（1998）『民意・政党・選挙』新評論。
臼井貞夫（2005）『「政治改革」論争史——裏側から見た「政治改革」』第一法規。
梅津實他（1998）『比較・選挙政治——90年代における先進5カ国の選挙』ミネルヴァ書房。
小倉一志（2010）「選挙供託制度に関する憲法上の問題点——被選挙権との関連で」『札幌法学』25巻2号，135-150頁。
加藤秀治郎（1998）『選挙制度の思想と理論』芦書房。
久禮義一（2001）『現代選挙論——投票行動と問題点』萌書房。
黒田　覚・林田和博（1958）『法律学全集5　国会法・選挙法』有斐閣。
佐々木毅編著（1999）『政治改革1800日の真実』講談社。
佐藤研資（2013）「参議院選挙制度の改革——1票の較差・是正問題を中心として」『立法と調査2013.1』No.336，13-27頁。
白鳥令編（1999）『政治制度論　議院内閣制と大統領制』芦書房。
杣　正夫（1986）『日本選挙制度史』九州大学出版会。
田中宗孝（1997）『政治改革六年の道程』ぎょうせい。
日本政治学会編（2009）『年報政治学2009-Ⅰ　民主政治と政治制度』木鐸社。
野中俊彦（2001）『選挙法の研究』信山社。
福岡政行（2000）『日本の選挙』早稲田大学出版部。
藤本一美（1992）『海部政権と「政治改革」』龍溪書舎。
堀江湛編（1993）『政治改革と選挙制度』芦書房。
前田英昭（2002）『選挙法・資料』高文堂出版社。
松尾尊兌（1989）『普通選挙成立史の研究』岩波書店。
松本保美（2003）『理論とテクノロジーに裏付けられた新しい選挙制度』木鐸社。
宮野　勝（2009）『選挙の基礎的研究』中央大学出版部。
森脇俊雅（1998）『小選挙区制と区割り——制度と実体の国際比較』芦書房。
読売新聞。
渡辺重範（1989）『選挙と議席配分の制度』成文堂。

第9章

地方自治
── 「ローカルな民主主義」と政府体系の再編 ──

長野　基

1　日本の「地方政府」の基本設計

（1）地方自治「政」と地方自治「制」

「地方政府」としての自治体の姿は，自らの決定を担う「ローカルな民主主義」（住民自治）の側面と，一国を構成する「国と地方」の関係（団体自治）の側面の両面で1990年代以降の四半世紀の間に大きく変容してきた。1つの自治体内での政治的アクター間の規律づけメカニズムと秩序形成を焦点とする「ローカル・ガバナンス」（辻中・伊藤 2010）を考える「地方自治政」（大杉 2011）と，国を含む複数の政府単位間での「政府体系」が焦点となる「地方自治制」とにおける変化である。本章では市町村を主たる分析対象に，日本の統治システムにおける地方自治の変わりゆく姿と今後の方向性について，2つの地方自治"セイ"──"政"と"制"──をキーワードに考察してゆく。

（2）強市長制による画一的設計

周知のように日本の市町村政府のカタチは1880年代にフランス・ドイツ型での「参事会」（市）・「議長＝町村長」（町村）型という自治体間での差異を前提に整備された。ここでは議会からの選任という民主的要素と，国からの任免（人事統制）の要素との調整のなかで首長が選出される。それが第2次世界大戦後，アメリカ型「強市長」制へ一律化された[1]。そこでは公選首長制が自治"政"における民主的統合と自治"制"における国からの機関委任事務体制の結節点となった。国側からみれば，機関委任する市町村長が議会から選出される仕組みではなくなったことで，人事を通じた議会からの圧力を遮断し，長に

よる機関委任事務の執行を担保する構図となったからである（小原 2008）。

　一方，この首長直接公選制はその後の地方自治体における国への"対抗性"を担保してゆくこととなる。1960年・70年代の革新首長による国への"異議申し立て"も，2010年代に展開されることとなる首長新党による国への圧力も，公選首長ゆえに実現した政治的基盤を前提としている。

　また，予算調製の先占が首長による地方政府での政策的統合を担保する設計ともなった。日本の首長制度は，議会による不信任議決に基づく失職という議院内閣制度的要素ももつが，法案（条例）提出権と予算編成権，そして議会招集権を首長が持つことで，しばしば「大統領制」とも呼ばれる自治"政"におけるリーダーシップが制度的に保障されるのである。

　こうした強市長制下での執政体制は，一部の自治体は例外として，1960年代末以降，国（自治省）主導で「計画行政」化が図られることとなる。自治省「市町村計画策定方法研究会」報告（1966）を基に，1969年の地方自治法改正では市町村の基本構想の議決化が定められた。併せて自治省は「市町村の基本構想策定要領」を通達する。これにより議会の議決を要する「基本構想（10～20年程度）」，その下位にある「長期計画（5～10年程度）」，そして予算編成の直接の基礎となる「実施計画（3～5年程度）」という自治体「統合計画」の三層構造が一般化してゆく。そして，この市町村基本構想の議決義務は2011年の地方自治法改正で廃止されるまで続くこととなったのである。

（3）機関委任事務体制と福祉国家化による集権化

　次に，戦後の自治"制"の側面をカタチづけるものは，まずもって行政資源動員手段としての機関委任事務であった。そして，全国一律遂行で事務を処理する「ベンダー・マシーン」（ケトル 2011）としての"地方行政"を担保するものが法令に加えて，通知・通達による「義務付け・枠づけ」と，地方交付税

---

(1) アメリカにおける強市長制導入には，拡大する都市問題への「行政の能率化」と「議会の腐敗」への対抗を求める「プログレッシヴィズム」の存在が指摘される（小原 2008）。ただし「行政の能率化」の文脈では，20世紀初頭には既に「市支配人」制が存在していたが，こちらの日本への導入は選択されなかったのである。

交付金と補助金とを組み合わせた国による財政移転であった。この「機関委任事務体制」は 2000 年の地方分権一括法による改革まで続く。

ただし，こうした中央集権的な側面は必ずしも日本独特のものとはいえない。この点を強く指摘するのが市川 (2012) の「明治の集権体制」から「昭和の集権体制」への「変容説」[(2)]である。市川は戦後日本の集権的体制は占領期に形成されたとする。人事を中核とする集権から，機関委任事務・補助金・必置規制等による「機能的集権」への移行である。しかも，それは国民への金銭給付拡大を中核とする福祉国家化による先進国一般にみられる普遍的な集権化と軌を一にするものなのである。

こうして成立した国による機能的統制下での活動量が大きい自治体という「集権分散システム」（神野 1998）のもとでの経済成長が戦後日本の地方自治制を特徴づけたと整理されよう。そして高齢化による対人ケア拡大という福祉サービスの変質と，低成長下での財政的効率化の要請とが 90 年代以降の分権改革時代へのひとつの引き金となってゆくのである。

（4）本章の構成

日本の市町村政府のカタチは，明治期の二重制的設計から戦後均一的な制度設計へと移行し，同時に機能的な集権化が福祉国家化の進展と対になる形で進展してきた。では，それは 90 年代以降の地方分権改革のなかでどのように変容し，そして，どのような改革が求められようとしているのか。

以下，第 2 節では政治的代表機関を通じた自治"政"を，第 3 節では直接参政を通じた自治"政"の動向と課題を取り上げる。そして第 4 節では人口減少社会という新しい社会局面における自治"政"での住民参加の問題について，

---

(2) 日本の中央地方関係の理論的展開において，戦後一貫して優勢であった中央省庁による後見的監督を重要視する「垂直的行政統制モデル」に対して，主には選挙に立脚する自治体間の「水平的政治競争モデル」をもとに中央地方関係の「相互依存モデル」（村松 1988）を 1980 年代に提示した村松岐夫 (2014) は，市川 (2012) の「変容説」を「占領改革の中に福祉国家の地方自治を支える改革の種が宿されていることに注目して，戦後の地方自治論を見直したのが市川の貢献」だと評価する。

新しい参加の手法の動きと合わせて考察してゆく。続く第5節では政府体系における自治"制"の問題を取り上げ，そして最後の第6節では，今後に求められる制度改革について考察するものとする。

2　政治的代表機構を通じた自治政

（1）首長――議会関係を巡る影響力行使の対抗性

「当該普通地方公共団体を統轄し，これを代表する」（地方自治法147条）首長が包括的に授権されることが現行地方自治法体制の特徴である。強市長制は地方分権改革下においても継続している。しかし，首長側と議会側双方に影響力行使の対抗性をめぐっては大きな変化が生じている。

まず，首長側の変化の代表として「首長マニフェスト」による政策推進力担保の追求が挙げられる。「首長マニフェスト」が日本の地方自治体に登場したのは改革派首長と呼ばれた知事らが唱道した2003年の首長選挙からである。ただし，"選挙で選ばれた公約である"ということをもって公選首長側が議会側に政治的影響力を行使しようとすることは，デモクラシーの制度設計からも決して特殊なことではない。

注目されるのはマニフェストにより，自治体行政運営の様相が変わってきた点だ。端的には自治体行政運営をパッケージ化する総合計画の作り方が変わった。既述のように，1960年代末以降，"長期的計画"として10～20年単位で策定することが通常であったものが，マニフェストの期間に合わせて編成・見直すようになっていった。マニフェストを受けて，首長選挙翌年度に基幹的な分野別計画まで一斉に見直す事例も発生している（東京都三鷹市他）。計画合理性と政治的合理性の調整である。また，マニフェストに基づき行政組織を改変することも一般化した。こうした動きは，成果主義・NPM志向の浸透とも合わさって，マニフェストの達成度を「功績顕示」（北村，2009）することが再選

---

(3) 日本都市センターが2007年11月に全国の782市・23特別区を対象に実施した調査では，「マニフェストに合わせた組織の新設・改変」が76.4％，「マニフェストに合わせた総合計画の策定」が66.8％より回答されている（伊藤 2009）。

第**9**章　地方自治

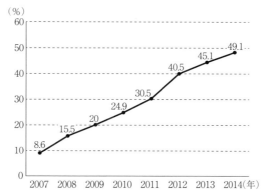

図9-1　年別に見る議会・委員会主催「市民との対話の場」実施議会

(出所) 長野 (2015)。

戦略となることと連動する。⁽⁴⁾

　このようなマニフェストに基づく首長側の取組みは，議会側にさまざまな改革を促すこととなった。その1つは地方自治法（96条2項：任意的議決事件）に基づき行政計画を議決対象とすることでの統制の拡大である。⁽⁵⁾第2は実施事例としてはごく少数であるが，歳入・歳出予算の増額修正を通じた事業項目別での議会による予算編成権行使である。⁽⁶⁾

　そして，最も顕著にみられるものは，議会報告会や委員会主催の懇談会など，住民との"対話"を謳う取組みにより住民からの"正統性獲得"を図る動きである。自治体議会改革へのアドボカシーを行っている「自治体議会改革フォーラム」による全国調査によれば，直近1年間で議会報告会などの「市民との対

---

(4) 首長マニフェストの達成度評価を首長側が評価組織を設置して行うことに加え，青年会議所組織らが中心となって市民社会組織側からも実施する事例が拡大している（長野 2011a）。

(5) 議決事件の拡大には首長側が議会側と責任の分有を図り，非難回避を図る意図も指摘し得る。議決事件条例に対して首長は再議請求から最終的には自治紛争処理委員会への申立てが可能だからである。

(6) 福岡県田川市（2010年度予算）での少人数学級導入に関する予算増額修正事例（佐々木充 2011）などがある。

話の場」を実施した議会の割合は2007年から2014年の間で約6倍になっている（図9-1）。首長部局への市民参加は「首長直結」現象として，革新自治体期には「議会バイパス論」（村松 1975）のなかで批判されたが，そこでは議会への市民参加の組織的取組みは行われていなかった。代議制機関としてのあり方の変容ともいえるのである。

（2）地方自治法改正による首長—議会関係の再編

2000年代に入り，地方自治法改正を通じて首長・議会にそれぞれ新たな権限が付与されてきた。首長側へは再議請求権の範囲拡大，具体的には条例の制定・改廃と予算議決関係のみに対象が限定されていたものから，行政計画の議決に関することなど，広く議会の議決一般へといわゆる拒否権行使の対象が拡大されたことが大きな変化であった。

一方，議会側へは，2000年分権改革で機関委任事務から移行した法定受託事務への議決権限付与が先ずもっての大きな変化であった。そして，議会招集権の議長への限定的付与（臨時会招集を首長が拒否した場合には議長が招集権を行使）や，"議会が開会していないから専決処分と実施せざるをえなかった"という首長の専決処分を巡る問題を回避する「通年の会期制」を可能にする法改正も行われた。[7]

以上の動きは首長・議会関係の改革言説にどのように位置づけられるか。近年，最も包括的に検討された場の1つが総務省「地方行財政検討会議」（2010年7月）であった。ここでは，①議会による首長不信任議決権の廃止と議会による予算修正権拡大を柱とする「純粋分離モデル」，②「多人数議会または住民総会」とそこから選出される副議決機関の二重構造を持つ「多人数議会と副議決機関モデル」，③議員や外部人材から合議体を首長の下に設置し，首長・議会の一部融合を図る「自治体経営会議モデル」，④議員から副知事・副市町村長を選任し，首長・議会の融合を図る「特別職の兼職許容モデル」，そして

---

(7) ただし，法改正以前より独自条例で「通年の会期制」を実施している議会もある。なお，2014年の地方自治法改正で選択可能となった政令指定都市「総合区」制では，区長選任は議会同意事項であり，議会による人事統制の対象となる。

⑤首長と議員による「内閣」を形成して首長・議会の融合を図る「議員内閣モデル」の5モデルが提示された[(8)]。

以上の各モデルは，監視と抑制をより重視するものから，選挙代表性の融合による政治的推進力担保を重視するものまで，それぞれ立脚点が異なる。この枠組みからすれば，上述の制度改革の動向は①「純粋分離モデル」を追求するものに位置づけられよう。

（3）対抗的分業関係による自治「政」

日本の市町村における首長・議会関係は，政治学における合理的選択制度論の視角からは，首長が自治体全体を単一選挙区とする独任ポストであるがゆえに「地方政府全体に関するマクロで集合財的な政策課題への関心」をもち，「議会は個々の議員の選挙区や支持者などに関係するミクロで個別財的な施策課題への関心を持つ」（曽我・待鳥 2007），その結果として「現状維持（status quo）志向」（砂原 2011）になるとされる。議会（議員）側は個別利益の代表・配分を追求し，首長側が集合的利益の増進を図る分業関係である（待鳥 2009）。

地方自治法改正による法的環境変化はこのような対抗的分業関係を一面では制度的に促すものとなったといえよう。首長側が先行的に，そして2000年代以降は議会側においても住民参加を行い，互いに正統性の調達競争ともいえる状況を創出させた要因にも，こうした対抗性の作用が指摘される。一方，議会への市民参加拡大は，"首長ルート"では政策アジェンダに載らなかった争点や政策選択肢を顕示化させる効果が期待できる。自治"政"における対抗的分業関係の変化は政策水準の向上を導く可能性ももつといえよう。

---

(8) 総務省「地方自治法抜本改正についての考え方（平成22年）」（平成23年1月26日）（http://www.soumu.go.jp/main_content/000098615.pdf）（最終閲覧2016年2月10日）

3　直接民主主義に基づく自治「政」

(1) イニシアティブの多元化

　直接参政に基づく住民の政策的意思行使の代表例は「イニシアティブ」(住民発議) と「レファレンダム」(住民投票) である[9]。イニシアティブとして紹介されるものに直接請求制度 (地方自治法) に基づく条例の制定改廃があるが，これは最終的には議会が決定権をもつ"日本型"のものである。理論的には住民から提案された政策案を議会が議決したうえで，当該住民提案を，場合によっては議会側からの対案と共に住民投票に付し，その住民投票の結果が法的な拘束力をもつものを指す (岡本 2012)。

　このような拘束力をもつイニシアティブに「市町村の合併特例に関する法律」(2004 年) での合併協議会設置をめぐるものがある。同法では住民が 50 分の 1 以上の連署をもって，合併協議会の設置を請求し，それを議会が拒否した場合に，次の 2 つの方策が用意された。第 1 は首長が同請求に基づく合併協議会設置について住民投票に付すことができる。第 2 は住民が 6 分の 1 以上の連署をもって合併協議会設置について住民投票を実施するよう選挙管理委員会に請求することができる。いずれの場合もその住民投票の結果，有効投票の過半数の賛成があった時は「合併協議会設置協議否決市町村の議会が可決したものとみなす」(同法第 4 条・第 5 条) とされる。議会の議決を住民投票で「上書き」するのである。「平成の大合併」推進という自治"制"における背景はあるが，議会に対して優位性を持つイニシアティブの制度設計が行われたのは 2000 年代の特徴といえる。

　一方，1990 年代後半以降，市町村レベルでは，もう少し緩やかな条件のもとで住民による政策的「発意」を代表機関側が受けとめようとする制度が広がっている。その 1 つは直接請求制度より住民連署数が少ない簡易な要件で住民

---

[9] 地方自治法 (94 条) に基づく「選挙権を有する者の総会」(町村総会) は八丈小島の旧・宇津木村のみである (榎澤 2011)。

が首長部局に「政策検討」を請求でき，当局側に総合的検討と応答を義務付ける条項を持つ条例の拡大である。もう1つは前節でみた議会改革の文脈のなかで，地方自治法上の議会への陳情・請願制度を拡充する形で，陳情・請願を住民からの「政策提案と位置づけるとともに，その審議においては，これら提案者の意見を聴く機会を設けなければならない」(北海道栗山町議会本条例第4条)として，議会による審議の担保を期す議会基本条例での制度拡大である。

こうした制度は，濫用は避けなければならないが，政策決定チャンネルに多様な選択肢が投入されることで合理的な政策決定に資する。また，"アジェンダから外されていること"への不満から，多額の費用などの様々な課題が付随する住民投票へ争点がもち込まれることへ一定の抑制を果たす可能性ももつといえよう。

(2) レファレンダムの可能性とリスク

1990年代以降の分権改革期は，戦後直後から1950年代までの期間と並んでレファレンダムが多用される時代でもあった。東京都を対象とした首都建設法や広島市での「広島平和記念都市建設法」などの憲法95条に基づくもの，自治体警察の廃止，そして，「昭和の大合併」をめぐるものが戦後改革期の主な投票テーマであった。一方，90年代から00年代半ばまでのそれは①「平成の大合併」をめぐるものと，②原子力発電所（新潟県巻町，三重県海山町など）や産廃問題（岐阜県御嵩町など），あるいは米軍基地（沖縄県）など，いわゆる迷惑施設問題をめぐるものとが中心であったと整理できる。自治体としての意思を"形成"するためであったことはもちろんのこと，特に後者では自治体としての意思を"訴求"する要素もあったともいえよう。これらのなかでは，ある自治体で住民投票が実施されたことが，それと類似の争点を抱える自治体に参照され，新たに住民投票への動きを作り出し，新しい参加の場を創出する過程が

---

(10) たとえば，埼玉県和光市「市民参加条例」(2003年)では，満18歳以上の住民10名以上の連署を要件に「市の機関は，提案のあった政策等について総合的かつ多面的に検討し，検討結果及びその理由を提案した者（代表者がいるときは，その代表者）に通知し，原則として公表する」と定められている（同条例第9条）。

展開されていった (前田幸男 2014)。

　それが，00年代半ば以降になると，必ずしも迷惑施設とは呼ばれない"通常の都市施設"をめぐる住民投票が行われるようになった。そこでの特徴の1つが都市計画決定への住民投票による「上書き」である。代表例が直接請求制度に基づき制定された「市が施行主体となって行う袖ケ浦駅北側地区整備事業について市民の賛否を問う住民投票条例」による千葉県袖ケ浦市の住民投票（2005年10月）である。これは都市計画マスタープラン策定への市民参加，公聴会制度・公告縦覧など利害関係主体の参加の法定化，「都市計画審議会の議を経て決定する」（都市計画法第19条）ことによって，"市民参加を経て決定された"とされる「都市計画決定」が住民投票で拒否されたことを意味する。直接請求制度に基づき制定された「地域交流センターの建設の賛否を問う住民投票条例」による千葉県四街道市の事例（2007年12月）も市民ワークショップを経て建設計画が進められ，国土交通省からの補助金交付も決まる段階に来ていた案件（上田 2016）が住民投票で拒否されるという同様の構図であった。

　もう1つが，首長主導でハコモノ建設・開発の是非を住民投票で決着をつける事例の登場である。この代表例は総合文化会館建設の賛否を問う長野県佐久市での住民投票（2010年11月）と，JR新駅設置をめぐる埼玉県北本市の住民投票（2012年12月）である。両者は共に財源問題が大きな争点となり，結果として共に建設計画が止まることとなった。

　以上の袖ケ浦市，四街道市，佐久市の事例を中心に1990年代以降の住民投票を包括的に分析した岡本（2012）は「代表機関が止められなくなった（あるいは住民の意思にかかわりなく進めようとする）政策，事業をストップさせるには，住民投票は有用な手段である」とし，中止させることで得られる財政負担回避という"住民投票の経済性"も指摘する。

　国の政策動向では，民主党政権下での2011年度地方自治法改正検討で公共施設建設を住民投票の対象とする議論が進められた。具体的には大規模な公の施設の設置について，条例で定めるところにより，住民投票に付することができるとし，条例で定める公の施設の設置を議会が承認した後，住民投票を実施し，過半数の同意がなければ，当該施設の設置はできないものとされた。ただ

し，結果的に地方六団体の反対等により法改正には至らなかった。

　レファレンダムでは住民の支持を誇示して，特定の政策を推進しようとする「プレビジット」や「ポピュリズム」という用語に表される政治的動員の問題が常について回る。そこでは政府公職者からの動員だけではなく，民主的選出手続きを経ない「事実上のリーダーの座を獲得したエリート」（金井 2011）による動員の側面をもつ場合もある。政治家側の動員であれ，住民からのものであれ，こうして得られた推進力を背景に近時の動向では，迷惑施設とは必ずしもいえないものであっても，また，市民参加の手順が踏まれてきたものであっても，財政負担の点から事業をストップさせる手段としてレファレンダムは活用されるようになった。これは財政危機の常態化という時代特性に応答したものともいえる。

　「紛争の社会的拡大（ソシアライゼーション）」は「民主主義的過程の本質」であり（シャットシュナイダー 1972），住民投票にもち込むことで社会的関心を掘り起こし，より良い選択を実現しようとする活動は否定されるべきではない。そうであるがゆえに，こうした特性をもつレファレンダムをどの政策争点に適用させるか，自治"政"での慎重な選択が求められるのである。

4　「痛みの再分配」をめぐる"自治"（みずからおさめる）

（1）人口縮小社会における住民参加

　日本の市町村における住民参加の転換期となったのは，1960年代末からのいわゆる革新自治体における一連の取組みであった。自治体計画の策定や，住民に身近な公共施設建設（コミュニティ・センターなど）での住民参加が始まった。振り返るならば，それは経済成長・人口増の成長モデル下での整備・拡大という資源配分局面での参加であった。

　しかし，今日の人口縮小社会においては，"何をしない（やめる）のか"の選択が有権者に迫られる。とくに，高度経済成長期に整備されてきた各種施設の更新（建替）と人口減少に対応した縮小・再配置が避けられない。

　すでに国の政策動向としては公共施設の除却へ舵が切られている。地方財政

法の改正（第33条の5の8「公共施設等の除却に係る地方債の特例」）を受け，2014年には総務省より「公共施設等総合管理計画の策定要請」が通知された。ここでは，除却計画策定に要する経費への2014年度からの3年間に渡る特別交付税措置（措置率2分の1）と，同計画に基づく公共施設等の除却実施について，改正地方財政法に基づき地方債の特例措置を創設し，特例期間として当分の間，除却費用への地方債の充当率を4分の3とすることが定められた。各自治体では出来るだけ早く除却内容を決めて実施するよう誘因設定が行われている。

さらには，東日本大震災以降のいわゆる「ナショナル・レジリエンス」強化のなかで地震被害想定区域では，高リスク地域から公共施設を除却し，リスクが相対的に低い施設へ機能集約させることも求められるようになった。

従来，迷惑施設整備におけるNIMBY問題に対しては，当該施設を引き受けてもらう代わりに補助金を給付する，あるいは別のハコモノを当該地区に建設するといった反対給付を行うことで折り合いがつけられてきた。これが可能であった理由の1つは既述のように人口増・税収増による配分可能リソースの拡大があったからである。しかし，この条件は今日では成立しがたい。

ここで，事業の実施により「不利益」をある特定の主体に自治体が与える場合，その判断の適否に対して，行政手続法による「不利益処分」への透明性担保や，行政不服審査法による処分停止から「救済」可能性の担保，そして最終的に憲法・国家賠償法に基づく賠償（補償）の担保が法制度上整備されてきた。

しかし，事業レベルで，"もうやめなければいけない"と決めるに当たっての住民・代表機構間の合意形成，あるいは住民間の合意形成のプロセスへの法制度上の規制は先述の都市計画決定手続きに従っての道路計画の廃止などは考えられるものの，司法救済という事後的統制以外，基本的にはないと言えよう。統一的なルールがないということは各地域で創意工夫を凝らした参加・合意形成手続が実施されることが期待される一方，最低限の担保がないことも意味し紛争化・争訟化されてゆくリスクも否定できないのである。

（2）新しい参加の場の拡大

次に，日本の自治体における住民参加を参加主体の側面から振り返ると，審

議会組織への"地元住民団体"などの利害当事者と，町会連合会などローカル・コーポラティズムにおける頂上団体からの参加から始まり，それが市民公募型参加を含むものへと広がっていったと整理できよう。このような取組みと並行して，2000年代に入ると，住民基本台帳から年齢や性別等の属性に基づき当該自治体の住民構成を代表するように無作為に抽出した名簿から郵送で参加を呼びかけ，参加に同意した市民で少人数のグループを形成し，自治体側からの諮問に対して討議を行う参加手法が広まった。ここでの参加住民は居住者である以上，何等かの利害関係を当該争点に対してもつのではあるが，直接の当事者というわけではない「平均的市民」（足立 1975）となる。

　無作為抽出からの招聘に基づく少人数討議というコンセプトは，今日「ミニ・パブリックス」（篠原編 2012）として位置づけられている様々な取組みを各国で生み出してきた。ドイツに始まったファシリテーター無しでの少人数グループ討議と複数票制での個人別投票を同時並行で繰り返すなかで「市民鑑定」をまとめ上げてゆく「計画細胞」，陪審員制度の手続き的公平性をヒントにアメリカから始まった「市民陪審」，そして情報提供と討議前後での参加者の「世論」の変化を多段階のアンケート調査より析出しようと，1990年代にアメリカで開発され，EUレベルでの企画も行われている「討議型世論調査」等である（フィシュキン 2011, ディーネル 2012, ギャスティル＆レヴィーン 2013）。

　こうしたミニ・パブリックスの取組みのうち，日本の市町村で数多く試みられているのが「計画細胞」を参考に始まった「市民討議会」の企画である（篠藤・吉田・小針 2009）。公共事業計画を中心に活用されてきたドイツでの事例とはやや異なり，"地域の魅力さがし"といったまちおこし活動から「自治基本条例」等の自治体政策に直結するものまで幅広いテーマが取り組まれており，

---

(11) 「ミニ・パブリックス」の手法の代表例とされる「討議型世論調査」については2009年12月に神奈川県が「道州制」をテーマに実施した「神奈川DP」が日本初の取組みである（柳瀬 2015）。市町村では神奈川県藤沢市が総合計画のために実施した2010年1月の「藤沢DP」が第1号であり，2014年1月には北海道札幌市が「雪とわたしたちのくらし」をテーマに実施している。「討議型世論調査」は，参加者個人の意見変容へ作用する要素を統計的に解析ができることが特徴であり（坂野 2013），その意義は大きいが実施件数は限定されている。

2014年には課題が錯綜する東日本大震災からの復興における計画策定（福島県いわき市）でも利用されるようになっている。

もうひとつの日本独自の展開としてはいわゆる「事業仕分け」での取組みがある。財政難を1つの背景に自治体レベルで2002年より始まった「仕分け」では（構想日本2007），2009年の埼玉県富士見市を嚆矢に，無作為抽出・招聘された一般市民が評価判定を担う事例が拡大した。公共施設の再編問題を直接の課題として2013年11月に実施された高松市「施設仕分け」では，「保健センター，スポーツ施設，総合福祉会館，温浴施設」の4種類を対象に無作為抽出による市民が市民評価者として判定を担っている。

（3）参加のプロセス設計

住民にとって厳しい選択をしてゆかなければならない争点では，「納得」を調達していく——明示的・黙示的双方の意味合いを持つ——プロセスを適切に組む必要がある。争点・課題の明確化そして選択肢の詳細な検討を行う場への参加のプロセス自体が納得されなければ，参加・討議からの答申結果は，利害当事者そして政治的公職者から尊重され得ないであろう。[12]

この点で1970年代末から80年代初頭にかけて，利害当事者である選定候補地周辺住民が参加して実施された東京都武蔵野市でのごみ焼却場立地選定に参画した寄本勝美は，その参与観察的研究（寄本1985）より，①政策形成過程におけるできる限り早い参加，②合意形成の手続き自体の住民による決定，③政策・施策決定（武蔵野市の事例では立地選定）基準自体の住民による決定，の3項目が参加プロセス成功の鍵だと論じた。「ゼロ・オプション」（事業を行わない選択）も含めて検討されることが検討手順の信頼性につながることに鑑みれば，特に①の条件は重要といえる。

---

[12] 答申結果が有権者全体から支持を得られるかは別次元の問題である。たとえば，カナダ・ブリティッシュコロンビア州での選挙制度改革において，足かけ2年に渡って組織された「市民議会」による制度提案は住民投票で同州政府により設定されていた要件（60％以上の賛成で有効とする）を満たせず，その立法化は成立しなかった（岡田2012）。

次に「ミニ・パブリックス」の取組みでは，偏った判断とならないように様々な工夫が試みられている。多様な利害関係者の「証言」を審議に反映させようとする「市民陪審」，異なる意見を持つ専門家への「質問」をグループ討議により作成し，それを専門家へ投げかけ，再度小集団での審議を行う「討議型世論調査」，そして，討議項目ごとにメンバーをグループ間でシャッフルすることで参加者が形成する意見の偏りを抑制しようとする「計画細胞」・「市民討議会」といった具合である。審議の公正さを高めるアプローチである。

一方，「無作為抽出型」での審議の取組みは，人口構成に比例的に参加者抽出を行うがゆえに「マイノリティの参加」が阻害される可能性（前田洋枝ほか2008）や，政策プロセスへ直接の利害関係者の参加が不十分となる恐れももつ。逆にいえば，こうした層を積極的に"抱え込む"のが，公募型参加や少数派参加枠方式の利点である。政治的代表機関への「入力情報の高度化」のために用いる，あるいは，住民投票で問うための選択肢を精練する準備装置とする，のいずれの場合においても，政策目的に合わせて政策選択肢審議の場は適切に設計されなければならない。

以上でみたガバナンスレベルでの留意点に加えて，審議の場の運営では，事業の取り止めや，公共施設の廃止・再配置といった住民自身の"痛み"をめぐる問題を取り扱うため，利害関係者が討議する市民へ直接陳情するなど裁判員制度で指摘されるものと同様の懸念が避けて通れない。

参加のプロセス設計においては，「ゼロ・オプション」も可能とする政策形成過程のできる限り早い段階からの参加，そして情報の偏り是正などの公平さの担保に加えて，代替補償措置によって納得を得てゆくということが難しい今日的条件と争点に対処するがゆえに参加する市民への危機管理も課題といえよう（長野 2011b）。

---

(13) 企画自体としてのメディア戦略を打つことで，市民の注目を集め，答申の納得性を調達するとともに，政治家に対するインパクトを持たせようとする工夫も共通してみられる。取組みに参加して熟議を担う一部の市民とその他の公衆とが"切り離されている"（Parkinson 2004）ということが「ミニ・パブリックス」をめぐる批判の1つだからでもある。

5　「政府体系」の再編成

(1) 自由化路線と権限拡充路線

　本節ではここまでみてきた自治"政"の課題がもつ自治"制"との関係を「政府体系の再編」という観点からみてゆく。まず，日本の市・町・村間には基本的には人口規模に応じた「格付け」(金井 2007) があり，法的位置づけに差異が存在している。1950年代に導入された政令指定都市はもとより，1990年代以降に導入された中核市 (1995年)，特例市 (2000年)[15] は権限付与の面で「格」を可視化するものでもあった。このような自治体間の差異の上に，地方分権改革は「自由化」と「権限拡充」という2つの異なる指向性 (西尾 2007・2013)[16] のもとでの変容を自治"制"にもたらしてきた。

　前者の「自由化」路線では，まず，1999年の地方分権一括法による「国による権力的関与の縮減」や，2011年からの「地方分権改革に係る一括法」(第1次～第4次一括法) での自治体としての決定基準や実施手順への「義務付け・枠づけ」廃止による"普遍的"な——正確には前記の「格付け」に応じた——規制緩和が取り組まれ，第2の局面として自治体側からの申請に基づき，対象地域を限定して規制緩和を行う2002年の構造改革特区以降の「特区」方式，そして2014年以降の「提案募集方式」による"選別的"規制緩和が進め

---

(14)　「事業仕分け」を唱道する民間シンクタンク「構想日本」が，インドネシア・ジャカルタにて，インドネシアの地方代表議会 (DPD) と日本の国際協力機構 (JICA) との共催で実施した研修会では，参加者より「仕分け人に業者や役人から賄賂が殺到するでは。仕分け人が汚職で捕まったら冗談にもならない」とのコメントが寄せられたという。出所：朝日新聞「汚職減，日本に学ぶ？　インドネシアで事業仕分け研修」(2012年5月17日　朝刊)

(15)　中核市と特例市は2014年に地方自治法改正で中核市の要件を人口20万以上へ引き下げることで制度統合された。しかし，特例市制度廃止後直ちに中核市に移行したのは埼玉県越谷市のみであった。移行を踏みとどまらせた原因として大杉 (2015) は中核市が持つ保健所設置義務を指摘する。人材・財源の問題に加えて，保健所管轄区域内の他の自治体との調整問題が発生するからである。

られた。

　後者の「権限拡充」路線も同様の二層制で進行した。地方分権一括法の機関委任事務廃止に伴う法定受託事務・自治事務としての斉一的な事務の再配分がエポックとなり，その後の第1次・2次・3次一括法で更に権限委譲が進められた。こうした権限移譲はある種の"強制的な義務付け"であったのに対し，2014年の第4次一括法（その中での「自家用有償旅客運送の登録，監査等」）とその後の「提案募集方式」導入で実施されるようになったのは希望する自治体のみを対象とする「手挙げ方式」での"選別的"な事務・権限の委譲であった。「一国多制度型分権手法」（岩崎 2014）の進行である。

　そして，以上で見た2つの路線と並行して，近年では規制立法の領域において，規制権限の行使手法を複数設定し，そのやり方を自治体が選択できる「メニュー方式」での規制緩和（自由化）と権限移譲が進行していることも注目される。この規制手法の「メニュー方式」化の事象を景観法制で分析した伊藤（2010）は，住民間で合意ができ，協定等が締結されて"皆が従う"となったとき，つまり，遵守コストが安く済む環境になった時点で初めて自治体側が強制力を持ったルールを発動させる制度設計が選択されていることを明らかにしている。「手段選択の自由」という意味で自由化が進むほど規制による秩序維持実施のために規制を受ける側での合意形成を自治体側が"待つ"構図である。「権限拡充」かつ広義の「自由化」が進むからこそ，自治"政"が問われるのである。

(2) 市町村間の水平的連携と広域自治体による垂直的補完

　前項で見た斉一的な自由化（規制緩和）と権限・事務委譲はとりわけ小規模市町村に対して"やれない場合はどうするか"という問題を生じさせ，一方，

---

(16) 1990年代からの分権改革で中心的な役割を担ってきた西尾勝（2013）は，90年代の地方分権推進委員会による分権改革の主眼は権限拡充よりも自由化が主眼であったとし，今日においても自由化こそが追求されるべきだとする。すでに市町村は十分に権限拡充されているのであって，市町村には権限・事務という「自治の道具」を使いこなすことが求められると論じている。

選別的な自由化と権限・事務委譲は"やらないことを能動的に選択する"ことを肯定してゆくこととなる。

前者の能力・資源不足の課題に対しては従来から地方政府単位を横断した実施組織を創設することで対応されてきた（岩崎 2014）。「地方税回収機構」等にみられる一部事務組合・広域連合の活用，行政委員会事務局など内部機関の共同設置，都道府県や隣接市町村への事務委託が代表例となる。市町村間の水平的連携と広域自治体による垂直的補完である。

そして，新たに導入された政策手段が 2014 年の地方自治法改正による「連携協約」とそれを担保する「事務の代替執行」である。関係自治体の議会の議決を経て定められる連携協約に基づき，市町村は，その事務の一部を，当該市町村の名において，都道府県または他の市町村の長等に管理・執行させることができるようになった。

注目されるのは"連携協約モデル"がもつ三大都市圏とその他の地域との間での二層構造である。三大都市圏は「市町村間の水平的・相互補完的，双務的」役割分担を基本とし，その他の地域では中核市に相当する人口20万人規模以上の自治体に対して，都市機能の集約と周辺市町村とのネットワーク化（地方中枢拠点都市圏）がめざされることとなった（基礎自治体による行政サービス提供に関する研究会 2014）。人口減少社会を背景にした「連携中枢拠点都市」（「地方中枢拠点都市圏」は「まち・ひと・しごと創生法」制定に伴って「連携中枢都市圏」へ制度移行）への資源集中投資である。

連携協約へは都道府県・市町村間での垂直補完促進を期待する指摘（今川 2014）もあるが，「事務の代替執行」を都道府県が担った場合，該当部署が市町村ごとの異なる事務処理基準で個別対応が迫られることによる非効率性の恐れも指摘されている（大谷 2015）。現時点ではその成果は未知数である。

しかし，水平的連携と垂直的補完への選択肢拡大は，いわゆる「フルセット型行政」の自治体運営モデルから離脱する可能性を拡充させることは確実である。選別的自由化と権限・事務委譲とは異なる文脈で"やらないことを能動的に選択する"のである。自治"制"がこのように「自由化」されるからこそ，ここにおいても自治"政"が問われるのである。

（3）道州制をめぐる議論の展開

最後に，自治"制"における「政府体系の再編」へ最も根源的に作用し得る争点は「道州制」をめぐる制度設計である。

道州制の議論は，1927年の行政制度審議会における州庁設置案に始まり，戦前の制度改正では，構成府県の連絡調整を図る地方連絡協議会（1940年）から省庁出先機関も含めた連絡調整機関としての地方行政協議会（1943年），そして構成府県・省庁出先機関への指摘監督権を持つ地方総監府の設置（1945年）が経験されてきた。戦後では1957年の第4次地方制度調査会答申における公選議会と議会による同意を得て総理大臣が任命する「地方長」を置く「地方」制提案，そして，9～13道州の複数の区割り案を設定して検討が行われた2006年の第28次地方制度調査会「道州制のあり方」答申や同年に総務大臣（道州制担当大臣）のもとに置かれた道州制ビジョン懇談会の議論と，国の審議機関における検討と提言が繰り返し行われてきた（高木 1986，天川 1986，大橋 2009，佐々木信夫 2011，姜 2012）。政権政党である自由民主党も同道州制推進本部において2012年に「道州制基本法案（骨子案）」をまとめるに至る。[17]

道州制をめぐっては人口と経済が集中する東京の位置づけが常に大きな課題として取り扱われてきたが，一定の共通解は提起されていない。また，自治"制"の選択として道州間で権能の差異を認めるのか，についても同様である。たとえば，市町村間の水平的連携と広域自治体による垂直的補完の点では，東日本大震災からの復興にあたる復興庁のような中央省庁と基礎・広域自治体との間にあって国からの資源配分調整を主に担うのか（寺迫 2015），関西広域連合のようなボトムアップで資源調整とサービス実施の分担を担うのかなどの選択である。

加えて，自治"政"の制度設計では，道州をフランスにおける地方制度の展開や明治期の府県制の定着を踏まえて「行政団体」として出発し，実態としての「自治」を一定の年限をかけて構築していく路線と，公選職を首長とした

---

[17] 自民党「道州制基本法案（骨子案）」はその後，数度の修正を経て準備されるが，本稿執筆時点では国会へ法案上程とはなっていない。

「自治体」として最初から出発する路線の選択も論点となり得る（大橋ほか 2009）。これに関しては，第 28 次地方制度調査会答申も自民党「道州制基本法案（骨子案）」も，直接公選の議会と首長を置くことでは一致している。

ただし，いずれの場合においても，道州の長の職は，就任する政治的アクターに魅力あるポスト（キャリアパス）とならなければ，"活力ある地方政府"に道州はなり得ないであろう。そうした誘因がなければリーダーシップによる統制がガバナンスに働かない。有効な道州制が成り立つには，道州の長に政治的パワーが必要なのである。

しかし，これは道州による強力な国へ政治的拒否権となる。第 28 次地方制度調査会答申の通りに道州を創設する場合，"10 分の 1 の拒否権"をもつ公選知事の政治的権力は非常に大きい（大森 2013）。さらには，そうした強力なローカルリーダーと国会議員の連合が成立する可能性もある。この場合，"全国政党による統合"というような政治ルートでの補完がなければ，国としてのガバナンスに思わぬ副作用が働く可能性も否定できない。

道州制による自治"制"が機能するには法制度だけではないトータルな統治システムの設計が求められるといえる。

6 「ローカルな民主主義」を担保する仕組みの構築

(1)「自由化（規制緩和）」と「画一性の中の差異」

第 2 節でみたように一連の地方分権改革が進むなかで，首長・議会双方に新たな権能付与や権能行使への規制緩和が行われてきた。その権能行使自体が自由化されたため，自治"政"における自治体間での差異（多様性）が拡大する。また，国の政策的意向によっては住民にも決定権能が付与されてきた。住民自治における伝統的な論点である住民投票の権能では，第 3 節でみた市町村合併に限ったことではあるが，住民投票による議会決定内容の「上書き権」が認められたことが典型例である。政策領域間での制度設計原則の多元化である。加えて，第 5 節でみた小泉政権期からの構造改革特区や第 2 次安倍政権で始まった「手挙げ方式の分権化」など，元々，人口規模を中心とした「格付け」によ

り存在していた自治体間での権能の差異も一層，多様化されてきた。「画一性の中の差異」の「制度化」である。

(2)「地方自治の本旨」（憲法 92 条）の担保に向けて

　このような変化を踏まえ，「地方自治の本旨」（憲法 93 条）の担保に向けた制度改革の基本的視点は如何なるものが考えられようか。単一主権制国家を前提とするならば，まず国権の最高機関たる国会の法的意思と個別自治体の法的意思の「調和」を図る点が出発点となろう。そして，単一制国家として国民へ普遍的に担保されるべき権利の保障も基礎となる。こうしたルールは自治体為政者を縛るため，原理的には集権的である（金井 2013）。しかし，国民に対する権利保障はマイナスを生じさせないだけであり，プラスを生み出すのは各自治体での創意工夫である。

　その上で，第 3 の視点として，国による政策的介入がある場合に「これ以上は"地方自治の本旨の侵害"で憲法違反だ」と判断してゆく法的規範を作る（西尾 2013）視点も重要であろう。国による「地方自治の侵害」阻止の保障の観点は，「国会の意思」として実施されてきた「自由化」による分権改革政策を裏打ちする憲法解釈的強化の戦略ともいえる。

　これと対になる第 4 の視点として，「参加権」の保障も求められよう。「国・地方」関係の地方自治"制"における参加権と，自治"政"における参加権である。前者は「国と地方の協議の場に関する法律」をより有効に活かしてゆくともいえるものであり，後者は，住民合意を形成してゆく領域において，住民の権利を手続き的に担保し，参加プロセスの水準の向上を国会の意思である法として定めてゆくものである。

(3) 憲法 95 条 "活用" の視点からの制度構築

　以上でみた国会の意思（自治"制"）と住民の選択（自治"政"）との調和という課題へは，国会が立法により特別の法的地位を特定の自治体に付与する場合，住民投票にて投票者の過半数の同意を要するとした憲法 95 条の枠組みが一つの基盤となるであろう。重大な争点に限っての運用となることを前提に，国会

として一定程度の選択の幅を設定し，その下で住民投票により住民自身が自らの方向性を選択していくこと，つまり，分権改革による「自由化（規制緩和）」の基層のうえで，国会としての意志を枠づける「基本法（枠組み法）」と，住民投票に代表される住民意思とを接合してゆく取組みである。この点では州憲法における選択枠組みの下，ホームルールチャーター（自治憲章）を住民投票で定めるアメリカ型システムを参考とするものであり，90年代初頭に指定都市市長会「市民のくらしから明日の都市を考える懇談会」[19]が提起した「憲章都市」構想を見直すものでもある。

この「憲章都市」構想では国会が定める「大都市特例法」に基づき，①「都市憲章条例」を，議会の議決を経て行われる住民投票による承認をもって成立とする「条例方式」，②「都市憲章」を憲法95条の特別法で住民投票を経て制定する「都市憲章法」方式，のいずれかにより「都市自治体の基本法」的性格をもつ「都市憲章」を制定した「憲章都市」に対して，特別措置（事務権限，規制権限，自主財政権等）を付与するとした。「特別措置により大都市の特権とそれに伴う特別の負担をワンセットで受けるかを，自治体と住民が自主的に選択する」のである（市民の暮らしから明日の都市を考える懇談会 1991）。こうした視点は，第5節でみた「自治体型」で道州制が導入された場合においても有効であろう。

（4）「地方自治」権の憲法的保障

本節で提起した国による「地方自治の侵害」阻止の保障の観点は，ヨーロッパ地方自治憲章が定める自治体の「司法的権利」（国による決定権限の"侵害"を司法的に回復する），「財政的権利」（国による財政的自立を担保する）と対応するものであり，また，「参加権」の保障も同憲章における「上位の政府の決定に対

---

[18] この観点では，「大都市地域における特別区の設置に関する法律」（2012年）に基づく大阪市特別区設置住民投票（2015年5月）は，発生した政治的対立の激しさを含め，まさにテストケースであったといえる。

[19] この懇談会には西尾勝氏，村松岐夫氏，細川護熙氏といったその後の地方分権改革をリードする顔ぶれが集っていた。なお，最終報告は1991年5月に提出された。

する聴聞を受ける権利」と呼応する（比較地方自治研究会 2004）。これらは地方自治"制"における「地方自治の本旨」を活かし，発展させるものである。

　一方，「痛みの（再）配分」の今日，基礎自治体へ決定権が分権化され，その行使内容は「自由化」されている。地理的・物理的に"遠い"ことで"中立的判断ができる"という建前に依拠していた事項が，ある種の「地域権力構造」の影響を真面に受ける市町村という"より近いところ"で自ら決めなければならないこととなった。自治"政"における「決定の正統性」を創出してゆくことが一層求められるのである。

　こうした「正統性」獲得には，第4節でみたように公選公職者による諮問手続きへの参加者の多元性を担保し，より公正化する方向と，住民自身が参加のプロセス設計自体へも参加することで決定内容の正統性を高める，という2つの相互応答するシナリオが考えられる。これは近年の改革動向（第2節）にみる議会への市民参加においてもあてはまろう。

　地方自治"政"において，代議制機関と直接公選首長の組合せによる基本構造をより民主化（democratization）すること，これが地方自治"制"における法的規範の醸成と並んで，「地方自治」権の憲法的保障を実現させてゆく制度構築でのもう1つの柱となるのではないだろうか。

参考文献
足立忠夫（1975）『行政と平均的市民』日本評論社。
天川　晃（1986）「変革の構想──道州の文脈」大森　彌・佐藤誠三郎編『日本の地方政府』東京大学出版会，112-140頁。
伊藤修一郎（2009）「首長の戦略・マニフェストと総合計画」村松岐夫・稲継裕昭・財団法人日本都市センター編著『分権改革は都市行政機構を変えたか』第一法規，19-39頁。
伊藤修一郎（2010）「「コモンズの悲劇」の解決策としての法──景観保全における「メニュー法・枠組み法」についての考察」『法社会学』73，188-203頁。
市川喜崇（2012）『日本の中央─地方関係──現代型集権体制の起源と福祉国家』法律文化社。
今川　晃（2014）「広域連合，定住自立圏，そして連携協約──小規模自治体の道」『地方自治職員研修』47(10)，18-20頁。

岩崎　忠（2014）「分権改革『提案募集方式』への移行」『地方自治職員研修』47(10)，21-23頁．
上田道明（2016）「住民投票が映し出すローカル・ガバナンスの現在」石田徹・伊藤恭彦・上田道明編『ローカル・ガバナンスとデモクラシー――地方自治の新たなかたち』法律文化社，169-189頁．
榎澤幸広（2011）「地方自治法下の村民総会の具体的運営と問題点――八丈小島・宇津木村の事例から」『名古屋学院大学論集　社会科学篇』47(3)，93-118頁．
大杉　覚（2011）「どこまで市民に任せられるか？――地方自治法改正をめぐる思想と流儀」『地方自治職員研修』44(3)，14-16頁．
大杉　覚（2015）「都市制度改革・自治体間連携とその選択」『地方自治職員研修』48(9)，17-19頁．
大谷基道（2015）「新たな垂直連携は県の役割をどう変えるか」『地方自治職員研修』48(9)，20-22頁．
岡田健太郎（2012）「市民議会――ブリティッシュ・コロンビア州（カナダ）での選挙制度改革」篠原一編『討議デモクラシーの挑戦』岩波書店，179-206頁．
大橋洋一（2009）「道州制と地方自治」『ジュリスト』1387，106-113頁．
大橋洋一・金井利之・長谷部恭男［他］（2009）「座談会（日本国憲法研究（5）道州制）」『ジュリスト』1387，114-138頁．
大森　彌（2013）「道州制推進基本法案と日本の地方自治制度」『見果てぬ夢か？道州制』後藤・安田記念東京都市研究所，2-23頁．
岡本三彦（2012）「自治体の政策過程における住民投票」『会計検査研究』45，115-128頁．
金井利之（2007）『自治制度』東京大学出版会．
金井利之（2011）「直接参政制度に関する諸問題」『都市とガバナンス』16，9-28頁．
金井利之（2013）「常設型住民投票条例の制定論理」『都市問題』104(8)，14-20頁．
基礎自治体による行政サービス提供に関する研究会（2014）『基礎自治体による行政サービス提供に関する研究会報告書』総務省．
北村　亘（2009）『地方財政の行政学的分析』有斐閣．
ギャスティル，J／P・レヴィーン編（2013）『熟議民主主義ハンドブック』津富宏・井上弘貴・木村正人監訳，現代人文社．
姜光洙（2012）「総合行政主体――道州制論の可能性と限界」森田朗・金井利之編著『政策変容と制度設計――政界・省庁再編後の行政』ミネルヴァ書房，74-102頁．
ケトル，ドナルド（2011）『なぜ政府は動けないのか――アメリカの失敗と次世代型政府の構想』稲継裕昭監訳，勁草書房．
構想日本編著（2007）『入門　行政の「事業仕分け」』ぎょうせい．
小原隆治（2008）「自治体政治システムを問い直す」辻山幸宣・三野靖編『自治体の政治と代表システム』公人社，37-70頁．
坂野達郎（2013）「ミニ・パブリックスを活用した討議デモクラシーの可能性――神奈

川 Deliberative Poll 実験を題材にして」『公共選択』59, 48-65 頁。
佐々木信夫 (2013)『大都市行政とガバナンス』中央大学出版部。
佐々木允 (2011)「予算の増額修正を成立可決 (Case3　福岡県田川市議会)」廣瀬克哉・自治体議会改革フォーラム編『議会改革白書2011年版』生活社, 21-24頁。
自治体国際化協会 (2006)『米国の地方自治体における組織体制と人事制度』(CLAIR REPORT No. 293) 自治体国際化協会。
篠藤明徳・吉田純夫・小針憲一 (2009)『自治を拓く市民討議会』イマジン出版。
篠原一編 (2012)『討議デモクラシーの挑戦』岩波書店。
市民の暮らしから明日の都市を考える懇談会 (1991)『市民のくらしからみた明日の大都市──「明日都市懇」報告書』日本都市センター。
シャットシュナイダー, E・E (1972)『半主権的国民』而立書房。
神野直彦 (1998)『システム改革の政治経済学』岩波書店。
砂原庸介 (2011)『地方政府の民主主義──財政資源の制約と地方政府の政策選択』有斐閣。
曽我謙悟・待鳥聡史 (2007)『日本の地方政治』名古屋大学出版会。
高木鉦作 (1986)「戦後体制の形成──中央政府と地方政府」大森彌・佐藤誠三郎編『日本の地方政府』東京大学出版会, 47-110頁。
辻中豊・伊藤修一郎編著 (2010)『ローカル・ガバナンス──地方政府と市民社会』木鐸社。
ディーネル, P・C (2012)『市民討議による民主主義の再生──プラーヌンクスツェレの特徴・機能・展望』篠籐明徳訳, イマジン出版。
寺迫剛 (2015)「集中復興期間最終年の復興庁──「司令塔機能」から「管制塔機能」へ」『季刊行政管理研究』(150), 27-37頁。
長野基 (2011a)「市民によるマニフェスト評価──市民社会組織による評価事例からの考察」日本地方自治学会編『地方自治の危機とその対応 (地方自治叢書22)』敬文堂, 169-201頁。
長野基 (2011b)「『裁判員型』市民参加を通じた自治体政策の形成──和光市の大規模事業検証会議を事例として」小原隆治・寄本勝美『新しい公共と自治の現場』コモンズ, 250-268頁。
長野基 (2014)「全国自治体議会の運営に関する実態調査2014調査結果概要」廣瀬克哉・自治体議会改革フォーラム編『議会改革白書2015年版』生活社, 132-149頁。
西尾勝 (2007)『地方分権改革』東京大学出版会。
西尾勝 (2013)『自治・分権再考』ぎょうせい。
フィシュキン, J・S (2011)『人々の声が響き合うとき──熟議空間と民主主義』曽根泰教監修・岩木貴子訳, 早川書房。
比較地方自治研究会 (2004)『世界地方自治憲章と各国の対応──平成15年度比較地方自治研究会調査研究報告書』自治体国際化協会。
前田幸男 (2014)「『民意』のかたられ方」日本政治学会編『民意 (年報政治学2004-

Ⅰ)』木鐸社,12-36 頁。
前田洋枝・広瀬幸雄・杉浦淳吉・柳下正治(2008)「無作為抽出をもとにした市民会議参加者の代表性の検討」『社会技術研究論文集』5,78-87 頁。
待鳥聡史(2009)『＜代表＞と＜統治＞のアメリカ政治』講談社。
村松岐夫(1975)「行政過程と政治参加——地方レベルに焦点をおきながら」日本政治学会編『政治参加の理論と現実(年報政治学 1974)』岩波書店,41-68 頁。
村松岐夫(1988)『地方自治』東京大学出版会。
村松岐夫(2014)「戦前戦後断絶論と中央地方の「相互依存関係」仮説・再訪」『季刊行政管理研究』145,4-15 頁。
柳瀬 昇(2015)『熟慮と討議の民主主義理論——直接民主制は代議制を乗り越えられるか』ミネルヴァ書房。
吉富重夫(1957)「道州制について」日本行政学会編『地方自治の区域』勁草書房,82-105 頁。
寄本勝美(1985)「市民参加による用地選定手続きの改革——東京都武蔵野市におけるクリーンセンター建設用地をめぐって」日本政治学会編『現代日本の政治手続き(年報政治学 1985)』,171-196 頁。
Parkinson, John. (2004) "Why Deliberate ? The Encounter between Deliberation and New Public Managers", *Public Administration*, 82(2), 377-95.

第10章

政治改革
——政官関係と政治資金問題を中心に——

柏原宏紀・門松秀樹

1 政治改革をめぐる研究動向——1994年の政治改革関連四法以降を中心に

　本章では政治改革について論ずる。なお，政治改革を論ずる上で重要と考えられる論点はいくつかあるが，選挙制度については第8章においてすでに論じられているため本章では採り上げず，主として，政官関係に関する問題と政治資金に関する問題を論ずることにしたい。

　1988年に発生したリクルート事件に関する世論の強い批判のもと，時の竹下登首相が翌年の年頭の記者会見において「政治改革元年」との発言をして以降，続く海部俊樹内閣，宮沢喜一内閣，細川護煕内閣のいずれもが政治改革の実現を重要課題として掲げ続け，ついに細川内閣のもとで，1994年3月にいわゆる政治改革関連4法案が可決・成立したことで，選挙制度及び政治資金制度を包括した政治改革が実現した。政治改革に関する関心が高まっていた当時，政権交代の実現を視野に入れ，政治・行政の構造的な改革を山口二郎が唱えた（山口 1993）。山口は1994年の政治改革を不十分と捉えて改革の継続を主張し（山口 1997），2009年の民主党政権成立による政権交代の実現まで政治改革の実現を求め続けた。

　また，竹下内閣以降の政治改革をめぐる政界の動向については，当時，衆議院法制局に在籍していた臼井貞夫による研究を挙げることができる（臼井 2005）。他にも，当事者の回顧・回想としては，竹下や海部，宮沢，細川など首相を務めた人々の回顧録等のほか（竹下 1991・海部 2010・御厨・中村 2005・細川 2010），自民党の有力議員として政治改革を推進した小沢一郎の回想を挙げることができる（五百旗頭・伊藤・薬師寺 2006）。

1994年の政治改革で目指された二大政党制による政権交代は，前述の通り，2009年の民主党政権発足によって実現したとされる。しかし，鳩山由紀夫，菅直人，野田佳彦と2012年までの約3年間続いた民主党政権は，「脱官僚依存・政治主導」を掲げて政治改革に臨んだが，十分な成果を挙げることができず，2012年の総選挙で大きく議席数を減らして，再び自民党が政権与党に復帰することになった。一方，宮沢内閣以降，「民間臨調」として政治改革に関する提言を続けてきた「新しい日本をつくる国民会議」（通称は21世紀臨調）の主要メンバーによって21世紀臨調による政治改革に関する活動が総括され，竹下内閣以降の政治改革への取り組みとその成果などが示されている（佐々木他 2013）。

　本章では，前述の通り，政治改革における論点のなかから，以下に戦後日本における政官関係と政治資金に関する問題について論じていく。

2　政官関係

（1）政官関係

　2009年夏の衆議院選挙において，「政治主導」を掲げて戦った民主党が勝利を収め，「政権交代」が成し遂げられた。「政治主導」を打ち出したことは，それまでの体制を「官僚主導」と見做し批判的に捉えてきたことによるものである。過度の官僚バッシングに加え，マスコミの論調もあって，有権者もその論理に一定の支持を与えていたことになるのだろう。民主的な正統性を獲得した同党は，国家戦略局構想を始めとして，彼らの主張する「政治主導」を実現すべく諸改革を実施していこうとしたが，それを成し遂げることはできず，2012年冬の衆議院選挙で大敗北を喫し，政権が再び交代した。

　「政治主導」が総選挙の争点になったという事実は，政治家と官僚の関係のあり様が今日の日本において大きな課題であることを示している。民主党の主張した「政治主導」の是非は措いても，政官関係を改革した方がよいということについては，かなりの共通理解があるといってもよいのだろう。だからこそ，多くの研究者が政官関係の改革の方向性について積極的に意見発信している

第 10 章　政治改革

（最近では，（野中 2014））。分離・統制・協働の規範を視座に据えて，それぞれの観点からの問題点とあるべき姿を論じるものが目立ち，自民党長期政権下で形成された官僚主導的とされる政官関係を是正し，望ましい政治主導のあり方を模索，提起するものもみられ，それらも概ね各国の例や過去の事例を参照しての，統制と協働の規範に関わるものが多い。具体的な政治・政策過程を実証的に検討しながら，政官関係を論ずるものもあり，行政改革や経済政策など特定のトピックとの関連から論じるものもある。[1]

　理論的に考えても，政官関係は重要な意味を帯びる。「政」を構成する政治家は，選挙で選ばれ，民意を代表する存在であり，「官」を構成する官僚は，政策過程で不可欠な専門性や中立性を体現する存在である。両者がそれぞれを代表・体現できているかということ自体も政治学において大きな検討課題であるが，この点には踏み込まず，ここでは理念レベルで考えよう。究極的には，前者を蔑ろにすれば民主主義は壊滅し，後者を軽視すれば，国家政策が破綻する。この両者がつねに同じ方向を向いているわけではなく，それをいかに調整するかが，現代国家における大きな課題なのであろう。上記の規範でいえば，やはり統制と協働に関わる部分である。そのうえ，政官関係は国益と省益のせめぎ合いという性格も帯びており，「政」の中に族議員がいて，必ずしも国益だけを体現してはいないが，「官」に顕著なセクショナリズムと，「政」によるその調整という議論に関わる部分もある。

　以下では，日本における政官関係の展開を，「政」「官」それぞれの変化に注目して概観し，それを踏まえて今日的課題と改革の方向性について考えてみたい。

　なお，政官関係という用語自体は，1990 年代に入ってから登場してきたやや新しいものであるが，政治家も官僚も少なくとも明治時代から存在していたから，政官関係もまた同じだけの歴史を共有し展開していたといえよう。そし

---

(1) 政官関係を論じた先行研究については，日本政治学会編『年報政治学』（1995），『レヴァイアサン』34（2004），日本行政学会編『年報行政研究』42, 47（2007, 2012）と数年単位で，特集が組まれ，多角的に論じられてきているので，基本的にそれらを参照のこと。

て，戦前の同関係については，実証性の高い優れた研究が多く蓄積されてもいるが（たとえば，清水 2013），紙幅の関係もあり，ここでの考察の対象とはしない。

（2）「政」と「官」の戦後史
① 「政」の変化

第二次世界大戦後の日本では，その敗北とその後の占領統治によって，新憲法が制定され，国家の枠組みが大きく変化した。政治家たちは，公職追放などもあって戦前からそのメンバーを大きく変化させることとなった。確かに戦後初の総選挙では8割が新人であり，社会党や共産党も議席を獲得するに至った（石川・山口 2010）。その後も保守と革新の妥協と対立のなかで，政党の離合集散がしばらく続き，GHQの方針変更にも左右されていた。1951年に講和条約を締結して，独立を達成した後，1955年自由民主党結成と社会党左右派の統一により，いわゆる55年体制が成立して，ようやく一応の安定を迎えることとなった。

そして，この段階での1つの特徴は，官僚出身の政治家が活躍したことであろう。467名の衆議院議員中，官僚出身者は84名で全体の約18％を占め，与党である自由民主党の約26％が官僚出身であった。岸信介（商工省），池田勇人（大蔵省），佐藤栄作（運輸省）と事務次官出身の政治家が立てつづけに首相に就任し，15年以上もトップを占め続けたことはその証左であり，それ以前の吉田茂（外務省）も含めれば，かなり長期間にわたる。閣僚を見ても，20％を越える比率を占め続け，第二次池田内閣期は，半数近い閣僚が官僚出身であった。さらにいえば，官僚出身政治家のうち，次官出身者と外局長官・本省局長級出身者の割合が相対的に高かったことも指摘せねばならない。1955年段階では全84名中45名と半数以上を占めていたのである（山崎 1999：38-39）。

その後は，自民党長期政権の形成と共に，これまでに当選してきた政治家が

---

(2) 戦後，三木武夫内閣までの閣僚に占める官僚出身者の割合は，片山哲内閣の8％を除き，全て20％以上であった（パワー・エリート研究会 1976）。一方，最近では第二次安倍改造内閣において，発足当初官僚出身の閣僚が一人もいなかった。

定着していくこととなる。確かに，新人議員の割合は1950年代から1980年代にかけて，概ね10～20％の間で推移し，世代交代が緩慢となっていった（田中 2001）。自民党において，その当選回数などの経歴に応じて，与党内及び政府内のポストについて一定のパターンが蓄積し，秩序が形成されていったことと表裏一体の関係にあるのだろう。周知の通り，党内で政務調査会や総務会など党組織による意思決定過程が確立していき，また後援会，利益団体などに支えられ，地盤を固めたベテラン議員は，選挙に強く，当選を重ねるなかで一部の利益団体の意向を重視するようになると共に，与党政務調査会や政府内でも活躍することによって，個別の政策分野に強くなる族議員にも化して，行政の政策過程に浸食していった（飯尾 2007）。

そのようななかで，議員構成に新たな変化も生じていく。ベテラン議員が定着したとはいえ，もちろん新人議員も少ないながらに加わっており，そのなかにおける官僚出身者については，従来は次官や局長クラスからの転任か，課長クラス以下から親族の地盤を継いで代議士になるかがほとんどであったが，1980年代頃から課長級以下で親族に政治家をもたない代議士が急増してきたとされる（山崎 1999）。この傾向はその後も続き，2014年9月段階では衆議院議員480名のなかで，次官経験者も局長経験者も共に0名，もはや官僚幹部出身者はほぼ見られなくなってしまった。官僚出身政治家の全体数は，70人で全体の14.6％を占めるから，割合自体は大きく減少しているわけでもない。[3] 若いうちに官僚から政治家へ転身した勢力が多くなったことを明確に示している。確かに上記70人の内，当選1回が20人，2回が11人と両者だけで4割を越え，1970年以降の出身者が19人と4分の1以上を占める。長期間の官僚としての活動と，幹部ポストでの活躍は，人脈面も含めて，政官関係において，調整資源として有効であろうから，そのようなクラス出身の政治家が減少することは，資源の枯渇につながりかねないともいえるだろう。

さらに，1990年代以降には，新たな特徴が表われ始めた。全体数として新

---

(3) 衆議院のホームページや『政官要覧』などで経歴を参照し，官僚出身者を抽出した。

人議員が増え始め,全議員に占める割合も,86年の12.7％から90年には26.0％となり,その後も20％以上で推移している(田中2001)。とくに近年は政権交代の影響もあり,その傾向が著しく,2009年には33％,2012年には38％にも上っている(国会便覧2014など)。一方で,自民党長期政権下でのベテラン議員が減少していった。小選挙区比例代表並立制の導入は,ベテラン議員の引退を促す側面もあり,他党も含めて当選回数の少ない議員が増加傾向にあり,2014年9月段階で当選10回以上は23人に止まっている。近年の選挙で多数の「チルドレン」が登場してきたことにも裏付けられよう。ベテラン議員は,時に保守的で改革の抵抗勢力とされることもあるが,一方で政治活動を重ねる中で調整力を高め,行政に対しても一定の調整回路を確保していることが一般的であろう。彼らの減少そのものは,政官関係においては,政治家側で調整資源が減少していることを意味している。何より,近年の政党の党内対立をきっかけとする離合集散の繰り返しを見れば,その調整力が低下していることは明らかかもしれない。

② 「官」の変化

　明治初年からその原型が形成され,試験制度も整備されて,いわゆる「天皇の官吏」として確固たる存在となった官僚は,戦後になって,その地位や取り巻く環境が大きく変化したが,GHQがいわゆる間接統治を採用したため,解体は免れた。幹部は退職しても,メンバーが大きく替わることはなかったので,戦前の「官」のあり様,特に「官」優位が継続する部分も少なくなかった。占領下において,GHQ内の組織対立を利用して,自らの政策を進めようとする(岡田1994),したたかさも健在であった。

　行政学上は,この戦前以来の官僚たちは「国士型官僚」と呼ばれている。彼らは,選挙で忙しく政策能力にも乏しいような政治家を頼りにはせず,自らが国家全体を背負い,その専門能力をもとにして重要な政策を立案,推進していこうという強い気概をもった官僚たちであった。時に社会とも距離を置き,独善的でさえあるという傾向を有し,自らの官僚としての判断を重要視し,その裁量を拡大することを望んでいた(真渕2004)。このように,もともと政治家

の領域を侵食する存在であったから，彼らが次々と実際に政治家に転身して，国家をリードしていった。先述の通り，この時期，官僚幹部出身の政治家が多く活躍したことはその裏返しである。

　もっとも，このような「国士型官僚」は原局型に多く，戦中以来この時期には，彼らと異なるタイプの官僚が活躍していたことも指摘されている。すなわち「官房型官僚」であり，彼らは，政治家とうまく調整しながら政策を進めていくタイプの官僚であり，政治家と密着した存在とみられることもあった。この後存在感が薄れていったようであるが，その存在が絶えることはなかった（牧原 2003）。この時期は，両者それぞれが個性を発揮しつつ共存していた。

　1960 年代から 70 年代にかけて，「調整型官僚」が登場する。政治過程に利益団体が登場し，その諸利益を調整することで公益を達成しつつも，自身の立場をも主張するような存在であったとされる（真渕 2004）。定着していった自民党政治のなかに組み込まれながらも，しっかりと存在感を発揮して，うまく協調することができる存在でもあった。そして，自民党政治の成熟に従って，80 年代にかけて増加していった。

　一方で，80 年代以降になるとさらに「吏員型官僚」も登場したとされる。能率を重視し，中立的なスタンスで，政治家の決める目的に沿って行動するような存在であった。社会における諸利益の調整からは手を引き，政策過程においてそれほどの主張をしないようなタイプの官僚である。90 年代における官僚の不祥事は，官僚と社会との接触を相当に縮小させる方向に作用した（真渕 2004）。このこともあって，2000 年代においてこのタイプの官僚が増加しつつあるようである。過度の官僚バッシングもまた，官僚を委縮させ，この傾向を定着させることにつながっている。また，官界で長く活動してきた幹部官僚が政界に転身しなくなり，若手が積極的に政界に進出するようになったこととも軌を一にしているのだろう。近年，マスコミで時折用いられる「最後の大物次官」という表現は，上記の官僚の変化を裏書きしているようでもある。もっとも，2000 年代には内閣・官邸機能が大幅に強化され，官僚の人事交流等も進んだこともあって，再び「官房型官僚」が存在感を増してきたとの指摘もあり（牧原 2013），「官」の側は，変化の途上にある可能性もある。

以上の変化を調整力という点からまとめてみよう。「国士型官僚」にどの程度の調整力が備わっていたかはわからないが，政治を超越した存在である以上，その周りの組織や人間を説得する必要があり，一定の交渉力や調整力は確実に備わっていただろう。「官房型官僚」は政治との調整力を得意とする勢力であった。「調整型官僚」は，その名前からして，調整力に富み，政官関係においてもその力は大きな効力を発揮したであろうが，「吏員型官僚」は，行政の枠内に閉じこもる傾向が強い以上，政官関係上の十分な調整力は期待しにくい。確かに組織・政策上の調整が図られるように行政改革も進められているが，歴史的には，とくに人材という点からすると，政官関係における調整資源は「官」の側においても減退傾向にあるということができよう。もっとも，行革の効果や「官房型官僚」の動向はそれを抑制する方向に作用する可能性も秘めている。

③　政官関係の戦後史
　以上のように，政官関係を構成する双方の戦後の展開をみてきたとき，両者の組み合わせによって，いくつかの段階を区切って同関係を考察することが可能になる。
　まずは，「国士型官僚」と多くの新人からなる政治家という組み合わせの草創期である。「国士型官僚」は，政治を凌駕して政策を推進する部分もあったであろうが，当初はGHQなど別の強力なアクターも存在し，調整を必要とした。また新人政治家のなかには，多くの事務次官・局長経験者が含まれ，かつ大臣に抜擢もされていたから，「国士型官僚」の独走を受けとめることも，折り合うこともできたであろう。復興から高度経済成長に向け，共通の目標も明確であった。一部に摩擦はあっても，両者の調整は簡素ながら円滑であったのではないだろうか。この両者の組合せは，概ね1960年代半ば頃までであった。
　次に当選回数を重ねたベテラン政治家が増え，「調整型官僚」が活躍するという組み合わせは，1960年代半ばから80年代半ば頃までの時期にあたる。政治家と官僚の関係が均衡するようになり，社会では利益団体の活動が活発化し，それらも取り込みながら，自民党型政治が定着していく時期である。官僚もま

た社会における利益調整に関与するとともに，自民党内の政務調査会部会などと結んで，政治家との協力関係を構築し，政治家の側も族議員などが個別の官界勢力と結びつきを強めることになる。両者の関係は，「政官スクラム型」とも呼ばれる確乎たるものとなっていく（村松 2010）。時に癒着とも批判され，セクショナリズムを強固なものとする弊害を生んでいたことも指摘されるが，政官関係における調整はスムーズであったし，次官や局長級出身の政治家も活躍してそれを助ける構図でもあったのだろう。この秩序のもとで，政治家が徐々に統制を強めていき，官僚は自身の分野に専念する様相も呈しつつあるなかで自民党型政治は終盤となっていったが，強固なシステムのもと，両者の調整が滞るようなことはなかった。そして，90年代半ばを迎える。

1990年代半ばから現在にかけては，「吏員型官僚」と当選回数の少ないメンバーが増えた政治家との組み合わせである。この間，冷戦体制の崩壊など環境の変化も大きかったが，55年体制の崩壊，選挙制度変更を含めた政治改革，連立政権の連続と政権交代の出現で，政治の側は大きく変化をし，小泉政権下の特異な時期を除いて安定しなかった。相次ぐ不祥事と官僚バッシングで，「官」の側も委縮するようになった。双方の関係は，以前のような信頼関係にはなく，この時期以降「政官スクラム型」は崩壊したとされる（村松 2010）。民主党政権の「政治主導」がうまくいかなかったこともまた，この時期の両者の関係を象徴的に示しているのであろう。両者の間を架橋する官僚出身議員も若手が多く，また次官・局長級出身者がほぼいなくなったこともまた，それを助長する可能性がある。どのような関係を築くにせよ，一般的には調整資源が枯渇し政官間の調整が難しくなりつつあるのが現状であるといってもよいだろう。

（3）政官関係の課題と改革の方向性
① 三つの規範を意識した改革の方向性

政官関係をめぐる改革の方向性は，すでに多くの研究で指摘されている通り，分離・統制・協働の三つの規範に沿ったものがまず挙げられよう。

いうまでもなく政治家と官僚は，一定の距離を置く必要がある。許認可や公

共事業の入札など公平・中立性が求められる行政活動において，とくにそれが求められる。この分離の規範に基づいて，政治家の口利きなどを防ぐと共に，国会での答弁資料作成も含め，どこまでが官僚の仕事であるのかをしっかりと線引きして行かなくてはならない。その意味では，自民党長期政権下で形成された政官関係ではどちらかといえば軽視される傾向のあった規範であろう。もちろん，その後の諸改革のなかで，たとえば2000年のあっせん利得処罰法のように，分離の規範を法制化という形で実現してきた部分もあるが（大森2006），今後も政治家と官僚が接触を続ける仕組みが続く以上は，絶えず意識せねばならないものでもある。

　一方で，分離の原則を重視しすぎて，官僚の側が独立性を高め過ぎるのも問題である。確かに官僚たちは，専門性や中立性に則った行動をとることが求められるが，重要政策まで事実上彼らの意向でほとんど決まってしまうようなことはあってはならず，民主的正統性帯びた政治家による統制も必要である。ともすれば，「官」の側はセクショナリズムや前例重視に陥って，柔軟な変化や効率的な行政もなし得ないこともあり，政治家がそれを統制することも求められるのである。民主党の「政治主導」もこの統制の規範に沿うものではあった。これまで自民党長期政権下で政治家・官僚双方が相互に浸出して「癒着」とされたことや，官僚主導というレッテルが貼られ強い批判にされたことによって，近年においてこの規範が重要視される傾向にある。

　確かに，環境が大きく変化して，戦後を支えてきた諸制度が問題を抱えるようになって，大規模な改革が求められるなかで，国民目線や国益の観点が必要であるから，この規範は意識され続ける必要はある。官僚自身には大きな改革を断行することは難しく，彼らと近しい関係にある政治家にも，抜本的な対応はしにくい現状がある。だからこそ，民主党の「政治主導」が一定の支持を集めたが，民主的正統性と国益の観点を前面に出しての強引な「統制」では，官僚の協力が得られず，改革も看板政策もうまく進められなくなったことも事実である。統制は程度と手法が重要であることが再認識されたであろう。自民党に政権が戻ってから，発足した内閣人事局も，官僚幹部の人事を官邸が主導しようというものであり，事実上政治家による統制の側面が強い。あまり露骨な

統制は，官僚との不協和音につながり，官僚のいいなりでは，大きな変化はなし遂げにくい。結局は運用が大きな意味をもつことになる。

同時に，統制の難しさは，もう1つの規範である政治家と官僚の協働の規範に大きく関係している。本来統制と協働は二律背反とまでは行かないが，そのバランスをとるのが難しい二規範である。協働が進み過ぎて，癒着と批判されるようになった自民党長期政権，統制を強めすぎて，官僚との間に深刻な亀裂が生じ，結局「政治主導」に失敗した民主党政権，いずれをみてもそのことはよくわかるところである。理念的には，大まかな方針は政治家が打出し，参考材料の提示や細かな部分の組み立ては官僚が担当するということがしばしば指摘されてきたが，現実の世界で適切に実践していくことはなかなか難しい。やはり，具体的な政治過程のなかで，両者の関係が実際にどのように展開していくのかという運用的側面が極めて重要性を帯びよう。

② 調整力を意識した改革の必要性

分離・統制・協働の規範は，現代の政官関係においていずれも重要であり，それぞれの局面において，重視すべき規範は定まっているが，その規範に沿っての政官関係のあり様は現実の状況によって実際には一定でない。また，3つの規範は，それぞれが抵触する部分をもちながら，政官関係全体のなかでは，局面ごとに併存しているので，それらのバランスの問題であり，組み合わせのあり様も1つに定まり得ない。

確かに，さまざまな制度を細かく定めて，各規範の適用範囲を明確化し，かつ規範の中での政官の線引きや分担を極めて厳格にすれば，全てが一定するかもしれないが，そのような制度では，現実の状況に柔軟に対応することはできない。環境の変化が大きい現代において，必要以上に運用の余地を狭くすることは非効率でもあるから，3つの組み合わせにも政官の線引きにもある程度の幅をもたせることはむしろ不可避である。

制度による規定が限定的とならざるを得ない以上，その運用が重要性を帯びることとなり，上述してきた点と軌を一にする。そして，運用は，政治家と官僚という二者関係の具体的展開であるから，当然に両者の調整力が重要性を帯

びる。この点は、両者が登場した戦前より一貫して存在している課題でもあるが、現在は少子高齢化が進み、グローバル化が進み、価値観の変容が進み、それらに伴って諸方面での制度疲労も著しく顕著になるなかで、より抜本的な変革が求められており、さらに重大性を増している。

　しかも、社会のあらゆる領域で専門化が進み、官僚が体現する専門性もそれらに随伴する必要があるから、一般的な国民のレベルとは乖離が大きくなるであろう。それは専門性に基礎を置くべき官僚と、一般国民の選挙で正統性を与えられる政治家との距離を一般的には大きくしているようにもみえるから、その意味でも、両者の調整は重要性が高まると同時に、さらに困難となっていくことも考えられる。

　そのようななかで重要性を帯びる調整力は、前項でみた通り、政治家の側も官僚の側も後退させる可能性が高まっていた。官僚の側は、委縮して「吏員型」となり、自身の分野に閉じこもる傾向が高まり、政治家の側は、調整経験を積んできたベテラン議員が減少して、若手議員が増加しただけでなく、官僚出身議員についてもその割合こそ変化していないが、調整経験の豊富な次官や局長経験者がほとんどいなくなったのであった。

　今後は、「政」「官」共に調整力を回復して行くことがまず求められよう。もちろん、単純に「国士型官僚」を養成し直したり、次官・局長経験者を多く政治家にしたりすればよいというものでは全くない。官僚サイドでは、専門化が進む行政領域のなかで、専門性や中立性を確保しながら、いかに調整力を確保するべきかを模索せねばならないだろう。過度な官僚バッシングをメディアも国民も慎み、彼らが、時にポピュリズムに陥って、誤った方向に舵を切ろうとする政治家たちに、専門性と中立性の観点からしっかりとモノが言える環境を整えることも必要であろうし、モノがいえる調整チャンネルをしっかり用意しておく必要もある。中央省庁の改編により「官房型官僚」が増えてきているとの指摘もあり（牧原 2013）、調整資源としては有益であろう。専門性とのバランスも含めて、人事の工夫もさらに求められているのかもしれない。

　政治の側も、ただ委縮する官僚を前に、民意を振りかざして強引な統制をかけるのではなく、官の意見にも耳を傾けつつ、それを押し切って国民の目線や

国家的見地より断行せねばならない改革がある場合には，官僚を説得し，時に妥協もしながら協力をとりつけ，協働しながら改革を断行しなければならない。その調整チャンネルとして，ベテラン議員や幹部級官僚出身の議員を一定数確保しておく必要もあろう。民意がより反映されることをめざすのはもちろんのこと，議員の多様性を維持し，その一部分として，これらの勢力も存在できるような（あるいはこれらを代替できる新たな勢力を創出できるような），選挙制度を再度検討する時期に来ているようにも思われる。ともすると国会議員も身を切るなどと，国民受けのよい定数削減が議論の中心を占めがちであるが，より長期的な視座に立った改革を求めていく必要があろう。いずれにせよ，政治家の調整力向上自体が大きな政治改革であると共に，それをもとにしてこそ，あるべき「政治主導」の確立など，さらなる政治改革も可能となるだろう。

3　政治資金をめぐる問題——政治資金規正法の制定と改正を中心に

（1）政治資金問題に関する研究動向

　政治資金に関する研究としては，まず，日本における政治と「カネ」の問題を，戦前から通史的に論じた藤田博昭の研究が挙げられる（藤田 1980）。次に，戦後，とくに1980年代以降に高騰していく政治資金を，自民党内の派閥や族議員，日本医師会などの利益団体などの多角的な視点から詳細に分析することで，政治と「カネ」の問題を論じた岩井奉信の研究を挙げることができる（岩井 1990）。また，小選挙区比例代表並立制となって初の総選挙である1996年の衆議院議員選挙を題材として，全衆議院議員の政治資金収支報告書を分析することで実証的に政治資金の流れを明らかにした，佐々木毅らによる研究がある（佐々木ほか 1999）。他には，欧米諸国における政治資金制度との比較や，1994年の政治改革後における政治資金制度の概要と問題点を法制度の側面から明らかにした三枝一雄らの研究を挙げることができる（明治大学政治資金研究会 1998）。また，メディアの立場からの取材経験等を基に，日本の政治献金の実態と欧米諸国との制度比較，米仏を参考とした日本の政治資金制度の改正案などを論じた古賀純一郎による研究などもある（古賀 2004）。

（2）政治資金制度の整備と政治資金規正法
① 政治資金規正法制定と三木内閣における改革

　政治改革の契機として，政治資金をめぐる問題はしばしば重要な位置を占める。それは，議会制民主主義において，国民の代表である議会は国政に関する決定権を有しているがゆえに，その決定が不正な手段によって左右されるべきではないという主権者としての国民の意識が強く働くためであろう。贈収賄や不正献金などに代表される政治資金をめぐる不正に対する国民の関心は高いと考えられ，世論において「政治改革」が俎上に上るのは，大規模な疑獄事件が契機となることが多い。

　我が国において，政治資金に対する規制を目的とした法制度が整備されるのは，1948年の政治資金規正法をもってその嚆矢とすると考えられる。戦前の日本において，政治資金を規制する制度の整備が為されなかった背景にはいくつかの要因があろう。

　たとえば，明治維新直後，近代国家建設に着手した明治政府の財政的基盤は非常に弱く，御用金といった臨時徴収を中心に，政府は，小野組や三井組などの江戸時代以来の豪商のもつ経済力に依存せざるを得なかった。また，土佐藩出身の岩崎弥太郎が創始した三菱商会に代表されるように，政府要人との個人的関係を中核として政府の支援によって育成された商業・産業資本である「政商」が，政府の経済・産業政策を輔翼するなど，政界と財界は非常に緊密な関係にあった。明治初期に財政を担当した井上馨は，三井組の最高顧問を務めており，西郷隆盛から「三井の番頭さん」と呼ばれたという逸話が伝えられるほどである。こうした政財界の癒着ともいえる緊密な関係は，政治資金の調達や政治家個人の蓄財を通じてしばしば汚職事件を生じさせたが，政財界の癒着を防ぐ制度改革には至らなかった。官職売買などによる政府の機能不全などを引き起こすほどではなかったため，近代国家建設の過程において，かかる問題への対策が重視されなかった可能性が考えられる。

　1909年には，20名に及ぶ有力な衆議院議員を巻き込んだ大規模な贈収賄事件である日本製糖汚職事件が発生するなど，政治家の関わる汚職事件がたびたび起こったにもかかわらず，結局，戦前においては政治資金に対する規制は為

されなかった。政治資金をめぐる不正は，刑法が定める贈収賄罪に関する規定によって規制されるのみであった。

　第2次世界大戦後，アメリカを中心とするGHQ（連合国軍最高司令官総司令部）の間接統治下に置かれた日本では，戦後の混乱状況と，1946年に実施された戦後初の総選挙である第22回総選挙の結果，少数政党が乱立した政治状況とに鑑み，政治腐敗防止の必要性などから，政治資金に対する法的規制の必要性が高まった。その結果，GHQの影響もあって，1948年にアメリカの連邦腐敗行為防止法をモデルとした政治資金規正法が議員立法により制定された。同法は，議員立法による制定の経緯からも窺えるように，政治家が自発的に問題点を正し，改めることを示すために，「規制」ではなく「規正」という言葉を用いている。

　しかし，同法は政治資金の収支を公開することに主眼が置かれていたため，寄付等，政治資金の調達についてはとくに制限を行わなかった。さらには，政治資金の収支報告を提出する政治団体は全体の約半数に留まったうえ，報告書の届出項目などが各団体の任意によるものとされるなど，報告書の内容が必ずしも政治資金の収支を公開するという当初の立法目的に沿わない状況となっていった。報告書に記載された金額等に誤りがある場合を除いては，報告書の修正等を求める強制措置が規定されていなかったこともあり，しだいに同法に基づく政治資金収支報告書の提出は有名無実化し，「ザル法」との批判が強まった。

　1961年の第1次選挙制度審議会における答申以降，政治資金規正法をはじめとする政治資金制度の改正はたびたび議論の俎上に上ったが，政治資金をめぐる疑獄事件がしばしば発生したにもかかわらず，結局，制度改正には至らなかった。とくに，八幡製鉄の取締役が自由民主党（自民党）に行った350万円の政治献金が定款に違反するとして，企業献金の適法性をめぐって起こされた株主代表訴訟である八幡製鉄事件において，1970年に最高裁が企業献金を合法とする判決を下して以降，政治資金規正法改正に関する議論は下火になっていった。

　ところが，田中角栄元首相が関与した，1974年の第10回参議院議員選挙に

おけるいわゆる「金権選挙」問題やロッキード事件により，かかる状況は一変し，1975年に，三木武夫内閣によって政治資金規正法の抜本的な改正が行われた。三木内閣における改正は，政治団体の届出，資金収支の公開，授受の規正の3点に主眼を置いて進められた（岩井 1990：74-78）。

たとえば，政治団体の届出に関しては，政治団体・政党の定義をより明確に定めることで，実態を把握できない政治団体が乱立している状況を改善することにつながった。改正以前は，「政治目的を持った団体」をすべて政党として認めていたが，5名以上の国会議員の所属と，直近の国政選挙における得票率が2パーセント以上であることなどを政党の要件としたことにより，4000以上もあった政党が，活動実績のある国政政党を中心とする政党の実数とほぼ等しくなった。また，その他の政治団体についても，複数の都道府県で活動する団体は自治省（当時）に，特定の都道府県で活動する場合は，当該都道府県の選挙管理委員会に事務所や代表者名を届け出ることを義務づけるなど，政党や政治団体の実態の把握が容易なものとなった。また，政党の政治資金を管理する団体として政治資金団体を新たに規定し，政党は1つの団体を政治資金団体として指定できることとした。

1975年の改正の最大の眼目は，首相就任時より「企業献金廃止」を主張していた三木の意図を反映して，政治献金に対するいわゆる総枠制限を行ったところにある。個人献金については，政党に対する献金の上限を年間2000万円とし，企業献金については，会社や労働組合の資本金や組合員数の規模に応じて，750万円から1億円をその上限とした。加えて，国や自治体等から補助金等を受けている特定会社や赤字会社の企業献金を禁止したのである。

三木は，政治活動は「個人の浄財」によって国民に幅広く支えられるべきであると考え，政治腐敗の温床とみなされていた企業献金に対する規制を加える一方で，個人献金を奨励するために一定の要件を満たす場合は，所得税法上の特定寄附金とみなして所得控除の対象とした。

さらに，政治資金の透明化を図るため，政党及び政治資金団体については年間1万円を，その他の政治団体については年間100万円を超える寄付金は公開するものとした。

1975年の改正は，政治献金における総枠制限など，初めて金額に関する規定を加えたことで，政治資金規正法が政治資金に関する規制法規として機能する契機となった。しかし，政党や政治資金団体に対する政治資金の公開を厳しく求めた反面，その他の政治団体は年間100万円未満の寄付金は非公開とするなどしたため，政治献金が小口化した上，政治資金を受け入れるために政治団体が乱立し，いわゆる「迂回献金」が横行して，かえって政治資金の動向の把握が困難となるなど，新たな問題が生じた。さらには，政治資金の収集を主な目的とした，いわゆる政治資金パーティーが横行することになる。政治資金規正法において規制が厳しくなった政治献金ではなく，規制外のパーティー券の購入という手段を通じて，実質的な企業献金が継続的に行われたのである。結局，三木の「政界浄化」の企図は十分に果たされず，規制の網の目を潜ることで，政治資金の提供方法が巧妙化したとみることもできる。

② 「政治改革関連四法」とその後の政治資金規正法改正をめぐる動向
　1988年に発覚した，リクルート・コスモスの未公開株譲渡に関する，いわゆるリクルート事件は，当時の首相である竹下登や中曽根康弘前首相，宮沢喜一蔵相・副総理をはじめとする閣僚や自民党の派閥の領袖クラスの有力議員，さらには，社会党や公明党，民社党などの野党議員，政府税制調査会特別委員の公文俊平やNTT会長の真藤恒など，政界のみならず，財界や学界を巻き込んだ大疑獄事件に発展した。とくに，自民党の有力議員を中心に40名以上の政治家がリクルートからの贈賄を受けたことで世論は沸騰し，翌年4月に国民に政治不信を招いたことを理由として竹下内閣が総辞職するに至った。
　リクルート事件以降，企業献金を「見返りを求めない，企業による社会貢献を目的とする賄賂性のない献金」とする前提に対する疑念が強まり，政治資金に関する規制強化が求められるようになった。加えて，自民党内では，衆議院選挙における中選挙区制度自体が腐敗の温床であるとして，選挙制度の改革も取り沙汰され始めた。かかる動向を受けて第2次海部俊樹内閣は，政治資金規正法及び公職選挙法の改正と政党助成法から成る「政治改革関連3法案」を閣議決定し，国会に提出した。

しかし，選挙区の区割りをめぐる自民党内における対立などから海部内閣は退陣に追い込まれた。続く宮沢内閣のもとでも政治改革の実現は最重要課題と位置づけられていたが，中選挙区制度を維持すべきとする自民党執行部を中心とする勢力と，小選挙区比例代表並立制への改革を推進すべきとする勢力が自民党内で対立を続けていた。1992年に，自民党最大派閥の竹下派の有力者である金丸信副総裁が，5億円の違法な政治献金を受けたとする「東京佐川急便事件」により議員辞職すると，その後継をめぐる対立から竹下派が小渕恵三を領袖とする小渕派と羽田孜を領袖とする羽田派に分裂した。

　宮沢は政治改革の実現を掲げつつも，自民党執行部を中心とする反対派に阻まれ，結局，政治改革関連法案の国会提出を断念せざるを得なかったことから，自民党内における改革派が宮沢に対して不信を募らせた。一方，野党は宮沢内閣に対して不信任決議案を提出し，自民党改革派がこれに応じたため，1993年6月に内閣不信任決議が可決されるに至った。宮沢は解散総選挙を選択するが，内閣総辞職を望んでいた羽田らは自民党を離党後，新生党を結成して総選挙に臨んだため，自民党はついに単独過半数を割り込んだ。1993年8月，日本新党の細川護熙を首班とする7党1会派からなる非自民連立政権が成立し，55年体制に終止符が打たれた。

　自民党内における対立によって停滞していた政治改革は，細川内閣のもとで進展し，第2次海部内閣以来の3法案に，小選挙区の区割りに関して衆議院議員選挙区画定審議会設置法案を加えた政治改革関連4法案が1994年3月に可決・成立した。

　選挙制度に関する問題は，既述の通り，第**8**章に詳述されるため本章では触れず，主に，政治資金に関する改革について論ずる。政治資金をめぐる論点としては，前述のように，企業・団体献金に対する規制強化が挙げられていた。その結果，政治資金規正法の改正により，以下の規制が加えられることになった。

　まず，資金管理団体制度が創設され，政治家個人の政治資金を管理することとなった。また，企業・団体献金に関しては，政党・政治資金団体・資金管理団体のみが受けられることとし，政治家個人への献金が禁止された。もっとも，

資金管理団体に対する企業・団体献金は5年後に全面的に禁止することが定められ，1999年に実施された。

1975年の改正後に問題となった「迂回献金」への対策としては，資金管理団体及び政治資金団体の指定を政治家及び政党につき1つに限定したことと，さらには，1つの団体から1年間に受け取ることができる金額の上限を150万円から50万円に引き下げたことを挙げることができる。たとえば，1975年の改正における規定では，1つの団体から年間1000万円の献金を受け取る場合，資金を受け入れるために10の政治団体を設立すれば，1つの団体当たりの受け入れ額は100万円に分散されるため政治資金規正法の規定に抵触せず，また，献金元の公開義務に関する規定についても抵触しないため，政治献金の詳細を公表せずに済んだ。しかし，細川内閣における改正で，政治資金を受け入れることができる団体は政治資金団体や資金管理団体に限定されるため，最高でも年間50万円の献金を受け入れるに留まることになる。さらには，献金元の公開義務についても，5万円を超える場合に基準が引き下げられたため，企業・団体献金に関する透明性が大いに高まることが期待された。また，政治資金に対する規制の強化と同時に罰則規定も強化され，罰金の最高額を100万円に引き上げるとともに，政治資金規正法違反に対して5年間の公民権停止が規定されるなど，規制法規としての側面が強められた。

さらに，1975年の改正以降，政治資金収集の方法として一般化した，いわゆる政治資金パーティーについても規制が強化された。すでに1992年の政治資金規正法の改正により，政治資金パーティーについて，1回のパーティーで支払うことができる対価の上限を150万円に制限するとともに，100万円を超える場合は公開を義務付けるものとされていたが，公開の基準が20万円を超える場合に引き下げられたのである。

一方，企業・団体献金に対する規制を強化することで，政治資金の多くを寄付金（政治献金）に依存していた政党の政治活動が委縮することが懸念され，その対策も求められることになった。それが政党助成法に基づく政党交付金（政党助成金）である。政党交付金は，国民1人当たり250円として，直近の国勢調査における人口を基に計算され，2014年では，約320億円となる。そ

の半額を各政党の所属議員数に応ずる議員数割で、また残りの半額を直近の衆議院議員選挙及び2回の参議院議員選挙における得票数に応ずる得票率割として、各政党に配分するものである。ただし、政党交付金を受けるためには、政党の所属議員数が5人以上であり、また、直近の国政選挙における得票率が2％以上であることが要件となる。ちなみに、2014年における政党交付金の分配は、自民党に約158億円、民主党に約67億円、日本維新の会に約33億円、公明党に約26億円、みんなの党に約20億円などとなっている。なお、2012年度における各政党の収入に占める政党交付金の割合は、自民党で63.9％、民主党では84.4％を占めるなど、概して多くの政党では収入の70％以上を政党交付金が占めている状況となっている。

こうした状況に対し、政党交付金制度が、公的機関による政党に対するコントロールを強め、政党の自由な活動を阻害するという批判もあり（上脇 2004：69、芦部 2002：259など）、機関紙発行などによる事業収入が大半を占める日本共産党は政党交付金の受取りを拒否している。

1994年の政治改革後も、KSD事件など、しばしば汚職事件が発生していたが、2004年に発生した日歯連事件では、日本歯科医師連合（日歯連）の臼田貞夫会長から自民党最大派閥の橋本派が1億円の献金を受けながら、これを収支報告書に記載せず政治資金規正法違反に問われる、いわゆる闇献金事件が発覚するに至った。日歯連事件では、闇献金の他にも、自民党の政治資金団体を経由した有力議員への迂回献金疑惑も生ずるなど、再び政治資金制度の在り方が問われることになった。このため、2005年に政治資金規正法の改正が行われ、政党・政治資金団体以外の政治団体間相互の寄付を年間5000万円に制限することや、政治資金団体に対する寄付は銀行・郵便局等からの振り込みに限定することなどが定められた。

しかし、2006年には再び政治資金をめぐる問題が発生する。複数の国会議員が家賃等のかからない議員会館を主たる事務所としているにもかかわらず、多額の事務所費を計上していることから、政治資金の不正支出が疑われた、いわゆる事務所費問題である。政治資金の支出に関して、明細の報告や領収書の写しの提示が義務づけられている政治活動費に対して、これらの義務のない経

常経費が不正支出のための隠れ蓑となっている可能性から，政治資金制度の改正が求められることになった。

2007年の政治資金規正法改正では，資金管理団体による不動産の取得等に対する制限や，政治資金適正化委員会の設置と登録政治資金監査人制度の創設，資金管理団体について人件費以外の経常経費の支出明細を収支報告書に記載することと領収書の写しを添付することの義務付けることが定められた。さらに，国会議員関係政治団体について1円以上の全ての領収書の徴収・保存の義務付けと，人件費以外の経費で1万円を超える場合に収支報告書に記載することと領収書の写しを添付することを義務づけ，また，1万円以下の支出についても領収書の写しを開示する制度を創設するなど，支出の面に関する規制が大きく強化された。

政治資金をめぐる疑惑や不正に対応して政治資金規正法は改正を重ね，政治資金の収支に関する監視は強化されている。しかし，2007年の政治資金規正法改正後も，国会議員関係政治団体以外の政治団体や政党支部を通じての迂回献金に関する問題や，これらの団体が収支報告書に記載義務を課せられていない5万円未満の支出を通じての使途不明金の存在など，なおも規制の及ばないところから新たな問題が生ずることが懸念されている。

（3）政治資金制度をめぐる課題とその対応

政治資金規正法の改正をはじめ，政治資金制度に対する規制と監視は，政治資金をめぐる問題の発生に応じて強化されている。しかし，なおも政治資金をめぐる不正や疑惑，汚職事件などがしばしば発生している。たとえば，2014年3月には，みんなの党の渡辺喜美代表がDHCの吉田嘉明会長から8億円の借入を行い，その使途をめぐる疑惑から代表を辞任した問題などは記憶に新しい。

また，2002年に社民党の辻元清美が政策秘書の給与を流用した疑惑が報じられたことで注目された，議員秘書給与の詐取・流用，秘書給与献金に関する問題などを政治資金に関する問題として挙げることもできる。

そもそも，なぜ政治資金をめぐる問題が絶えることがないのか。その要因に

ついて考えると，選挙資金をはじめ，政治活動に関わるさまざまな経費が高額に上っていることを挙げることができよう。すなわち，政治に「カネ」がかかりすぎることが根本的な問題であるといえる。政治資金に関する収支報告書等からは，国会議員の1年間の支出が数千万円に及ぶことをみて取ることができ，1億円を超える場合もしばしばである（政治資金収支報告書　平成24年分定期公表）。その背景には，近年の選挙において当落の入れ替わりが頻繁に起こるなど，選挙をめぐる対立候補者との競争の激化があると考えられる。

1994年の政治改革関連4法による制度改正では，衆議院議員選挙における中選挙区制度が，主として自民党における同一政党内における選挙競争をもたらし，派閥による支配の強化や，国会議員が地元に対するさまざまな「サービス」を手厚く施さねばならなくなる要因とみなし，小選挙区比例代表並立制への改正を断行したと考えられる。小選挙区制度の導入により，政党間の政策の違いに基づいて有権者が選択を行うことが可能になるため，同一政党からの重複立候補がなくなり，候補者各個人の「サービス」の大小が投票の際の判断を左右することが少なくなると考えられたためである。

しかし，制度改正後においても，議員会館など国会の近辺と地元に複数の事務所を置いて私設秘書をはじめとするスタッフを配置し，永田町と地元を往復して，有力な後援会を組織し，地元の有権者への「サービス」に努めるという国会議員の在り方は大きく変わったとはいえない。なおも，人件費や事務所費が政治資金において支出の多くの割合を占めていることからもそれを窺うことができる（政治資金収支報告書　平成24年分定期公表）。

1994年の改正が政治資金の需要の増大を十分に抑制できず，依然として多額の政治資金が必要とされ続けているのは，議会制民主主義という政治体制に対する国民の意識のあり方が最も根源的な原因として考えられる。しばしば指摘されていることではあるが，つまり，国民の間に主権者としての意識が希薄であることに根本的な問題があるということである。近代以前から，日本においては政治とは「お上」のすることとで，一般の国民は支配の「客体」であるとする認識が見られる（牧原 1998：12-17）。ゆえに，憲法において国民主権が明示されている戦後においても主権者であるという意識が希薄になりがちであ

り，議会を構成する議員についてもまた，自らが選挙で選出した代表であるという意識が希薄になると考えられる。このため，議会制民主主義という政治体制の維持に必要となるさまざまなコストは国民全体で負担しなければならないという認識は生まれず，結果として議員やその候補者などに政治活動に関わる経費として，議会制民主主義の維持に必要なコストの大半の負担を求めることにつながっている。国民の多くは，政治体制の維持に必要となるコストを負担するよりはむしろ，地元の議員からの「サービス」を期待し，政治資金の肥大化につながる行動を取ることがしばしばある。その一方で，政治に用いられる資金に対する疑念をもち，政党交付金など，政治活動に対する公金の投入に対しては批判的であることが多い。増大する政治資金の需要を抑制し，「カネ」のかからない政治を実現するためには，国民が議会制民主主義の維持・運営にはコストが必要であることと，国民が全体でコストを負担すべきこと，また，政治家に対する「サービス」の要求がかえってコストの増大をもたらすことなどを理解し，主権者として主体的に自らの代表である議員を選出し，代表を通じて行われる意思の表示や選択が政治であるという認識をもつことが，最も重要であるといえよう。

　もっとも，代表者たる議員が国民の負託に応えられる存在であるべきことが必須であるのは論を俟たない。そのためには，政治資金をめぐる問題によって国民の政治不信を招くことがあってはならないであろう。むしろ，議員立法の活発化などにより，国民の目に成果が明らかとなるような行動により，政治不信を払拭していくことが求められよう。

　政治資金をめぐる問題といえば，贈収賄や不正献金など，政治資金の調達をめぐる問題が多いが，政治資金の支出も重要な問題である。事務所費問題を契機とする政治資金規正法の改正により支出に対する監視が強化されたとはいえ，政治資金の支出については，なお取り組まねばならない課題があると考えられる。国会議員に関する問題ではないが，2014年7月に，野々村竜太郎兵庫県議会議員が政務活動費の不適正支出問題から議員辞職したことで，政治資金，とくに政治活動費の支出に対する国民の関心が高まっている。政治資金規正法により，政治資金収支報告書を通じて支出の明細は公表されることになってい

るが，その使途が問題となることが考えられる。現行の規定では，政治活動の自由を尊重するために，政治活動費の使途は限定されていない。これは，政党助成法に基づいて交付される政党交付金に関しても同様である。たとえば，政治活動費の使途には，飲食を伴う会合の経費として飲食費の支出も含まれるが，カラオケ店など，会合に適しているとは考えがたい店に対する支出が為されている場合や，高級クラブなどに対する支出が為されている場合もある。他にも，生活雑貨などに対する支出が計上される場合などもある。果たしてこうした支出が政治活動費として適切とみなされるであろうか。恐らく，世論はこうした支出に対して批判的なものとなると考えられる。

　2007年の政治資金規正法改正により登録政治資金監査人制度が創設され，政治資金に対しては監査が義務付けられ，実施されている。しかし，かかる監査では，収支報告書と帳票が一致しているかなどの確認が中心であり，支出が適正に為されているか否かに対する判断は行われない。このため，一般的には政治活動費として不適切と判断されると考えられる支出であっても，収支報告書の作成や監査において問題となることはない。政党交付金には公金が投入され，また，政治活動の公共性から寄付金等の政治資金を非課税とされている点などに鑑みた場合，私的流用や有権者に対する便宜供与を疑われるような不適切な支出を排除すべきであろう。そのためには，収支内容の適不適に関する判断も監査の際に行うなど，支出に対する監視を一層強化するか，支出に関するガイドラインを国会議員が自主的に作成する必要があるのではなかろうか。

　また，政治不信への対応という点では，政党交付金の申請が締切となる年末が近付くと，少数政党の離合集散が繰り返されるが，政党交付金を受け取るために政党の再編を行うことは，「政党の政治活動の健全な発達の促進」や「民主政治の健全な発展」といった政党助成法の立法目的に合致しているとは考え難い。むしろ，政党交付金という「カネ」を目的とした行動と捉えられ，国民の政党に対する印象を悪化させ，政治不信につながることが懸念される。

　政治資金をめぐる問題の解決には，国民による主権者としての自覚や，議会制民主主義の維持・運営に関するコスト負担に関する認識といった根本的かつ長期にわたる対応と，政治資金に対して，まさに政治家自身の「規正」的な対

第**10**章　政治改革

応の双方が求められているといえよう。

　政治改革の実現をめざして，リクルート事件以降,「国会改革」や「選挙制度改革」,「政治資金制度改革」など，多岐にわたる改革が進められている。しかし，政治資金の問題を中心に，国民の間に蓄積された政治不信を払拭するのは容易なことではない。かかる政治不信は，官僚主導の政策決定に対する世論の批判などからも窺えるように，国民の代表であるはずの政治家や国会が政策決定において十分にリーダーシップを発揮していないとする国民の認識もまたその根源にあると考えられる。ゆえに，本章では,「政官関係」の観点から政治改革を論じようと試みた。すなわち,「国会改革」においてしばしば論じられる「政治主導」の確立を,「政官関係」のあるべき姿を考察することで模索しようとしたのである。

　政治改革の実現には,「国会改革」や「選挙制度改革」,「政治資金制度改革」などに代表される制度上の改革が必要であることは論を俟たないが，本章においても指摘したように，国民が自らを主権者として自覚し，国民が選択した議会制民主主義という政治システムの維持・運営に必要となるコスト負担の必要性を認識するなど，国民の意識上の改革もまたきわめて重要なのではないか。制度上の改革と国民の意識上の改革が為されてこそ，政治不信を克服し，政治改革を実現することが可能となろう。

参考文献
芦部信喜著・高橋和之補訂（2002）『憲法』第三版，岩波書店。
飯尾　潤（2007）『日本の統治構造』中央公論新社。
五百旗頭眞・伊藤元重・薬師寺克行編（2006）『90年代の証言　小沢一郎　政権奪取論』朝日新聞社。
石川真澄・山口二郎（2010）『戦後政治史』（第3版）岩波書店。
岩井奉信（1990）『「政治資金」の研究　利益誘導の日本的政治風土』日本経済新聞社。
臼井貞夫（2005）『「政治改革」論争史――裏側からみた「政治改革」』第一法規。
大森　彌（2006）『官のシステム』東京大学出版会。
岡田　彰（1994）『現代日本官僚制の成立』法政大学出版局。
海部俊樹（2010）『政治とカネ――海部俊樹回顧録』新潮社。

笠原英彦編（2010）『日本行政史』慶應義塾大学出版会。
上脇博之（2004）「『政党の憲法上の地位』論・再論」『神戸学院法学』第 34 巻第 1 号。
古賀純一郎（2004）『政治献金——実態と論理』岩波書店。
佐々木毅・21 世紀臨調編著（2013）『平成デモクラシー　戦後改革 25 年の歴史』。
佐々木毅・吉田慎一・谷口将紀・山本修嗣編著（1999）『代議士とカネ　政治資金全国調査報告』朝日新聞社。
清水唯一朗（2013）『近代日本の官僚』中央公論新社。
竹下　登（1991）『証言　保守政権』, 読売新聞社。
田中愛治（2001）「日本——硬直化した個人主導型リクルートメント」吉野孝・今村浩・谷藤悦史編『誰が政治家になるのか』早稲田大学出版部。
野中尚人（2014）「政官関係について改めて考える」『人事院月報』774。
パワー・エリート研究会（1976）「官僚出身議員——閣僚を中心に」『ソシオロジ』21 巻 1 号。
藤田博昭（1980）『日本の政治と金』勁草出版サービスセンター。
細川護熙（2010）『内訟録——細川護熙総理大臣日記』, 日本経済新聞出版社。
牧原　出（2003）『内閣政治と「大蔵省支配」』中央公論新社。
牧原　出（2013）『権力移行』NHK ブックス。
牧原憲夫（19989）『客分と国民の間——近代民衆の政治意識』（ニューヒストリー近代日本），吉川弘文館。
真渕　勝（2004）「官僚制の変容」『レヴァイアサン』34, 20-38 頁。
御厨　貴・中村隆英編（2005）『聞き書き　宮沢喜一回顧録』, 岩波書店。
村松岐夫（2010）『政官スクラム型リーダーシップの崩壊』東洋経済新報社。
明治大学政治資金研究会編（1998）『政治資金と法制度』（明治大学社会科学研究所叢書），日本評論社。
山口二郎（1993）『政治改革』岩波書店。
山口二郎（1997）『日本政治の課題——新・政治改革論』岩波書店。
山崎充彦（1999）「小選挙区比例代表並立制の導入と官僚出身議員——平成 8 年（1996）総選挙にみられる三つの傾向」『日本文化環境論講座紀要』1, 37-82 頁。
総務省「政治資金収支報告書　平成 24 年分定期公表」（「政治資金収支報告書及び政党交付金使途等報告書」）。
http://www.soumu.go.jp/senkyo/seiji_s/seijishikin/reports/SF20131129.html（2014 年 9 月 30 日閲覧）。

第11章

行政改革
―― 省庁割拠体制を超えて ――

宇野二朗

1 「橋本行革」の制度設計

（1）出発点としての「橋本行革」

　行政改革は，臨時行政調査会（第一次臨調）以降，各政権によって設置された調査会や審議会の答申等を受けて進められてきたが（岡田 2008），とりわけ中央省庁やそこで働く公務員に関する法制度の改革は，三公社の民営化や総合調整官庁の新設を除いて目にみえる成果をもたらすことはなかった。そして，固定的な中央省庁のあり方やそれを前提とした公務員制度は，省庁の割拠性，すなわち「セクショナリズム」を招来するという批判に常に晒されてきた。

　1960年の自治省設置以来の府省レベルでの行政機構改革を実現したのは，2001年1月に実施された中央省庁再編であった。これは，長く続いた1府22省庁体制から1府12省庁体制へと中央省庁のあり方を大きく変えるとともに，官邸のあり方，執行組織やその減量のあり方，さらに，公務員制度のあり方も含む広範な行政改革として構想され，順次，実行に移されていったものであった。これが，橋本龍太郎元内閣総理大臣による「橋本行革」であり，それは，統治機構の一部分としての府省体制とそこで働く公務員に関する現在の法制度の原型となっているといえよう。

　この「橋本行革」の起点となったのは，橋本元首相が自ら会長となった行政改革会議である。その最終報告が1997年12月に行われ，それから間をおかずに，その内容をほぼ引き写した中央省庁等改革基本法が成立すると，改革の流れは揺るぎなくなり，2001年1月の中央省庁等再編へとたどり着くこととなった。この時点から数えて，2016年1月には15年間が経過した計算となる。

もっとも，中央省庁の再編と並び重要な行政改革である公務員制度の改革については，「橋本行革」は，当時の公務員制度調査会と並び，その基本的な方向を示したに過ぎず，改革の実現にはその後も紆余曲折を経ることとなった。しかし，それも2014年に一応の決着がつけられるに至った。

（2）「橋本行革」の理念と目標

では，「橋本行革」が描いた行政改革は，何を実現してきたのだろうか。そして，その先にはどのような展望が描けるのだろうか。この章では，この15年間の足跡を辿りながらそれを検討してみたい。まず，主に，行政改革会議の『最終報告』（行政改革会議事務局OB会編 1998）から，その制度設計を振り返ろう。

初めに，この行政改革の理念と目標を確認したい。その基本理念は「制度疲労のおびただしい戦後型行政システムを改め，自律的な個人を基礎としつつ，より自由かつ公正な社会を形成するにふさわしい21世紀型行政システムへと転換すること」と要約されている（行政改革会議事務局OB会編 1998：37）。では，何が，批判されるべき「戦後型行政システム」なのであろうか。『最終報告』は，「個別事業の利害や制約に拘束された政策企画部門の硬直性，利用者の利便を軽視した非効率な実施部門，不透明で閉鎖的な政策決定過程と政策評価・フィードバック機能の不在，各省庁の縦割りと，自らの所管領域には他省庁の口出しを許さぬという専権的・領土不可侵的所掌システムによる全体調整機能の不全」という点が，戦後型行政の問題点であるとまとめていた。まさに「セクショナリズム」が問題視されていた。そして，こうした診断に基づき，総合性，戦略性の確保，機動性の重視，透明性の確保，そして効率性，簡素性の確保を追求すべきとし，具体的な改革処方箋として，官邸・内閣機能の強化，企画・立案機能と実施機能の分離や中央省庁の大括り再編・相互提言システムの導入，政策評価機能の向上，独立行政法人制度の創設が挙げられた（行政改革会議事務局OB会編 1998：37-38）。以下に，それぞれについてみてみよう。

(3)「橋本行革」の要点

　第1に，官邸・内閣機能の強化である。それは，①内閣の機能強化，②内閣総理大臣の指導性の強化（国政に関する基本方針についての内閣総理大臣の発議権が明確化），③内閣・内閣総理大臣の補佐・支援体制の強化に大別される。とりわけ，補佐・支援体制の強化として，内閣官房の権限強化と内閣府の新設が注目された。

　内閣官房は，内閣の補助機関であると同時に，内閣総理大臣を補佐・支援する企画・調整機関と位置づけられ，国政の基本方針の企画立案，省間調整の最高・最終の調整機能，情報機能，危機管理機能，広報機能をもつものとされた。新たに，国政の基本方針の企画立案，すなわち総合戦略機能を付与された点が重要である。そして，こうした機能を十分に発揮させるために，内部組織の弾力化とともに，行政組織の内外からの人材を機動的に登用できるようにすることが求められた（中央省庁等改革基本法第9条）。

　これに対して，内閣府は，①「内閣官房の総合戦略機能を助け，横断的な企画・調整機能」，②内閣総理大臣が担当するにふさわしい実施事務の処理，③内閣総理大臣を主任の大臣とする外局の事務の実施，という3つの機能をもつ機関として設計された（行政改革会議事務局OB会編 1998：46）。とくに，内閣官房の総合戦略機能を助ける「知恵の場」として位置づけられ，そのための各種の合議体の機関（経済財政諮問会議，総合科学技術会議，中央防災会議，男女共同参画会議）が置かれたこと，また，新たな省間調整システムが予定する横断的調整事務について，必要に応じて複数の担当大臣が置かれることとなったことが重要であろう。こうした位置づけから，内閣府は，国家行政組織法によってではなく，内閣府設置法によって設置され，各省よりも一段高い立場が与えられた。内閣府に置かれる外局として，『最終報告』は，防衛庁，国家公安委員会，

---

(1) 内閣法第12条第2項は，内閣官房の事務として「内閣の重要政策に関する基本的な方針に関する企画及び立案並びに総合調整に関する事務」を挙げている。
(2) なお，『最終報告』では，特命担当大臣に，拒否や指示といった強力な調整権能を与えることとされたが，最終的には，そうした権限は与えられなかった（田中 2006：37）。

金融監督庁を予定した（行政改革会議事務局OB会編　1998：51）。

　第2に，中央省庁のあり方である。『最終報告』は，中央省庁の再編に関して，本省を政策の企画立案機能に重点化すること（政策立案機能と実施機能の分離）とするとともに，①目的別省編成，②大括り編成，③利益相反への考慮，④省間バランス，⑤省間の相互調整，という原則に基づき再編することとした（行政改革会議事務局OB会編　1998：57-58）。これらの原則は，政策目的を軸とし，事務の共通性・類似性に配慮しながら，可能な限り総合的，包括的となるように大括りに省庁を編成することを意図していた。その際，異なる政策目的や価値体系をも大括りしてしまう再編を意図していたわけではなく，そうした政策目的や価値体系の相違は，透明性の観点からも「外部化」されることが想定されていた（「利益相反性への考慮」）。このように，政策目的や価値体系という視座からは，省庁の大括り編成によって，必ずしも「縦割り」の克服が目的とされていなかったという点は，確認されておいてもよいだろう。

　では，同一の政策目的・価値体系に沿って再編された大括りの省と省との間に存在し得る「縦割り」は，どのように解消されるように設計されたのだろうか。「新たな省間調整システム」がその鍵であった。新たに再編される省には，その追求する政策目的や価値体系について，他の省との間で調整を進めることが期待され，①内閣官房による総合調整，②内閣府（担当大臣）による総合調整，③省間調整システム（省間の相互調整），という三類型からなる「新たな省間調整システム」の導入が提言された（行政改革会議事務局OB会編　1998：77-81）。

　最後に挙げられた「省間調整システム」は，内閣（内閣官房）の発意・主導によるものと，各省の発意によるものとに分けて考えられた。前者の場合，まず内閣（内閣官房）が特に重要と判断する特定課題について特定の省に対して関係者との政策協議を指示することから始まる。指示を受けた省は関係他省に資料提出の要求や説明の聴取をしながら，政策立案と関係省の施策への提言を行う。提言を受けた省はその提言に対して回答することとなるが，その結果協議が整えばその結果を内閣に報告し，調整は終了することとなる。これに対して，後者の場合には，特定の省が自らの政策目的の達成のために，自らの有す

る調整権の範囲内で，関係する他省に資料提出を要求し，説明を聴取するところから始まる。その後の過程は，内閣（内閣官房）が発意・主導する場合とほぼ同様であるが，調整が不調と終わった場合には，内閣主導の調整へと移行することが予定されていた。

　こうした『最終報告』での提言は，国家行政組織法の改正（第2条第2項[3]，第15条[4]）等によって制度の枠組みを与えられ，また，2000年5月30日の「政策調整システムの運用方針」（閣議決定）が策定されることで，運用のルールを与えられた（五十嵐 2013：69）。

　以上にみた「新たな省間調整システム」については，『最終報告』にあるように，各省に，その政策目的の達成のための調整権が付与された点が重要だろう。各省は，必要に応じて，他省の長に対して資料の提出や説明を求め，またその省の政策に対して意見を述べうることが，国家行政組織法に明記された。従来は，「自らの所管領域には他省庁の口出しを許さぬという専権的・領土不可侵的システム」（行政改革会議事務局OB会編 1998：37）であった各省間の関係が，『最終報告』では，異なる政策目的・価値体系どうしの対話の関係へと転換されるよう企図されたといえるだろう。

　第3に，独立行政法人の創設を中心とした行政機能の減量，効率化である（稲継 2008）。当初は，英国のエージェンシー制度が行政改革会議の議論の俎上にあがったように，企画立案機能と実施機能の分離に注目が集まっていたが，英国のエージェンシー制度を日本の法体系に直接移入することが難しいことが明らかになるにつれて，民営化に続く減量化の一歩として位置づけられるよう

---

(3) 「国の行政機関は，内閣の統轄の下に，その政策について，自ら評価し，企画及び立案を行い，並びに国の行政機関相互の調整を図るとともに，その相互の連絡を図り，すべて，一体として，行政機能を発揮するようにしなければならない。内閣府との調整及び連絡についても，同様とする。」（国家行政組織法第2条第2項）

(4) 「各省大臣，各委員会及び各庁長官は，その機関の任務を遂行するため政策について行政機関相互の調整を図る必要があると認めるときは，その必要性を明らかにした上で，関係行政機関の長に対し，必要な資料の提出及び説明を求め，並びに当該関係行政機関の政策に関し意見を述べることができる。」（国家行政組織法第15条）

になり，また，特殊法人との実質的な差異がみつけにくい制度となっていった。行政改革会議の議論は，独立行政法人職員の身分に集中し，最終的には，制度移行の実現を重視する政治的な決定によって，公務員型を認める形で決着することになった。

　さらに，行政改革会議以降の実現の過程では，総理の掲げた国家公務員数の削減方針に強く影響を受け，国立大学の法人化を巻き込みながら減量化の手法としての位置づけを強められることになった。また，独立行政法人に課される評価や財政コントロールも，業務の効率化を強めようとするものとして制度設計された。

　第4に，公務員制度の改革である。内閣機能の強化や中央省庁の再編は，そこで働く国家公務員の改革を抜きには完結し得ないが，すでに，1997年5月には，公務員制度調査会に対して内閣総理大臣から国家公務員制度とその運用の全般的な見直しが諮問され，その答申を1998年度中にとりまとめることとされていた。このため，1997年12月に予定されていた最終報告とはタイミングがずれていた。そこで，行政改革会議では，その中間報告において，公務員制度改革の要点を示した上で，公務員制度調査会の検討を要請し，その回答（「公務員制度調査会意見」1997年11月）を踏まえて最終報告を取りまとめた。その要点は，まず，人材・任用制度の改革，すなわち，人事に関する内閣と人事院との役割分担の見直しであった。次に，人材の一括管理システムの導入である。このほか，内閣官房や内閣府への人材確保システムの確立，多様な人材の確保と能力・実績等に応じた処遇の徹底，退職管理の適正化，が挙げられた。『最終報告』では，人材の一括管理の方針を示し，また，内閣官房を人事に関する中枢機能を担うこととするとともに，総務省に，国家公務員制度一般の企画立案機能等を担わせることを提言した（行政改革会議事務局OB会編 1998）。確かにその一部は法制化されたが，公務員制度改革の多くは，積み残されることとなった。

　以上に，『最終報告』を中心に，「橋本行革」の制度設計をみてきたが，それは，この15年間でどのように実現し，また，変容してきているのだろうか。続いて，中央省庁等改革法の施行後の変化をみていこう。

2　中央省庁再編と官邸・内閣機能強化のその後

（1）中央省庁再編のその後

「橋本行革」が目指した官邸・内閣機能強化と中央省庁再編は，その後，どのように展開し，どのような結果をもたらしたのだろうか。

第1に，2001年の中央省庁再編後の省庁体制は，防衛庁の防衛省への昇格を例外として，府省レベルでは，再びその堅固さと安定を取り戻したといえよう。

中央省庁再編では，実際には，それまでの各省庁は次のように再編された。まず，総務省や厚生労働省のように，複数の省庁が統合されて新たな省が誕生した。すなわち，郵政省，自治省，総務庁の3省庁は，統合されて総務省となり，また，厚生省と労働省は厚生労働省となった。また，北海道開発庁，国土庁，建設省，運輸省は国土交通省に統合され，文部省と科学技術庁は文部科学省となった。これに対して，法務省，外務省，農林水産省などのように，再編前後で組織が維持された例もみられた。この他に，一部業務の分離や統廃合や位置づけの変更を経験した省庁もあった。経済産業省はマクロ経済運営への進出を意図して省名とその設置目的とが変更され，環境庁は環境省へと昇格された。こうした再編の結果，1府22省庁あった省庁は，1府12省庁へと減少することとなった。

こうした1府12省庁の枠組みは定着することとなった。確かに，新たな政策課題への対応の必要性の高まりや，さらなる行政減量の進展に合わせて，府省レベル以下では，いくつかの行政機構の変化がみられる。たとえば，前者として，観光庁（2008年設置）と消費者庁（2009年設置）の設置が挙げられ，後者として，社会保険庁の廃止（2009年）が挙げられるだろう。しかし，府省レベルでみると，防衛庁が防衛省へと昇格されたことに留まっている。「橋本行革」では，設置法によって省庁を設置するという法定主義を見直したわけではなかったことが，これに影響を及ぼしたと考えられている（岡田 2008）。

もっとも，再編後の1府12省庁の枠組みは，大括りに融合されたまったく

新しい行政機構をもたらしたのではなく，かつての1府22省庁の枠組みを内包するものでもあった。より詳細に，課レベルでみるならば，統合された中央省庁内での融合はあまり進んでいないとの指摘（真渕 2008）が，その証左となろう。真渕の研究（2008：16-18）は，2003年までに，国土交通省において，建設省の建設経済局政策課・官房政策課と運輸省の政策局政策課とが，総務課と政策課とに再編され，また，文部科学省で，研究振興局学術情報課が旧省庁横断的に設置されてはいるが，それ以降2008年までそうした融合の事例は新たにみられないとしている。このように融合が進まない理由として，真渕は，改革プロセスに起因する要因のほか，各省庁の行動様式，あるいは組織文化の違いを挙げ，たとえ機能が類似していたとしても実施体制（規制型，統制型，サービス配分型など）が異なると融合がなされにくいことを示唆した（真渕 2008：18-19）。

（2）官邸・内閣機能の強化のその後
　第2に，官邸・内閣機能の強化の観点から再編後の行政機構をみるならば，内閣官房，および内閣府の機構が注目に値するが，これらに関して，内閣官房の強化の実現（牧原 2009：250）のほか，再編後のその拡大が指摘されている（五十嵐 2013）。
　まず，内閣官房についてみてみよう。内閣官房は，省庁再編前には，5室（内閣参事官室，内閣内政審議室，内閣外政審議室，内閣安全保障・危機管理室，内閣広報官室，内閣情報調査室）体制をとり，また，法律により内閣官房において事務を処理するとされている内閣に置かれる本部等として，安全保障会議が置かれていた（内閣官房 2012）。これが，再編後に，3室（内閣総務官室，内閣広報官室，内閣情報調査室）のほかに，3人の内閣官房副長官補が置かれ，それぞれが内政，外政，安全保障・危機管理を担当することとなった。内閣官房副長官補の下には，情報技術（IT）総合戦略室，知的財産戦略推進事務局，などの担当室・事務局等が置かれている。こうした担当室・事務局は，近年ではその増加が指摘されている。五十嵐（2013：60-61）によれば，2010年2月には14であったものが，第二次安倍政権のもとで30（2013年10月）に倍増した。

こうした組織の拡大に合わせて，定員や併任者が増加した。2000年度末，内閣府の定員は377人であり，445人が併任（2000年4月1日時点）していたところ，2012年度末には定員が807人と約2倍強となり，また，併任者も1524人（うち常駐者は866人）と約3.4倍となった。常駐の併任者を含めると，内閣官房は2331人を抱える組織へと成長した（内閣官房 2012）。

　次に，内閣府についてみてみよう。内閣府には，当初，内部部局等として，大臣官房，政策統括官7，賞勲局，男女共同参画局，国民生活局，沖縄振興局が置かれた。政策統括官は，それぞれ，総合企画調整，沖縄政策，経済財政運営，経済社会システム，経済財政分析，科学技術，防災を担当するものとされた。同時に，4の重要政策会議（経済財政政会議，総合科学技術会議，中央防災会議，男女共同参画会議），6の特別の機関（北方対策本部や高齢社会対策会議など），3の施設等機関（国立公文書館，経済社会総合研究所，迎賓館），12の審議会等，地方支分部局としての沖縄総合事務局が置かれ，また，外局（国家公安委員会，防衛庁・防衛施設庁，金融庁）が置かれた。

　こうした内閣府創設当時に比べて，その後，2013年度までに，内閣補助事務と分担管理事務の双方で，業務範囲・量が増大した。すなわち，内閣補助事務は，当初の15項目から20項目に増加し，また，分担管理事務も，制定時の63項目から104項目へと41項目が増加した（五十嵐 2013：63）。その結果，特別の機関は6から16へ，また，審議会等は12から21へと増加した。

　内閣府本府の定員は，内閣官房に比べ，創設当初からさほど増加していない。本府の定員は，創設当初1200人であったのが，2012年度には1352人と1.16倍となったに過ぎない。ただし，併任者は，2001年度の182人から2012年度の564人へと約3倍となった（内閣府 2012）。

　こうした内閣官房・内閣府の拡大，とりわけ併任者を多く抱えたその拡大は，府省横断的な政策の企画立案や，府省間での調整を必要とする多くの政策課題の調整が，内閣官房や内閣府において行われていることを示しているといえよう。

表11-1 内閣官房・内閣府の定員・併任者数の推移

(単位：人)

	内閣官房			内閣府					
	定員	併任	うち常駐	定員	うち本府	うち沖局	併任	うち本府	うち沖局
2000年度	377	445	…	2,245	1,200	1,045	—	—	—
2001年度	515	539	…	2,210	1,171	1,039	202	182	20
2002年度	598	637	…	2,199	1,178	1,021	257	238	19
2003年度	627	660	…	2,299	1,245	1,054	293	278	15
2004年度	648	732	…	2,302	1,256	1,046	317	302	15
2005年度	665	741	…	2,362	1,323	1,039	342	328	14
2006年度	679	759	…	2,363	1,339	1,024	295	283	12
2007年度	702	937	642	2,368	1,359	1,009	361	350	11
2008年度	716	1,045	626	2,443	1,447	996	388	377	11
2009年度	737	1,105	664	2,360	1,379	981	408	397	11
2010年度	804	1,176	652	2,356	1,391	965	430	420	10
2011年度	817	1,278	748	2,337	1,389	948	485	475	10
2012年度	807	1,524	866	2,283	1,352	931	574	564	10

(注) 1. 「沖局」は沖縄総合事務所を指す。
　　 2. 内閣府の定員は、各年度末（2012年度本府分については5月1日現在）、併任者は各年4月1日時点（2001年度の本府のみ11月1日時点）。
　　 3. 内閣官房の定員は、各年度（2012年度は4月1日時点）、併任者は各年4月1日時点（2002～2004年度は当該年度の3月1日時点）。
(出所) 内閣府（2012）および内閣官房（2012）から作成。

3　国家公務員制度改革の進展

（1）国家公務員数の変化

「橋本行革」後に国家公務員数は大きく変化した。中央省庁再編前の国家公務員数は83.1万人であったが、2012年末には30万人となった。その異同の主な内訳を概観してみよう。まず、中央省庁再編とともに独立行政法人が創設されることで1.9万人が非公務員化された。その後、印刷・造幣、国立病院等の独立行政法人化で5.1万人、国立学校の国立大学法人化で13.4万人が非公

務員化された。また，郵政事業の公社化（後に民営化）で28.6万人，社会保険庁の日本年金機構等への移行で1.8万人が公務員ではなくなった（総務省行政管理局 2012）。もちろん，この間，行政機関等職員の定員の純減なども行われ，国家公務員数は減少した。2012年末の30万人のうち3分の2弱の18.7万人は地方出先機関に勤務しているものであり，本省等に勤めるものは11.3万人となっていた（総務省行政管理局 2012）。

（2）国家公務員制度改革に至る道筋

「橋本行革」を起点として，国家公務員制度の改革を目指した動きが断続的に続けられたが，一応の実現には時間を要した。2008年の「国家公務員制度改革基本法」成立の前後に大別して，その経過を振り返っておこう（村松編 2012，井田 2014）。

前述の通り，行政改革会議の『最終報告』は，人材・任用制度の改革や人材の一括管理システムの導入，等の広範にわたる改革の方向性を挙げていた。より具体的な検討は公務員制度調査会に委ねられ，その答申（「公務員制度改革の基本方向に関する答申」1999年3月16日）を経て，「行政改革大綱」の閣議決定（2000年12月1日）が行われた。それに基づき「公務員制度改革大綱」（2001年12月25日閣議決定）がまとめられ，2003年中の国家公務員法改正案の提出がめざされることとなった。しかし，その後の政治情勢はそれを許さず，法案提出は断念せざるを得なかった。その後は，現行制度の下での改革に重点的に取り組むこととなった（「今後の行政改革の方針」2004年12月24日）。実際に，人事管理における能力・実績主義の徹底や再就職に関する規制の導入が図られた（「国家公務員法等の一部を改正する法律」2007年法律第108号）。

2008年に「国家公務員制度改革基本法」（2008年法律第68号）が成立した。この法律は，①幹部人事の一元管理を担う内閣人事局を設置する，②一括採用は行わず幹部人事は各省の任命権を前提にした適格性審査と内閣総理大臣及び内閣官房長官との協議制とする。また，幹部職員には人事の弾力化措置を講じる，③便益及び費用を含む全体像と対比して提案し，その理解のもとに労働基本権について自律的労使関係を措置するものとする，という内容のものであっ

た（村松編 2008：14）。また，この法律に基づき5年間の時限的な組織として国家公務員制度改革推進本部が設置された。2009年から2011年にかけて，その時々の内閣（麻生内閣，鳩山内閣，菅内閣）は，国家公務員法の改正法案を提出したが，いずれも廃案となっていた。民主党政権から自公連立政権へと政権が交代すると，2013年11月に，第2次安倍内閣によって「国家公務員法等の一部を改正する法律案」が提出され，継続審議を経て，2014年4月11日に成立した。また，これに基づき，2014年5月30日には内閣人事局が設置された。

（3）内閣人事局の設置

この国家公務員法等の改正では，幹部職員人事の一元化を主たる目的とした内閣人事局の設置が目玉であった。その内容は少なくとも次の3点にまとめられる（内閣官房 2014a）。

第1は，幹部職員等の府省横断的な人事管理である。各府省の幹部職員への任用等のためには，まず，各大臣の人事評価を基本に，官房長官によって適格性審査が行われ，その結果，幹部候補者名簿が作成される。そして，任命権者である各大臣が，幹部職員（本府省の事務次官級・局長級・部長級）への任命等を行う際に，内閣総理大臣と内閣官房長官との協議に基づくこととされた。また，内閣総理大臣と官房長官は，適切な人事管理のために必要と認めるときは，各大臣に協議を求めることができるとされた。また，幹部職員の降任に関する規定も設けられた(5)。ただし，こうした幹部職員人事の一元化の方策に関連して注意を要するのは，それまでの法案とは異なり，適格性審査や幹部候補者名簿に関する政令を，人事院の意見を聴いて定めるとされた点であろう。

加えて，幹部職員よりも下位の管理職（課長，室長等）についても府省横断的であることが意識された。すなわち，管理職への任用基準その他の指針等が

---

(5) 次の3要件を満たす場合に，その意に反して降任を行うことができるとされた。①当該幹部職員が他の官職を占める他の幹部職員に比べて勤務実績が劣っている，②他の特定の者が任命された場合に当該幹部職員より優れた業績を上げることが十分見込まれる，③転任させるべき適当な官職がないなど当該幹部職員を降任させる必要がある（内閣官房 2014a）。

策定されることとされ，また，府省を跨る任用（任命権者を異にする管理職への任用）について，内閣総理大臣が必要な調整を行うこととされた。さらに，各大臣等が，内閣総理大臣が定める基準に従って幹部候補育成課程を設置・運用することとされた。このように，管理職レベルでも，府省横断的な人事の推進が意識された改革となっていた。

　第2は，内閣人事局の設置である。この改正では，幹部職員の一元化等の事務を行う組織として内閣官房に内閣人事局が新設された。この内閣人事局には，内閣人事局長が置かれ，内閣官房長官を助け，内閣人事局の事務を掌理する。この内閣人事局長は，内閣総理大臣が内閣官房副長官の中から指名することとされた。

　それまで人事行政の機能は，人事院や総務省人事・恩給局，総務省行政管理局，等の機関に分散されていたが，この内閣人事局に，それら分散していた機能の一部が移管されることとなった。まず，人事院から，級別定数の設定・改定機能，任用・採用試験・研修に関する機能の一部を移管することとされた。次に，総務省行政管理局から，機構・定員管理機能を，さらに，総務省人事・恩給局から国家公務員制度の企画立案機能等を移管することとされた。加えて，内閣人事局は，国家公務員の総人件費に関する基本方針や人件費予算の配分方針の企画立案・調整を担うこととされた（井田 2014：7）。

　こうした内閣人事局の機能に関連して重要であるのは，とくに人事院との役割分担であろう。まず，前述した通り，幹部職員人事の一元化管理を実施する際の適格性審査と幹部候補者名簿に関する政令を定める際には，あらかじめ人事院の意見を聴取することとされた。次に，級別定数の管理にあたって，内閣総理大臣は級別定数の設定・改定する際には人事院の意見を聴くこととされ，さらに，その意見を十分に尊重するものとされた。また，任用，試験，研修については，人事院と内閣人事局との間で役割分担が明確にされ[6]，人事評価や内閣人事局が担う任用の事務に関して政令を定めるに際には，あらかじめ人事院の意見を聴くこととされた。

　第3に，政治任用のスタッフに関する改正である。まず，内閣総理大臣補佐官の職務範囲を，内閣総理大臣の命を受け，内閣の重要政策のうち特定のもの

に係る内閣総理大臣の行う企画立案に関し，内閣総理大臣を補佐することに改めた（定数，任免方法，待遇，非常勤，国会議員の兼務可であることには改正なし）。次に，各府省にも，内閣総理大臣補佐官に準ずる1名の大臣補佐官を置くことができるとした。(7)

以上にまとめたように，2014年に実現した国家公務員法等の一部改正による国家公務員制度改革は，幹部職員人事の一元的管理と内閣人事局の新設が中核となった改革であった。実際，それまでに紆余曲折した改革の経緯に照らすと，見送られ，あるいは，先送りされた改革もあった。原田（2014：70-71）は，「政府と人事院の関係」がそれだとした。労働基本権の回復といった改革案が先送りされ，人事院の給与に関する機能（人事院勧告）が残されたことが，この法案成立を促進させた一因であったという。2014年に成立した法案に先立って議論されていた「国家公務員制度改革関連四法案」（2012年11月16日に衆議院解散に伴い廃案）では「自律的労使関係制度」が主要な論点となっていたことを踏まえると，2014年の法改正が，幹部職員人事の一元化に特化した改革(8)であったことがわかるだろう。

（4）国家公務員制度改革の問題点

今回の改革の問題点に言及しているのは，元内閣副官房長官の古川貞二郎であった。彼は，今回の改革によって，政治家による恣意的な人事が行われるおそれがあり，内閣が頻繁に変わる現状では，国家公務員人事の中立性の担保が

---

(6) 任用については，内閣人事局は，優れた人材の養成・活用に関する事務を所掌し，人事院は，職員の公正な任用の確保に関する事務を所掌し，試験については，内閣人事局は，試験の対象官職，種類及び確保すべき人材に関する事務を所掌し，人事院は，試験の方法，科目，合格者決定方法等の設計，試験の問題作成・実施，人事院以外の試験機関の指定・管理等に関する事務を所掌することとされた。研修については，内閣人事局は，各府省が行う研修の総合的企画・調整，総合的企画に関連した人事院への協力要請，幹部候補育成課程対象者の研修等に関する事務を所掌し，人事院は，人事院が行う研修の計画・実施及び内閣人事局・各府省の行う研修の監視等に関する事務を所掌することとされた（内閣官房 2014a）。

(7) ただし内閣府は6名以内，復興庁は1名とする（内閣官房 2014a）。

難しくなるとした（古川 2014：50-51）。上記のように，1997年以降には，政治主導の幹部職員人事を実現するために閣議人事検討会議が開催されていたが，そこに参加していたこともある古川の言によれば，恣意的人事の排除などの基準が内規として定められ，政治による恣意的な人事の運用の回避が意図されていたという（古川 2014：51-52）。古川の指摘でより重要と思われるのは，幹部候補者の名簿作成にあたって，幹部職員の適性と個別政策との一致が図られるか心もとない，という指摘であろう（古川 2014：52）。彼は，「各省ごとの政策内容と数年先の人事の適格性」を把握した人事，言い換えれば，ある個別政策の節目を見据えて，育成期間を含めた長期的な視点に立ち，課長級も含めて適正に人材を配置することは，内閣人事局だけでは難しく，結局，各府省に幹部職員候補名簿の確認をする必要が生じるのではないか，と指摘している。もし内閣がそうした長期的視点を顧みずに，毎年の名簿から短期的な視点で人材配置を行うとするのなら，個々の政策に対する適材適所が行われず，人材も育たないだろう，と彼は警告をしている。また，こうした視点から，さらに，幹部候補の人材育成に関しても，各府省の政策目的に関連づけられた「志」を失うことなく幹部として育成する仕組みが必要だと指摘した（古川 2014：52-53）。

　こうした古川の見解は，各府省の中長期的な政策執行の質の担保の視点から幹部職員人事の一元化と幹部職員候補の育成のあり方を批判したものと捉えることができるだろう。こうした批判が，各府省の政策実施の現場で腑に落ちるものであるとするならば，政治によって注目を浴びる一部の幹部ポストを除いて，実際には，各府省の政策展望に基づく中長期的な人材配置・育成の視点が，幹部職員人事の実務には色濃く反映されるのかもしれないし，個別の政策の質の向上という観点からは，それが望ましいことですらあるのだろう。府省縦割りの弊害を除去することに重点を置いた「橋本行革」の理念は内閣人事局の設置で一定の成果をあげることとなったが，それは，政府全体への統合の過剰の回避を，新たな課題として内包したものであった。

---

(8) たとえば，「国家公務員制度改革関連四法案」をめぐって，人事院・日本行政学科委主催のパネル・ディスカッションが行われるなど議論が盛んとなっていた（縣 2013）。

4　独立行政法人の整理合理化と制度の再構築

（1）独立行政法人の整理合理化

「橋本行革」によって生み出された独立行政法人は，特殊法人の一部を取り込み成長する一方で，常に，整理合理化の圧力に晒されてきた。

2001年に，57法人で設立された独立行政法人は，2003年に特殊法人等からの改組によって92法人へと増加，その後の増減を経験しながら，2013年度には，101法人となっていた。

この2013年度の101法人の全体で，職員数は約14万人強となっていた（政策評価・独立行政法人評価委員会 2014）。制度発足時（2001年4月）の独立行政法人の職員数は1万7664人（57法人）であったから（政策評価・独立行政法人評価委員会 2003），主にその後の特殊法人等からの移行に伴い，その規模が拡大したことがわかる。職員数でみると，独立行政法人の職員数は，国家公務員の約半分程度の規模にまでになっている。

財政規模も国の一般会計歳出予算額に迫る規模となっている。2001年度の独立行政法人の予算総額は約4793億円（57法人）であった（政策評価・独立行政法人評価委員会 2003）。これに対して，2013年度の独立行政法人の予算総額は約53.6兆円（うち国庫補助金等で運営費交付金が合計で約2.4兆円）と，設立当初とは比較にならない規模となっていた。

しかし，この間，独立行政法人の事業規模は，拡大する一方であったわけではなく，整理合理化の圧力に晒され続けた。2004年の「骨太の方針2004」では，同年の夏から，「橋本行革」で設立された独立行政法人の中期目標期間の終了に伴う組織・業務の見直しに前倒しで着手することとし（総務省 2004），翌2005年度末までに中期目標期間が終了する法人のうち32法人を22法人に再編するなどの方針が決定され，2006年には104法人へと減少した。[9]

---

[9] 平成16年12月24日行政改革推進本部決定「平成17年度末までに中期目標期間が終了する独立行政法人の見直しについて」。

その後も，整理合理化に向けた動きは続き，それに関連する法案が二度（2008年4月，2012年5月）国会に提出されたが，いずれも廃案となっていた。まず，2007年には，「独立行政法人整理合理化計画」（閣議決定）によって，当時の101法人を85法人へと削減する方針が決定され，2008年4月には，その方針に従って作成された「独立行政法人通則法一部改正法案及び整備法案」が国会に提出されたが，廃案となった。次に，民主党政権のもとで，2012年1月，「独立行政法人の制度及び組織の見直しの基本方針」（閣議決定）によって，当時の102法人を，64法人に統廃合することとされ，「独立行政法人通則法一部改正法案及び整備法案」が同年5月に国会に提出されたが，これも廃案となった（内閣官房 2013a）。

表11-2 独立行政法人の規模の変遷

	2001年度	2013年度
法人数	57	101
常勤職員数（人）	17,664	141,521
年間予算額（億円）	4,793	536,445

（出所）政策評価・独立行政法人評価委員会（2003, 2013）

なお，実際にその間にみられた整理合理化は慎ましやかなものであった。国立高度専門医療研究センター（2010年）が設立される一方で，国語研究所の廃止（2009年），雇用・能力開発機構の廃止（2011年），沖縄科学技術研究基盤機構の廃止（2009年）などの若干の廃止が行われたことで，2013年度には101法人となった（政策評価・独立行政法人評価委員会 2013：10）。

（2）独立行政法人改革の課題

こうした量的な整理合理化とは別に，制度創設から時間が経過するとともに，独立行政法人の改革はその組織のあり方にも及ぶようになった。2014年に，自公連立政権のもとで実現した独立行政法人改革は，まさにそうした改革であった。2012年12月の民主党政権から自公連立政権への政権交代で，独立行政法人改革に関して民主党政権で行われていた閣議決定（2012年1月閣議決定「独立行政法人の制度及び組織の見直しの基本方針」）は凍結され（内閣官房 2013a），そ

---

(10) 平成19年12月24日閣議決定「独立行政法人整理合理化計画」。
(11) その後，2009年9月に民主党政権が誕生すると，同年12月25日に，上記閣議決定を当面凍結することとされた（内閣官房 2013a）。

の後は，2013年の上期に「行政改革推進会議」と「独立行政法人改革に関する有識者懇談会」において，独立行政法人制度の見直しについて引き続き検討されることとなった。2013年6月5日の第三回行政改革推進会議に，「独立行政法人改革に関する中間とりまとめ」(以下「中間とりまとめ」) が提出され，改革の基本的な方向性が示された (渡部 2013)。2014年4月には「独立行政法人通則法の一部を改正する法律案」が閣議決定され，第186回国会に提出された。衆議院本会議での可決を経て，同年6月に参議院本会議で可決，公布された。施行日は2015年4月1日となった。

　では，この独立行政法人改革では，どのような改革がめざされたのであろうか。担当大臣は，法案の閣議決定後に，「独立行政法人制度本来の趣旨にのっとり，主務大臣から指示される明確な目標の下，独立行政法人が自主性及び自律性を発揮した業務運営と適切な組織規律により，期待される政策実施機能を最大限に発揮できるようにするためのもの」と改革の目的をまとめた。

　ここで，創設当初の制度を概観してみよう。創設当初からの独立行政法人制度では，法人の長に運営面での大幅な裁量権を与え，単年度の予算統制など事前の統制を廃する一方で，主務大臣が3～5年の期間で中期目標を設定，そして，その達成のために法人の長が中期計画を策定し，毎年度の運営を行うこととされた。事前の統制に代えて事後の評価による統制が強調された。そして，各府省の評価委員会 (府省委) と，総務省に設置された政策評価・独立行政法人評価委員会 (政独委) が，毎事業年度，さらに中期目標期間が終了する時点で評価を行うこととされた。

　こうしたそれまでの独立行政法人の制度と運用について，独立行政法人改革に関する有識者懇談会の「独立行政法人改革に関する中間とりまとめ」では，

---

(12)　稲田内閣府特命担当大臣記者会見要旨 http://www.cao.go.jp/minister/1212_t_inada/kaiken/2014/0415kaiken.html (平成26年4月15日公表，2014年12月6日参照)

(13)　稲田内閣府特命担当大臣記者会見要旨 http://www.cao.go.jp/minister/1212_t_inada/kaiken/2014/0415kaiken.html (平成26年4月15日公表，2014年12月6日参照)

次の4点が課題として挙げられた(独立行政法人改革に関する有識者懇談会 2013：2)。

1. 目標・評価について，主務大臣は目標を示すのみで評価に関与しないこと，主務大臣の目標が不明確であること等により適切な PDCA サイクルが確立できていない。また，各法人に対し多層的な評価が行われており，主務府省，法人ともに負担が増加している。
2. 財源の多くが税金であるにもかかわらず，無駄の排除や業務運営の適正化が必ずしも自律的に行われていない。また，財政規律が十分に働いていないため，無駄や非効率な運営，不祥事等が発生している。
3. 様々な業務を行う法人に一律の制度が適用されていることにより，政策実施機能が十分発揮できていない。また，適切にガバナンスが機能しないものもある
4. 業務運営の透明性の向上や法人自らが説明責任を果たすための取組が必ずしも十分でない面がある。

要するに，独立行政法人それ自体の内部規律の弱さと，主務大臣による適切なガバナンスの欠如がその課題と指摘され，また，政府横断的な一律の制度適用がその一因とされたといえよう。[15]

(3) 独立行政法人改革の要点

こうした課題認識に基づいて，2014年の独立行政法人改革では，少なくと

---

[14] こうした現行制度の特色を，縣(2014：7-8)は，次の4点にまとめている。第1は，すべての法人に対して統一的な制度が適用され，また，評価も統一的な仕組の下で行われてきたこと，第2に，府省委による一次評価と政独委による二次評価を組み合わせた二段階評価を実施してきたこと，すなわち，縦割り的な傾向が強い一次評価と府省横断的な相対評価を可能とする二次評価とが組み合わされてきたことである。第3は，評価のフィードバックが必ずしも機能してこなかったことであり，第4は，評価を踏まえた改善を促進するために経済的インセンティブの改善が必要である点である。

も，次にみるように，独立行政法人の政策実施機能を強化すること，そして，そのために適切なガバナンスを構築することが強調された。

第1に，独立行政法人が，主務大臣の政策目標を実現するための実施部門であることが確認され，その強化のために，主務大臣を中心とした制度が構築された。重要な意味をもったのは，それまでの各府省の独立行政法人評価委員会の一次評価と，政府横断的な政策評価・独立行政法人評価委員会の二次評価という二段階の評価の仕組みが見直されたことであろう。目標設定をする主務大臣が評価にあたっていないという仕組みから，目標設定とそれに基づく法人の評価は主務大臣が一貫して行うこととされたのだ。しかも，主務大臣は，自ら行う業績評価の結果に問題がある場合には，その法人に対して業務運営の改善を命じることが許されるようになった。こうした改正によって，主務大臣のもとで，政策の目標設定，実施，評価，そして改善という一連の流れが一貫したものとなり，実効性を伴うものとなることが期待された（独立行政法人改革に関する有識者懇談会 2013：4-5）。

もちろん，目標設定と業績評価を各主務大臣が無秩序に行うことは，政府全体としての統一性を欠くことになる。そこで，目標設定と業績評価に関する政府統一的な指針を総務大臣が策定することとされた（第28条の2）。さらに，研究開発法人の目標・評価に関しては，総務大臣は，総合科学技術・イノベーション会議の作成する研究開発事務・事業の指針案を反映し，予め委員会の意見を聴かなければならないとされ，研究開発の分野では，とくに，省庁横断的な，国の科学技術イノベーション政策を反映することを重視するスタンスが示された。とはいえ，主務大臣を中心に，独立行政法人の政策実施機能を強めようとする改革方針に変わりはない。

---

(15) そこで，『中間とりまとめ』では，今後の見直しの方針として，①法人の裁量，国の関与度合い等に応じた法人の分類，②PDCAサイクルが機能する目標・評価の仕組みの構築，③法人の内外から業務運営を改善する仕組みの導入，④財政規律，報酬・給与等の見直し及び情報公開の充実，の4点が示された。（独立行政法人改革に関する有識者懇談会 2013：3-9）。そして，実際の法案では，こうした方針に基づきながら，法人の類型化，監事機能の強化，主務大臣による事後的な是正措置の導入が図られることとなった（内閣官房 2014a：1-4）。

第2に，それまでは原則として一律に取り扱われてきた独立行政法人を，その事務や事業の特性に応じて類型化し，目標設定についてなど，その特性に応じて多様化が図られた。まず，それまで通りに中期目標に従って管理されるべき法人を，一般的な類型として「中期目標管理法人」（第2条②）とした上で，さらに，「国立研究開発法人」（第2条③）と「行政執行法人」（第2条④）を設けた（内閣官房 2014a：1-2）。

　ここで，「国立研究開発法人」とは，研究開発の成果を最大限に引き出すことを目的に設置される法人である。このため，中期目標の期間を，「中期目標管理法人」では3年から5年までの期間とするところ，5年から7年までとするように長期化された。研究開発の成果が現れるためには，相当の期間が必要であるとの認識が制度に反映されたといえよう。加えて，研究開発法人に関しては，主務大臣は，中期目標の設定，年度評価，さらに中期目標終了後の評価の際に，外国人を含めうる研究開発に関する審議会の意見を聴くこととされた（内閣官房 2014a：2）。研究開発の領域では，高度な科学的知見や国際的水準に即した助言が求められることを指摘した『中間まとめ』の方向性を反映した仕組みとなった（独立行政法人改革に関する有識者懇談会 2013：11-12）。

　これに対して「行政執行法人」とは，「国の行政事務と密接に関連して行われる国の指示その他の国の相当な関与の下に事務及び事業を正確かつ確実に執行することを目的とする独立行政法人」と定義される。こうした特性から，主務大臣によって毎年度の目標が定められ，また，法人はそれに基づき年度計画を策定することとされ，評価も，その年度目標に基づき毎年度行われることとされた。ただし，行政執行法人は，とりわけその業務運営の効率化に関する事項については，総務省に置かれる独立行政法人評価制度委員会によって中期的に評価される（内閣官房 2014a：1-3）。

（4）独立行政法人改革の意義

　以上の2014年の独立行政法人改革の方向性は，省庁横断的な統一性を緩めつつ，各省庁単位での政策執行の有効性を高めていこうとするものと評価できるだろう。もちろん，たとえば『中間まとめ』が，個別法人の見直し時の取組

方針として，同一類型に位置づけられた法人の見直しは「各府省の所掌にとらわれずに統合を含めた法人の在り方を検討する」とし，また「府省の枠組みを超えて，似通った政策分野・業務分野を束ねて，モデル事業を設定し，重複を排除する」と，府省縦割りへの警戒を隠さない（独立行政法人改革に関する有識者懇談会 2013：11）。また，総務省による統一的な中期目標・評価の指針が示され，また，研究開発については，とりわけ，省庁横断的な総合科学技術・イノベーション会議による指針を反映しなければならないなど，省庁縦割りを廃しようとする側面も有する。とはいえ，主務大臣による目標設定，評価，改善勧告という一連の流れを重視する新しい独立行政法人制度のもとでは，その主務大臣とその府省の政策実施を強化することが強調されている。

　こうした新たな制度のもとでは，評価を第三者機関が担い，府省横断的な統一的な評価の視点に重点が置かれていたそれまでに比べて，政府全体の政策方針の浸透度合いや，評価の客観性や厳格性がある程度失われるかもしれない。しかし，その一方で，主務大臣が目標設定や評価を一元的に担うことで，各省庁とその傘下の法人との関係がより密接となり，両者の間での政策目標・志向性，あるいは実務経験の共有が進められる。それによる，目標設定や評価の形式化・形骸化の防止が期待されているといえるだろう。

　各主務大臣とその司る省庁の政策実施機能の向上という視座からは，「中期目標管理法人」と一括りにされた各法人の業務特性による区分が重要となる（縣 2014）。その際，2012 年法案における，文化振興型，金融業務型，行政事業型，大学連携型，国際業務型，人材育成型といった類型（内閣官房 2013b）も参考になるだろう。政策実施の手法の違いから「中期目標管理法人」をさらに類型化し，それぞれに適切なガバナンス組織，評価の視点，職員の交流等の政策実施における省庁・法人間関係，などの制度及びその運用方法の検討が今後の展開において重要といえよう。

5　省庁割拠体制の再構築

（1）調整の過剰と内閣官房・内閣府のスリム化

　行政改革には，少なくとも，行政組織のあり方と，そのなかで働く公務員のあり方とに関する改革が含まれる。しかし，日本国憲法はそのあり方について多くを語らず，明文では「行政各部」(72条)として示すのみであった。もっとも，国の行政組織の重要な点については，行政の民主的統制の見地から法律によって定められなければならないとされている（藤田 2005：130）。

　「橋本行革」とそれに端を発する公務員制度改革は，この十数年の行政システムのあり方を規定してきた。「橋本行革」で「21世紀型行政システム」と銘打たれた新しい行政システムは，省庁の割拠性としての「セクショナリズム」を乗り越えるものでなければならないとされた（行政改革会議事務局OB会編 1998）。ここまでみてきたように，そのために，中央省庁の機能別大括り再編と，官邸・内閣機能の強化が実施され，また，独立行政法人制度も，省庁横断的な二次評価を組み込んだ制度として実施に移された。また，各府省の幹部職員人事の一元化も，2014年の内閣人事局の設立によって一定の結論を得た。

　このように，「橋本行革」後，分担管理されるべきと考えられてきた各省の行政に比べて，内閣が政府全体で取り組む国家戦略の重要性が強調されてきた（藤田 2005：123-125）。これは，各省事務次官が，その就任前に，内閣官房で重要政策課題の事務局を担う経験を経るようになっていることや（辻 2009），内閣官房・内閣府の業務範囲の拡大や併任者の増大に反映されていた。内閣官房・内閣府に追加されてきた重要政策課題を一瞥するならば，府省横断的な国家戦略の重要性は強調され過ぎることはない。重要な政策課題は，多かれ少なかれ各府省の政策課題に関連することから府省間の調整を必要とするが，その困難さから内閣官房での調整が選ばれがちであること，また，内閣の方針を直接的に政策に反映させようとする政治主導の考えから，今後も，内閣官房・内閣府の業務範囲の拡大は続くだろう。

　しかも，内閣官房における調整には，内閣総理大臣及び内閣官房長官が，そ

の他の政治任用者の助けを借りながら，その影響を直接に及ぼすことができることから，官僚機構に対する民主的統制という観点からみても，それは好ましいと考えられる。

とはいえ，内閣官房や内閣府の拡大が今後も無制限に続くとするならば，今度は，調整の過剰という問題を生み出すことだろう。内閣官房・内閣府の業務範囲の拡大は，政策の実施体制の複雑さをもたらす。現行制度では，内閣官房と内閣府ともに内閣・内閣総理大臣のリーダーシップの発揮を補佐する一方で，内閣府が内閣官房を助けるとなっているため，各省大臣は，その任務に深く関連する分野の内閣府特命大臣を兼ね，また，その分野に関連して，内閣官房での担当ももっている。これは，副大臣や大臣政務官も同様であり，職員も，内閣官房と内閣府の同種の部局での併任が行われている（五十嵐 2013：68-69）。さらに，内閣官房・内閣府には，多くの本部・会議等が置かれ，その全貌を把握することは難しい。こうした複雑な組織や併任関係を前提とするならば，内閣官房・内閣府の業務範囲の更なる拡大は，その実施体制をさらに複雑にし，その結果，政策実施の効率性や効果に負の影響を与えることになるかもしれず，また，政策立案・実施に関する透明性を損なわせることに繋がるだろう。

そこで，内閣官房・内閣府のスリム化が課題となる。内閣官房での担当や内閣府特命担当大臣を各省大臣が兼ねていることからわかるように，いずれの重要政策課題も，それに最も関連の深い省は特定されている。それゆえ，ある重要政策に関する基本的な方針や各省の施策の統一を図る必要が満たされた後には，最も関連の深い省にその政策課題を担わせることとし，常に，内閣官房・内閣府の任務・組織を再整理し，スリム化を図っていくことが重要であろう。

実際に，2015年1月27日には「内閣官房及び内閣府の業務の見直し」が閣議決定され，内閣官房と内閣府の役割分担の明確化やいくつかの重要政策の内閣府から各府省等への移管が実施された。

（2）各省固有の組織文化と社会の多様性

こうした内閣官房・内閣府の再整理・スリム化は，各省に固有の業務範囲を拡大させるとともに，各省に常駐する職員を増やすこととなり，各省の活性化

に結びつくであろう。公務員定数が抑制的である現状では，内閣官房・内閣府の業務範囲が拡大すればするほど，各省の職員は，内閣官房・内閣府の併任職員とならざるを得ず，その分，各省に常駐する職員は減らざるを得ない。内閣官房・内閣府の併任職員の主たる業務は，企画立案・調整であることから，そうした職員は，より政策実施の現場に近いところでの経験を得にくくなるだろう。もちろん，他省職員との協働作業による企画立案・調整業務に従事することで，特定の省益を超えて，政府全体の視点から政策を企画立案することが可能となる。それこそが各省の割拠性の欠点の克服を課題とした「橋本行革」の主要目的であっただろう。しかし，「橋本行革」における中央省庁再編が，組織任務の「相反性」にも注目していたことも想起される必要があるだろう。内閣が担う行政が各省大臣に分担管理され，政府組織が各省に分立していることには意味があるのだ（今村 2006）。各省の政策実施の有効性を重視しようとする動きは，主務大臣を中心とした仕組みへと転換した独立行政法人制度の再編において，すでにみられている。

　確かにどのように任務を括るのかについて絶対的な基準は存在しないだろうが，しかし，各省は，その任務のあり方から，多少なりとも，固有の組織文化を内面化し，また，各省を取り巻く社会集団がその組織文化を外側から強化している。各省の任務の「相反性」は，こうした組織文化の「相反性」でもある。社会に多様な価値がある限り，また，多様な価値があるべきだと考えられる限り，こうした各省の組織文化の「相反性」は，むしろ維持されなければならないのではないだろうか。そうした「相反性」を前提として，各省間の調整を，国民からみえるようにすることもまた「橋本行革」の目的であった。

　もちろん，各省の固有の組織文化が生み出す「セクショナリズム」の欠点は極力避けられなければならない。しかし「橋本行革」によって，各省事務次官へのキャリアパスにおいて内閣官房・内閣府での経験が重要となり，また，2014年の公務員制度改革によって，各省幹部職員の内閣人事局への一元化が実現している。こうした制度変化を考慮に入れるならば，今後は，むしろ各省に固有な組織文化を維持し，また，若手職員にその継承を図ることも考えられなければならないだろう。

各省に固有な組織文化を各職員が自らに内面化していることが，「橋本行革」が官邸・内閣機能の強化の一環として挙げた府省横断的な政策調整の前提と言えるだろう。これを実現するには，それぞれの職員が，各省の政策目標に対して成員意識をもつことが重要であり，そのためには，各省に固有な政策実施の現場で職務経験を積むことが重要といえるだろう。

　要するに，社会における多様な価値の存在を認めるならば，内閣による統轄の万能さを前提として，各省の割拠性，あるいは分担管理の必要性を完全に拭い去ろうとすることではなく，官邸・内閣機能の強化がもたらす政府全体への「統合」の動きと，各省ごとの分担管理がもたらす「分化」の動きとの間に適切な均衡を模索することが求められるといえるだろう。

＊平成25年度札幌大学研究助成制度による研究成果の一部である。

参考文献
縣公一郎（2013）「公務員制度改革再考」『人事院月報』No.762（2013年2月号），2-5頁。
縣公一郎（2014）「独立行政法人制度とその評価制度の展望」『会計検査研究』No.49，5-10頁。
五十嵐吉郎（2013）「内閣官房，内閣府の現在——中央省庁等改革から13年目を迎えて」『立法と調査』No.347，54-79頁。
井田敦彦（2014）「国家公務員制度改革の経緯と論点【第2版】」『調査と情報』No.812。
稲継裕昭（2008）「独立行政法人の創設とその成果」『年報行政研究41 橋本行革の検証』，42-59頁。
今村都南雄（2006）『官庁セクショナリズム』東京大学出版会。
岡田 彰（2008）「省庁再編とそのインパクト」『年報行政研究41 橋本行革の検証』，20-41頁。
行政改革会議事務局OB会編（1998）『21世紀の日本の行政』財団法人行政管理研究センター。
政策評価・独立行政法人評価委員会（2003）『独立行政法人評価年報（平成14年度）』。
政策評価・独立行政法人評価委員会（2013）『独立行政法人評価年報（平成24年度）』。
総務省（2004）「報道資料 独立行政法人の見直しの前倒しと特殊法人等移行法人の厳格な評価への対応——委員会審議の前倒しと「評価における関心事項」の取りまとめ

（概要）」（2004 年 6 月 30 日）
（http://warp.ndl.go.jp/info:ndljp/pid/1006644/www.soumu.go.jp/menu_news/s-news/2004/pdf/040630_12.pdf，2014 年 12 月 8 日参照）
総務省行政管理局（2012）「行政の重点化・効率化と人件費改革」
（www.cao.go.jp/sasshin/kondan/meeting/2012/0628/pdf/s1.pdf，2012 年 6 月 28 日公表，2014 年 12 月 8 日参照）。
田中一昭・岡田彰編著（2000）『中央省庁改革』日本評論社。
田中一昭編著（2006）『行政改革《新版》』ぎょうせい。
辻隆夫（2009）「中央省庁再編と公務員人事」『早稲田社会科学総合研究』第 9 巻第 3 号，53-69 頁。
独立行政法人改革に関する有識者懇談会（2013）『独立行政法人改革に関する中間とりまとめ――行政改革推進会議での中間的整理のために』。
内閣官房（2012）「内閣官房について」
（http://www.cao.go.jp/sasshin/kondan/meeting/2012/0704/pdf/s1.pdf，2012 年 7 月 4 日公表，2014 年 12 月 27 日参照）
内閣官房（2013a）「独立行政法人改革のこれまでの経緯と現状について」
（http://www.cas.go.jp/jp/seisaku/doppou_kaikaku/dai1/siryou3-1.pdf，2013 年 2 月 28 日公表，2014 年 12 月 6 日参照）。
内閣官房（2013b）「各法人の事務・事業の特性を踏まえた法人の整理と類型化等について」（www.cas.go.jp/jp/seisaku/doppou_kaikaku/dai4/siryou1.pdf，2013 年 4 月 16 日公表，2014 年 12 月 7 日参照）
内閣官房（2014a）「国家公務員法等の一部を改正する法律の概要」
（http://www.cas.go.jp/jp/gaiyou/jimu/jinjikyoku/files/h26-22-1.pdf，2014 年 12 月 14 日参照）
内閣官房（2014b）「独立行政法人制度改革関連法案の骨子」
（http://www.cas.go.jp/jp/houan/140415_1/gaiyou.pdf，2014 年 4 月公表，2014 年 12 月 6 日参照）。
内閣官房（2014c）「行政機構図」
（http://www.cas.go.jp/jp/gaiyou/jimu/jinjikyoku/satei_01_05.html，2014 年 7 月 1 日現在，2014 年 12 月 24 日参照）
内閣府（2012）「内閣府について」
（www.cao.go.jp/sasshin/kondan/meeting/2012/0704//pdf/s2，2012 年 7 月 4 日公表，2014 年 12 月 27 日参照）
藤井直樹（2006）「省庁間調整システム――橋本行革における提案と中央省庁再編後の実態について」『公共政策研究』第 6 号，56-63 頁。
藤田宙靖（2005）『行政組織法』有斐閣。
原田 久（2014）「内閣人事局，設置すれども変化なし」『時評』2014 年 5 月号，70-75 頁。

古川貞次郎 (2014)「内閣人事局の創設で,霞が関はどう変わる」『時評』2014 年 5 月号,50-55 頁。
牧原 出 (2009)『行政改革と調整のシステム』東京大学出版会。
真渕 勝 (2008)「日本における中央省庁再編の効果——融合か？混合か？」『レヴァイアサン』第 43 号 (2008 秋),7-21 頁。
村松岐夫編 (2012)『最新公務員制度改革』学陽書房。
渡部 晶 (2013)「独立行政法人改革の経緯と現状について」『ファイナンス』2013 年 9 月号,30-40 頁。

あとがき

　2015年1月に召集された第189通常国会は，日本の憲政史上特筆されるべき画期的な国会であった。前年11月下旬，安倍晋三首相は満を持して，憲法第7条に基づき衆議院を解散した。安倍首相いわく「アベノミクス解散」である。そして大方の予想どおり，翌12月の総選挙において与党は圧勝した。

　ふりかえれば，2012年12月の総選挙で与党，民主党は大敗し，自公連立政権が復活，再び政権交代が実現した。その結果，発足した第2次安倍内閣は日本経済の再生をめざして，金融の異次元緩和，機動的財政出動そして成長戦略の3本の矢からなるアベノミクスという政策パッケージを打ち出したのである。

　グローバル化の進む世界経済のなかで，もはや一国の経済政策による効果には限界があろう。しかし円安へ大幅にふれたことで輸出関連産業に復調の兆しがみえ，有効求人倍率の伸びなど景気回復を示す経済指標が上向いてきた。多くの国民はこうした好況感に敏感に反応し，現政権を信任したのではないか。

　信任された安倍内閣は，昨年の通常国会に安保関連法案を提出した。集団的自衛権の行使を限定的に容認する安保法制をめぐり国会論戦が開始されたのである。安倍首相は当初，「集団的自衛権は保持しうるが，行使できない」とする内閣法制局が積み上げてきた憲法解釈を踏まえて憲法改正の道を探っていたが，衆参両院で3分の2の賛成というハードルはやはり高かった。

　そこで，安倍首相は内閣法制局の憲法解釈を閣議決定によって変更し，集団的自衛権の行使を容認しようとしたのである。こうした解釈変更に対して，歴代の内閣法制局長官のなかからも批判の声があがったが，同局に勤務経験のない外交官を長官に起用するなど，いささか強引とも思える方法を用いて閣議決定に持ち込んだ。

　現今の日本を取り巻く安全保障環境の厳しさを考慮すれば，安保法制の見直しが必要であることは論を俟たない。北朝鮮の挑発的な軍事行動や中国の南シ

ナ海における軍事拠点の造成はいたずらに緊張を高め，地域の平和と安定を著しく脅かしている。だからといって，いかなる強引な手順も許されるわけではなかろう。

安保法制の進め方について，野党やマスメディアから「立憲主義に反する」との批判の声があがった。国がその権力を行使する上で憲法に拘束されるという立憲主義の考え方はきわめて重要である。こうした憲法の基本的原則を逸脱した立法や法改正は認められない。

本書の第1章においても論じたように，日本においては行政統制が十分に認識されていない。とりわけ安倍首相の認識不足は際立っていた。

憲法第66条は，「内閣は，行政権の行使について，国会に対し連帯して責任を負う」と定めている。ここにいう「内閣の責任」とは，日常的に政府が実施しようとする政策や政府提出法案について国民に説明責任を果すことを意味している。大方の世論調査の結果をみる限り，安倍内閣は安保法制について国民に対し十分な説明責任を果したとはいえないであろう。問題の所在は，現行憲法の硬性性にある。

戦後70年間，日本は一度も憲法を改正したことがない。結党以来改憲を掲げてきた自民党が長期政権を維持してきたにもかかわらず，本格的かつ現実的な議論に着手していない。もはや解釈改憲には限界があろう。安保法制だけではない。日本国憲法に規定されている戦後日本の統治システムも，著しい制度疲労を起しても何ら不思議ではなかろう。

本書は，こうした問題意識に立って，日本の統治システムを構成する重要なアイテムについてその特徴を深く理解するため先行研究を整理するとともに，今後の課題を提示している。改憲の必要性をも視野に入れつつ，日本の統治システムについて，憲法学，政治学，行政学といったさまざまな視点から分析を加え，その将来像を描き出そうとする試みである。今後の研究の発展に資すれば，望外の幸いである。

2016年4月28日

笠原英彦・縣公一郎

索　引
（＊は人名）

あ 行

愛国公党　187
愛国社　188
あこがれの中心　52
＊麻生太郎　121
安倍晋三　100, 120, 121, 122
省間調整システム　278, 279
委員会制度　76, 79, 84
＊池田勇人　196
　1年税主義　165
　一か月ルール　49, 50, 51
　一党優位政党制　191
　一般会計　155, 161
　イニシアティブ　230
　インターネットによる選挙運動　215
　ヴィスコシティ　83, 84, 86
　ウエストミンスター型　10, 15, 16
　迂回献金　265, 267, 268, 269
　永久税主義　165
　栄典授与　43
　オーラル・ヒストリー　88
＊小渕恵三　266
　恩赦　36, 42

か 行

会期不継続の原則　76, 79
会計検査院　177
会計検査制度　158
会計年度　163

　――独立の原則　163
解散権　2, 3
概算要求基準（シーリング）　172
下級裁判所裁判官指名諮問委員会　148
閣議　105
華族制度　58
＊桂太郎　193
＊金丸信　266
借換債　166
官高党低　197
官邸主導　9, 115, 122
＊菅直人　121, 250
官房型官僚　255, 256, 260
官僚司法　141
官僚主導　250, 251, 258
議院規則　27
議員定数　202, 212
議院法伝統　24
議会支配制　1, 2
議会報告会　227
機関委任事務　223–225, 228, 239
起債制限　167
議事日程　27
＊北岡伸一　197
日本共産党　252
強市長制　223
行政改革会議　9, 128
供託金　215
儀礼的行為　43
桂園時代　194
経済財政諮問会議　173
決算審査権　158

305

現金主義　163
権限付与規定　39, 40
憲政会　195
憲政の常道　195
建設国債　166
＊小泉純一郎　100, 115, 117-119, 121, 122
公会計　163
合区　220
公債依存体質　155
皇室行為　46
皇室制度　60, 64
皇室典範
　　──増補　56
　　現行──　57-59, 61
　　明治──　55, 58, 61
皇室の政治利用　53
公証行為　42
公職選挙法　265
公人的行為　46, 48
拘束名簿式　209
公的行為　45, 49
後年度歳出歳入影響試算　170
交付国債　166
合理的選択制度論　229
国際親善　44, 48
国士型官僚　254-256, 260
国事行為　41-44, 54
　　儀礼的な行為としての──　49
国事に関する行為　43
国政調査権　22, 26
国政に関する権能　43, 55
国対政治　23
国民統合の象徴　50
国民内閣制　11
55年体制　90, 185, 196, 252, 257, 266
国会期成同盟　188
国会機能論　83-85

国会召集権　43
国会無能論　83-85, 91, 92
国会有能論　85, 86, 91
国家公務員制度改革　285, 288
国家的儀式　43
国庫　160
国庫金　161
国庫制度　161
国庫統一の原則　161
＊後藤田正晴　109
米騒動　195
コンセンサス型　16

さ　行

＊西園寺公望　194
最高裁判所事務総局　141
財政健全化目標　168
財政投融資　164
財政民主主義（財政議会中心主義）　158
最大較差　220
財投債　166
裁判員制度　145
裁判官会議　141
裁判官自治　141
＊佐藤栄作　197
＊佐藤幸治　129
参議院　28
シーメンス事件　194
資金管理団体　266, 267, 269
支出議決権　158
事情判決　201
事前審査　9, 21, 23, 24, 80, 82, 87, 92
実質的意味の財政法　159
質問権　22
私的行為　55
司法制度改革審議会　127

索　引

自由民主党　197, 252, 254-259
自民党政務調査会（政調会）　192, 193
事務次官等会議　105
社会的行為　46
日本社会党　252
社交的君主　31
衆院選挙制度に関する調査会　219
衆議院議員選挙　190
衆議院の解散権　43
衆議院の優越　159
自由党　188
18歳選挙権　214
自由民主党　196, 252
主権論　34, 37
首相公選制　4, 6
首相公選制を考える懇談会　13
少数代表制　219
小選挙区　103, 115, 119
小選挙区比例代表並立制　185, 207, 254, 261, 266, 270
象徴天皇制　39, 57, 69
象徴としての行為　45
＊昭和天皇　57-59, 61
女系　62-64, 67, 69
女性宮家　64, 68, 69
所得倍増計画　196
政教分離原則　46
政権交代　207
政治改革委員会　206
政治改革関連4法　270
政治献金　191
政治資金（選挙資金）　212
政治資金団体　266-268
政治資金パーティ　265, 267
政治主導　250, 251, 257-259, 261
政治的中立性　46
税制調査会　166

政党交付金　116, 117, 267, 268, 271, 272
政党国家　191
政党助成金　267
政党政治　186
政党内閣　185, 186, 189, 190
政党法　192, 193
政府税制調査会　165
政府提出法案　20
政府統制　21-23, 25
政務調査会　197, 253, 257
政友会　196
セクショナリズム　251, 258, 275, 297, 299
世襲親王家　67
説明責任　22
選挙運動　212
選挙区選挙　217
選挙権　212
選挙制度改革　197, 201
選挙制度審議会　206
選挙無効　201, 203
全国区　208
総合計画　226
総選挙施行の公示　43
族議員　251, 253, 257
側室制度　59, 65
租税　165
租税同意権　158
租税法律主義　158, 165

た　行

第2次海部内閣　266
大嘗祭　43, 46, 47
大政翼賛会　196
大選挙区制　93
大選挙区制限連記制　205
大統領制　1, 14

307

大日本帝国憲法（明治憲法） 74
代表制・選挙区 212
竹下内閣 249
＊竹下登 249, 265
多数代表制 219
＊田中角栄 197, 263
単一会計主義の原則 161
男系 61, 62, 64, 65, 69
団体・職能代表主義 211
地域別年齢別選挙区 182
地方区 208
地方自治の本旨 243, 245
中央省庁再編 99, 103, 111, 281, 284
中期財政計画 170
中期財政フレーム 168
中選挙区制 107, 197, 265
中選挙区単記制 205
調整型官僚 255, 256
直接選挙 212
＊辻元清美 269
帝国憲法→明治憲法
天皇制 35, 56, 58
統一的会計の原則 161
党議拘束 80, 193
東京佐川急便事件 266
同志会 195
道州制 241, 242, 244
統治権の総攬者 32, 35, 42
投票方法 212
特別会計 161
特別職国家公務員 55
独立行政法人 279, 284, 290-295
独立行政法人改革 291-293, 295
独立行政法人制度 292, 297, 299
特例国債 166
読会制 74, 76, 79
徒党 187

な 行

内閣官房 112, 113
内閣人事局 285-289, 297
内閣府 112-114
内閣法制局 40
内務省 36
＊中曽根康弘 106, 107, 109, 110, 115, 265
＊中坊公平 128
＊ニクソン 119
二大政党制 185, 186, 190
日歯連事件 268
日本協同党 196
日本社会党 196
日本自由党 196
日本進歩党 196
日本製糖汚職事件 262
認証行為 43
ねじれ 15, 19, 89, 94, 95, 218
ねじれ国会 14, 91, 94
＊野田佳彦 121, 250

は 行

橋本行革 275-277, 280, 281, 285, 290, 297, 299
＊橋本龍太郎 99, 111, 112, 115, 117
＊羽田孜 266
発生主義 163
＊鳩山一郎 196
＊鳩山由紀夫 121, 250
派閥 103, 107-110, 116, 117, 197
派閥均衡人事 191
＊原敬 194, 195
万世一系 55, 64
半大統領制 2

索　引

＊坂野潤治　193
　藩閥　193-195
　非拘束名簿式　210
　被選挙権　212
　一人一票　214
　1人別枠方式　202
　秘密選挙　212
　平等選挙　211
　比例代表制　93
　複数年度予算　170
＊福田康夫　121
　不信任決議　3, 7
　普通国債　166
　普通選挙制　195
　復興債　166
　フランス第五共和制　2
＊ブレア　100
　プレビシット　13, 14
　分割政府　13, 14
　分担管理　105
　ペイ・アズ・ユー・ゴー原則　175
　包括政党　197
　法制局　36
　法曹一元制度　142
　法曹養成制度　136
　朋党　187
　ホームルールチャーター　244
＊星亨　194
　細川内閣　249, 266, 267
＊細川護熙　266
　骨太の方針　173

ま　行

　マグナ・カルタ　158
　マッカーサーノート　31
　マニフェスト　226, 227

＊三木武夫　264, 265
＊三塚博　109
　ミニ・パブリックス　235, 237
＊宮沢喜一　265, 266
　宮沢内閣　249, 266
　民主党　250, 257-259
　民政党　195, 196
　無産政党　195, 196
　明治憲法　74, 75, 195
＊森喜朗　114, 120

や　行

＊矢口洪一　127
　八幡製鉄事件　263
＊山本権兵衛　194
　猶子制度　66
　融通債　166
　予算制度　158
　予算単年度主義　170
　予算法形式説　177
　予算法律説　177

ら　行

　吏員型官僚　255-257, 260
　利益政治　196
　利益団体　253, 255, 256
　リクルート事件　197, 249, 265, 273
　立憲君主制　74
　立憲政友会　189, 193
　立憲同志会　194
　立志社　188
　両院協議会　77
　緑風会　89
　臨時司法制度調査会（臨司）　127
＊レーガン　110

レファレンダム 230, 231, 233
連携協約 240
連合国軍総司令部(GHQ) 77
連帯責任 3
60年償還ルール 169

わ行

隈板内閣 189

＊渡辺喜美 269

アルファベット

GHQ 78, 89, 252, 254, 256, 263
 ――草案 41, 42
KSD事件 268
PDCAサイクル 179

＜執筆者紹介＞（執筆順）

大石　眞（おおいし　まこと）はしがき
監修者紹介参照

上田健介（うえだ　けんすけ）第1章
- 最終学歴　京都大学大学院法学研究科博士課程中途退学，博士（法学）
- 現　　職　近畿大学大学院法務研究科教授
- 専　　攻　憲法学
- 主　　著　『首相権限と憲法』成文堂，2013年
「民事・行政訴訟における機密情報の取扱いをめぐるイギリス法の展開――イギリスにおける人権保障制度の現況に関する事例研究を兼ねて」『近畿大学法科大学院論集』10号，2014年
「政権交代と公務員」阪本昌成先生古稀記念論文集『自由の法理』成文堂，2015年

原田一明（はらだ　かずあき）第2章
- 最終学歴　東京都立大学大学院博士課程単位取得退学，博士（法学）
- 現　　職　立教大学法学部教授
- 専　　攻　憲法学
- 主　　著　『議会制度』信山社，1997年
『皇位継承制度』覚書」初宿正典先生還暦記念論文集『各国憲法の差異と接点』成文堂，2010年
『トピックからはじめる統治制度――憲法を考える』（共著）有斐閣，2015年

笠原英彦（かさはら　ひでひこ）第2章，あとがき
編著者紹介参照

久保田哲（くぼた　さとし）第3章
- 最終学歴　慶應義塾大学大学院法学研究科後期博士課程単位取得退学，博士（法学）
- 現　　職　武蔵野学院大学国際コミュニケーション学部准教授
- 専　　攻　日本政治史・日本政治論
- 主　　著　『元老院の研究』慶應義塾大学出版会，2014年
『グローバル化と日本の政治・経済――TPP交渉と日米同盟のゆくえ』（共著）芦書房，2014年
「伊藤博文の『立法』観――『協賛』をめぐる一考察」『年報政治学』2014-Ⅱ，2015年1月

西岡　晋（にしおか　すすむ）第4章
- 最終学歴　早稲田大学大学院政治学研究科博士後期課程単位取得退学，修士（政治学）
- 現　　職　東北大学大学院法学研究科教授
- 専　　攻　行政学
- 主　　著　『コレーク政策研究』（共著）成文堂，2007年
『政治の発見　第2巻　働く――雇用と社会保障の政治学』（共著）風行社，2011年
「政策研究に『時間を呼び戻す』――政策発展論の鉱脈」『季刊行政管理研究』第145号，2014年

曽我部真裕（そがべ まさひろ）**第5章**
- 最終学歴　京都大学大学院法学研究科博士後期課程中途退学，修士（法学）
- 現　　職　京都大学大学院法学研究科教授
- 専　　攻　憲法学
- 主　　著　『反論権と表現の自由』有斐閣，2013年
　　　　　　『改正児童ポルノ禁止法を考える』（共編）日本評論社，2014年
　　　　　　『情報法概説』（共著）弘文堂，2015年

片桐直人（かたぎり なおと）**第6章**
- 最終学歴　京都大学大学院法学研究科博士後期課程，博士（法学）
- 現　　職　大阪大学大学院高等司法研究科准教授
- 専　　攻　憲法学・財政法学・通貨中央銀行法制
- 主　　著　「戦後日本銀行法の展開と憲法」曽我部真裕・赤坂幸一（編）『憲法改革の理念と展開　上巻（大石眞先生還暦記念）』信山社，2012年
　　　　　　「日本銀行法改正問題・再論」『論究ジュリスト』5号，2013年
　　　　　　「財政金融と憲法」『法学教室』393号，2013年

苅部　直（かるべ ただし）**第7章**
- 最終学歴　東京大学大学院法学政治学研究科博士課程修了，博士（法学）
- 現　　職　東京大学法学部教授
- 専　　攻　日本政治思想史
- 主　　著　『歴史という皮膚』岩波書店，2011年
　　　　　　『ヒューマニティーズ　政治学』岩波書店，2012年
　　　　　　『秩序の夢——政治思想論集』筑摩書房，2013年

小川原正道（おがわら まさみち）**第7章**
- 最終学歴　慶應義塾大学大学院法学研究科博士課程修了，博士（法学）
- 現　　職　慶應義塾大学法学部教授
- 専　　攻　日本政治思想史
- 主　　著　『福沢諭吉の政治思想』慶應義塾大学出版会，2012年
　　　　　　『明治の政治家と信仰——クリスチャン民権家の肖像』吉川弘文館，2013年
　　　　　　『日本の戦争と宗教——1899-1945』講談社選書メチエ，2014年

岩渕美克（いわぶち よしかつ）**第8章**
- 最終学歴　慶應義塾大学大学院法学研究科博士課程，政治学修士
- 現　　職　日本大学法学部新聞学科教授
- 専　　攻　政治コミュニケーション，選挙・世論研究
- 主　　著　『メディアと公共政策』（共著）芦書房，1997年
　　　　　　『政治社会学』（編著）一藝社，2004年
　　　　　　『グローバリゼーションの危機管理論』（共著）芦書房，2006年

長野　基（ながの もとき）**第9章**
- 最終学歴　早稲田大学大学院政治学研究科博士課程単位取得満期退学，修士（政治学）
- 現　　職　首都大学東京都市環境学部准教授
- 専　　攻　地方自治論，行政学
- 主　　著　『地域協働の科学——まちの連携をマネジメントする』（共著）成文堂，2005年

『新しい公共と自治の現場』（共著）コモンズ，2011 年
「討議民主主義に基づく市民参加型事業アセスメントの取り組みの研究——東京都新宿区「第二次実行計画のための区民討議会」を事例として」『年報行政研究』(49)，2014 年 5 月

柏原宏紀（かしはら ひろき）第 10 章
- 最終学歴　慶應義塾大学大学院法学研究科後期博士課程修了，博士（法学）
- 現　　職　関西大学経済学部准教授
- 専　　攻　日本政治史・日本経済史
- 主　　著　『工部省の研究——明治初年の技術官僚と殖産興業政策』慶應義塾大学出版会，2009 年
  『日本行政史』（共著）慶應義塾大学出版会，2010 年
  「開明派官僚の登場と展開」明治維新史学会編『講座明治維新 3　維新政権の創設』有志舎，2011 年

門松秀樹（かどまつ ひでき）第 10 章
- 最終学歴　慶應義塾大学大学院法学研究科後期博士課程単位取得退学，博士（法学）
- 現　　職　尚美学園大学総合政策学部非常勤講師
- 専　　攻　日本政治史・日本行政史・日本政治論
- 主　　著　『開拓使と幕臣——幕末・維新期の行政的連続』慶應義塾大学出版会，2009 年
  『明治維新と幕臣——「ノンキャリア」の底力』中央公論新社，2014 年
  『グローバル化と日本の政治・経済——TPP 交渉と日米同盟のゆくえ』（共著）芦書房，2014 年

宇野二朗（うの じろう）第 11 章
- 最終学歴　早稲田大学大学院政治学研究科博士後期課程単位取得退学，修士（政治学）
- 現　　職　札幌大学地域共創学群法・政治学系教授
- 専　　攻　行政学
- 主　　著　「ドイツ連邦州の行政構造改革——ニーダーザクセン州の事例研究」『会計検査研究』第 44 号，2011 年
  "Evaluating the Regionalization Policy in Japanese Water Services - A Case Study of the Tokyo Metropolitan Area," in : Sakurai, Toru/Macdonald, Ian/Yoshida, Tatsuo/Agata, Koichiro eds., *Financing Public Services*, Tokyo, 2013
  「地方公営企業の展望——ドイツの経験を手がかりに」『公営企業』第 47 巻第 3 号，2015 年

縣公一郎（あがた こういちろう）あとがき
　編著者紹介参照

＜監修者紹介＞
大石　眞（おおいし　まこと）
　　最終学歴　東北大学法学部卒業，法学博士
　　現　　職　京都大学大学院総合生存学館（思修館）教授
　　専　　攻　憲法学
　　主　　著　『憲法秩序への展望』有斐閣，2008年
　　　　　　　『憲法講義Ⅰ〈第3版〉』，『憲法講義Ⅱ〈第2版〉』有斐閣，2012-14年
　　　　　　　『権利保障の諸相』三省堂，2014年
　　　　　　　『判例憲法〈第3版〉』（共編）有斐閣，2016年

＜編著者紹介＞
縣公一郎（あがた　こういちろう）
　　最終学歴　シュパイアー行政大学院博士課程修了，Dr. rer. publ.
　　現　　職　早稲田大学政治経済学術院教授
　　専　　攻　行政学
　　主　　著　『コレーク政策研究』（共編）2007年，成文堂
　　　　　　　『分権と自治体再構築』（共編）2009年，法律文化社
　　　　　　　Sakurai, Toru/Macdonald, Ian/Yoshida, Tatsuo/Agata, Koichiro, eds., *Financing Public Services*, Tokyo, 2013.

笠原英彦（かさはら　ひでひこ）
　　最終学歴　慶應義塾大学大学院法学研究科博士課程修了，法学博士
　　現　　職　慶應義塾大学法学部教授
　　専　　攻　日本政治史・日本政治論
　　主　　著　『歴代天皇総覧』中央公論新社，2001年
　　　　　　　『女帝誕生』新潮社，2003年
　　　　　　　『大久保利通』吉川弘文館，2005年
　　　　　　　『象徴天皇制と皇位継承』筑摩書房，2008年
　　　　　　　『新・皇室論』芦書房，2013年

MINERVA 人文・社会科学叢書 ⑪

なぜ日本型統治システムは疲弊したのか
——憲法学・政治学・行政学からのアプローチ——

2016年6月20日　初版第1刷発行　　　　　〈検印省略〉

定価はカバーに
表示しています

監 修 者	大　石　　　眞
編 著 者	縣　　公一郎 笠　原　英　彦
発 行 者	杉　田　啓　三
印 刷 者	林　　初　彦

発行所　株式会社　ミネルヴァ書房
607-8494　京都市山科区日ノ岡堤谷町1
電話代表 (075)581-5191
振替口座 01020-0-8076

© 大石・縣・笠原ほか，2016　　　太洋社・新生製本

ISBN978-4-623-07505-8
Printed in Japan

柳瀬　昇　著　　　　　　　　　　　　　　　A5・316頁
熟慮と討議の民主主義理論　　　　　　　　　本体6,000円

森田　朗・金井利之　編著　　　　　　　　　A5・392頁
政策変容と制度設計　　　　　　　　　　　　本体7,000円

イェヘッケル・ドロア　著／足立幸男・佐野　亘　監訳　　A5・400頁
統治能力　　　　　　　　　　　　　　　　　本体7,000円

的場敏博　著　　　　　　　　　　　　　　　A5・316頁
戦後日本政党政治史論　　　　　　　　　　　本体6,500円

T. ポグントケ・P. ウェブ　編／岩崎正洋　監訳　　A5・556頁
民主政治はなぜ「大統領制化」するのか　　　本体8,000円

大山耕輔　監修／笠原英彦・桑原英明　編著　　A5・328頁
公共政策の歴史と理論　　　　　　　　　　　本体2,800円

足立幸男　著　　　　　　　　　　　　　　　A5・226頁
公共政策学とは何か　　　　　　　　　　　　本体3,500円

大山耕輔　著　　　　　　　　　　　　　　　A5・232頁
公共ガバナンス　　　　　　　　　　　　　　本体3,500円

小池洋次　編著　　　　　　　　　　　　　　A5・256頁
政策形成　　　　　　　　　　　　　　　　　本体3,500円

大住荘四郎　著　　　　　　　　　　　　　　A5・260頁
行政マネジメント　　　　　　　　　　　　　本体3,500円

―――――ミネルヴァ書房―――――
http://www.minervashobo.co.jp/